対話式で　気がついたら

# 決算書が作れるようになる本

巻末に、プロも使う**必殺虎の巻**を収録！

CSアカウンティング
中尾篤史／松野　亮　編著

Customer Satisfaction Accounting
Speedy & Clear

税務経理協会

# は じ め に

「決算に関わる仕事がしたい！　でも主計業務の経験がない……」
「先輩から決算業務の引継ぎをすることになったけど不安……」
「決算業務はやっているけど、税務との関連がよく分からない……」
　決算業務は時間がない中で、正確に、また効率よく作業を進めなければならないので、経験が少ない方にはパニックになってしまう方も少なくありません。でも、大丈夫です。

　世の中には、経理や会計に関する書籍が多く出版されていますが、簿記の知識や会計基準など理論的な内容が殆どかと思いますが、実際に仕事を進める上で必要になるのは、決算業務のプロセスや決算実務の知識ではないでしょうか。
　本書では、現場に入ったときにスムーズに業務が進められるように、個別の業務に分解して必要な論点を解説すると共に、具体的な作業内容や確認が必要なポイントなど分かりやすく説明しています。また、巻末の決算チェックリストは、弊社の経理アウトソーシング業務において実際に使用しているものであり、すぐに実務で利用することが可能です。決算チェックリストを活用しながら仕事を進めることで、自然にレベルアップできるようになっています。

　本書は、難しい論点についても、拒絶反応を起こさず、最後まで読み進められるように対話式で執筆しました。是非、じっくりと読み進めてください。
　なお、本書は、平成22年12月31日現在の最新の法令、会計基準等に対応しています。

2011年2月

執筆者一同

# この物語は……

ここは電子部品の卸売を行う「株式会社金一」。代表取締役社長の金田一郎（かねだ・いちろう）が一代で築き上げたいわゆる中堅企業である。経理は、完全な自己流で空廻迷子（からまわり・めいこ）経理部長が担当してきたが、業務中に仕事と関係ないことばかりしており、経理業務が適切にできていないことが決算月に発覚する。困った金田社長は、今期の決算を乗り切るために顧問税理士であるマーク中川に経理部の指導を依頼した。

「社長。残念ながら空廻部長に経理を頑張って貰うのは能力的に無理ですね。今月決算なのであまり時間がありません。能力が高いか、気合が入っているか少なくてもどちらかの要素を持っている社員の方はいませんか？」

「うーん、うちの社員でいるかなあ……。そうだ、なし子クンが確か部活を学生時代にやっていたって言っていたなあ。彼女に頼むことにしよう。」

こうして決算の危機を乗り切るために顧問税理士であるマーク中川と共になし子の奮闘の日々が始まった。果たしてなし子は「株式会社金一」の決算をまとめることができるのか？
※本書では、株式会社金一は３月決算法人として記載しております。

# 【登場人物】

### 社長　金田　一郎（かねだ　いちろう）
年齢：60歳
性別：男性
趣味：電子部品の研究開発
マイブーム：お見合い

一代で㈱金一を築いた辣腕社長。電子部品の研究開発が趣味で、土日は書類で溢れる薄暗い装置実験室で過ごす。研究開発以外は興味がないので、他の仕事は社員に丸投げするのがポリシー。最近は仕事に打ち込みすぎて婚期を逃したことと仕事以外にまったく趣味がないことをちょっとだけ後悔している。

### 総務部長（元経理部長） 空廻 迷子（からまわり めいこ）

年齢：55歳

性別：女性

趣味：スーパーの特売巡り

マイブーム：社員の仲人、デパート食品コーナーでの試食

金田社長の遠い親戚。スーパーでのレジ打ちのパートをしていたが、打ち間違いが多くて解雇され、20年前に社長に拾われて金一に入社。純粋なコネ入社のため経理の実務能力はまったくなく、顧問税理士であるマーク中川に頼りっきり。分からなくてもいろいろなところに首を突っ込むのが好きで周りに迷惑をかけることが多い。経理の仕事の担当は無理だということで、総務部長へと異動になった。

### マーク中川（まーく なかがわ）

年齢：38歳

性別：男性

趣味：お洒落なお店での日本酒呑み、娘と遊ぶ

マイブーム：ヒーローごっこで娘とガチンコ対決

湘南とアメリカのハーフで優秀な税理士。あまりにも経理部の状況がボロボロなため心配した金田社長に呼ばれて経理部への指導を依頼され、なし子と行動を共にする。ここ数年、家庭を顧みず仕事をしているため自宅での居場所がなくなりつつあるのが悩み。

### 矢留木 なし子（やるき なしこ）
　　→結婚後は 三須 なし子（みす なしこ）

年齢：24歳

性別：女性

趣味：マンガ収集、適度にスポーツ観戦

マイブーム：仕事中のネットサーフィン

株式会社金一の新卒2年目。元吹奏楽部マネージャー。金田社長の大いなる勘違いで体力と気力を期待され決算担当者に任命されるが実はインドア派で根っからの文化系。飽きやすいのがネックで仕事への熱意は殆どない。

この物語は…… 3

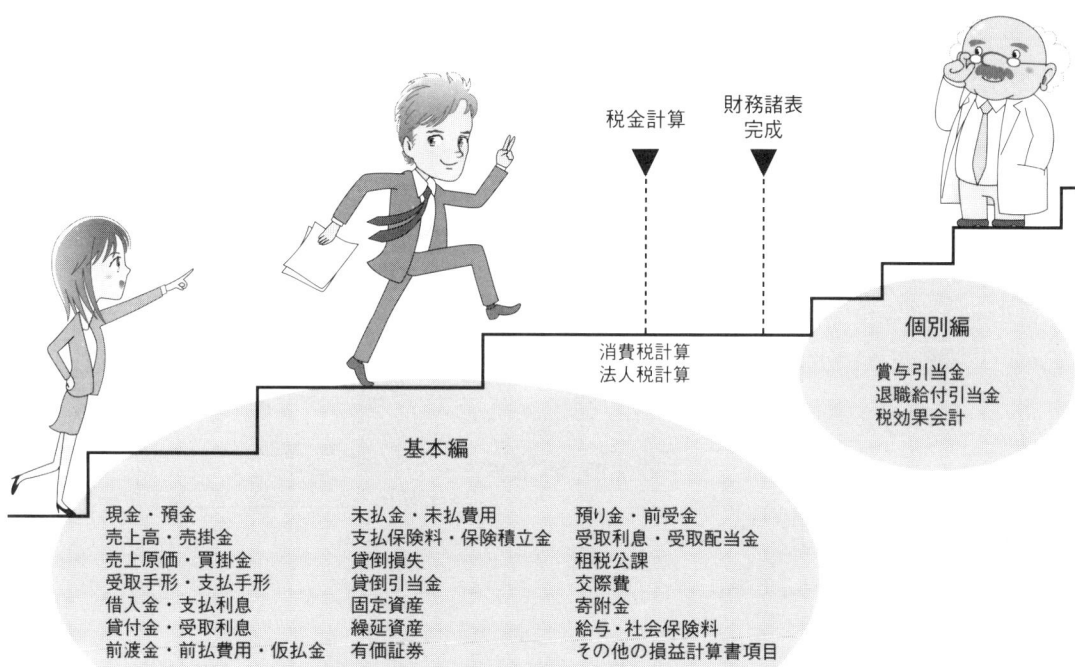

## 勘定科目と資料・内訳明細書との相関図

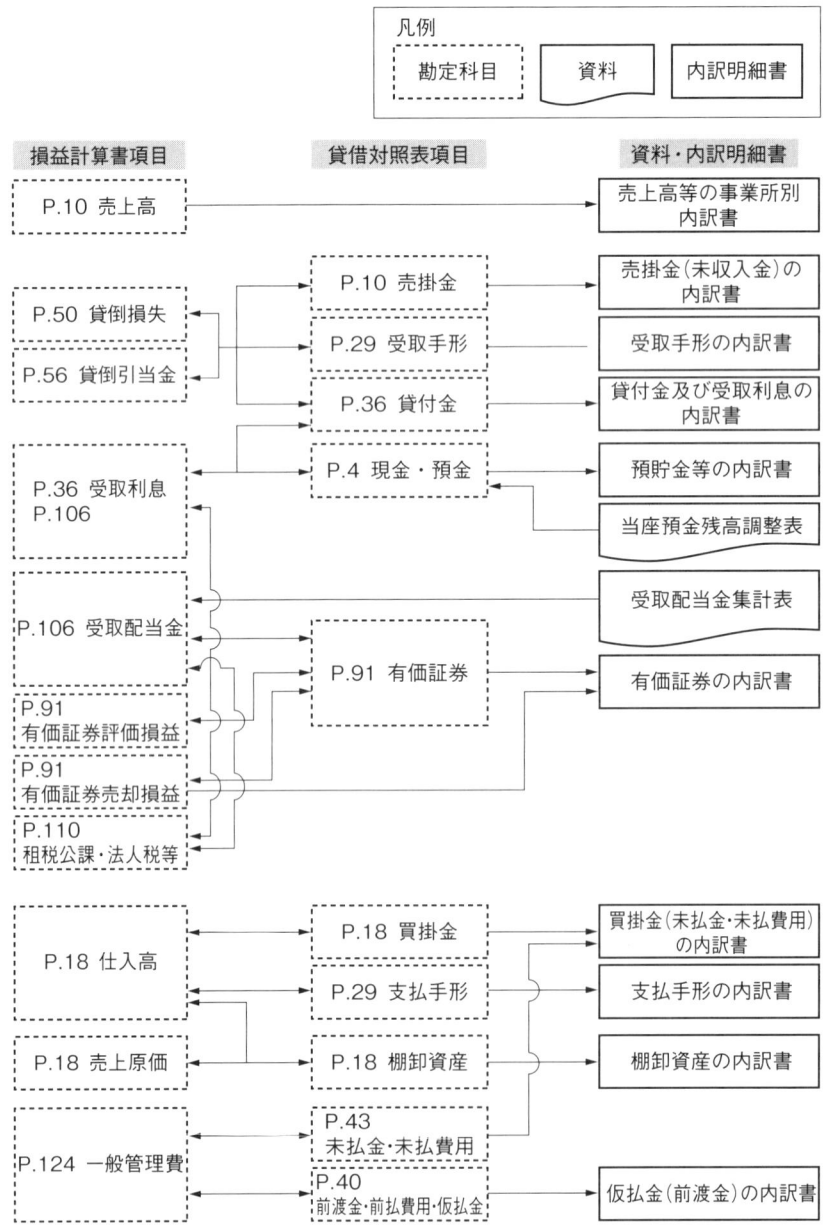

この物語は…… 5

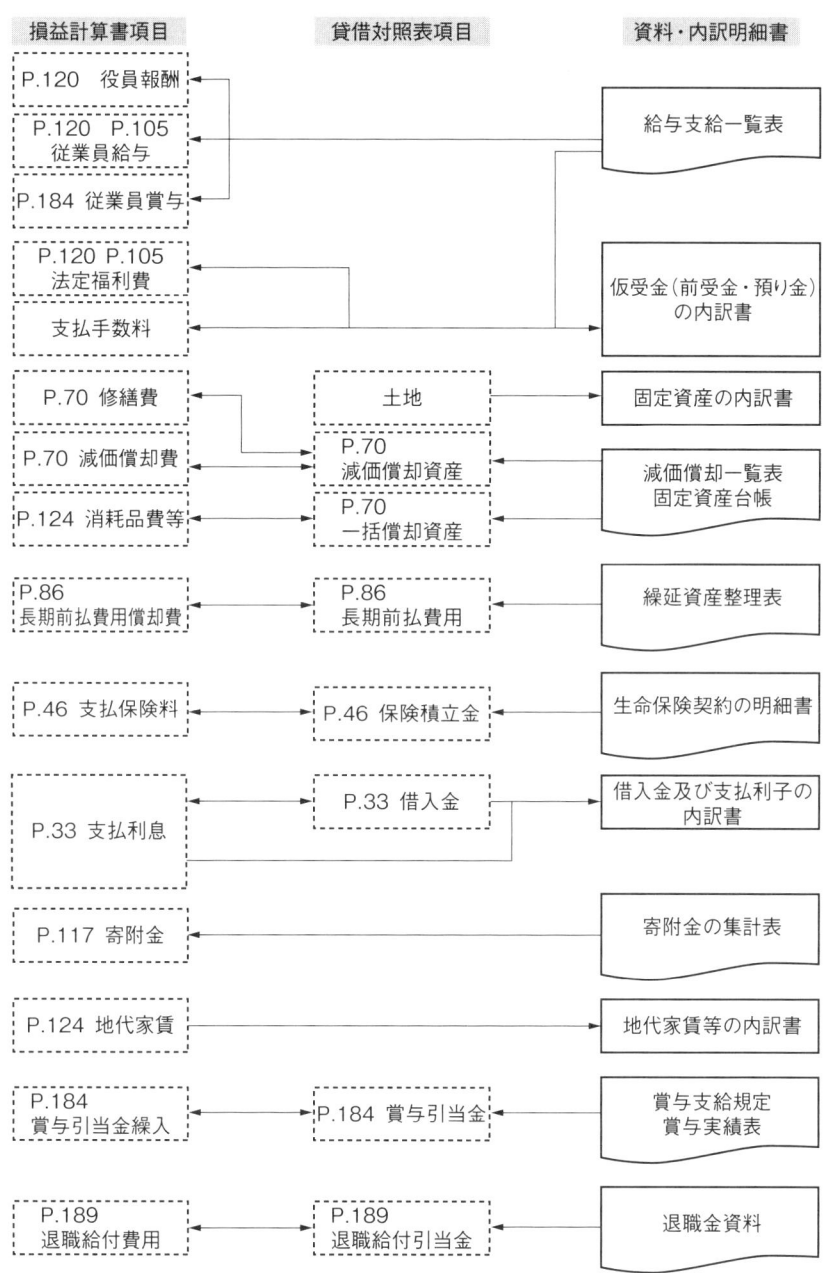

# 目　次

はじめに

この物語は……

## 第1章　基　本　編

(1) 決算確定手順 ………………………………………………………………………… 2

(2) 現金・預金 …………………………………………………………………………… 4
　①現金預金残高の確認 ……………………………………………………………… 4
　②外国通貨及び外貨預金の期末換算 ……………………………………………… 7
　③預貯金等の内訳書作成 …………………………………………………………… 8
　④決算チェックリスト ……………………………………………………………… 9

(3) 売上高・売掛金 ……………………………………………………………………… 10
　①売上計上基準の確認 ……………………………………………………………… 10
　②売上計上 …………………………………………………………………………… 11
　③売掛金残高の確認 ………………………………………………………………… 12
　④売上計上漏れの確認 ……………………………………………………………… 14
　⑤売掛金の内訳書の作成・売上高等の事業所別内訳書の作成 ………………… 15
　⑥決算チェックリスト ……………………………………………………………… 16

(4) 売上原価・買掛金 …………………………………………………………………… 18
　①仕入高の確認 ……………………………………………………………………… 18
　②買掛金残高の確認 ………………………………………………………………… 19
　③買掛金の内訳書の作成 …………………………………………………………… 21
　④期末在庫の確定 …………………………………………………………………… 21
　　(イ)　払出単価の計算方法と期末棚卸資産の評価 ……………………………… 22
　　(ロ)　簿価切下げの検討 …………………………………………………………… 23

　　　　(ハ)　実地棚卸と帳簿棚卸 ········································· 25
　　　　(ニ)　棚卸減耗損 ······················································· 26
　　⑤会計処理 ································································· 26
　　⑥棚卸資産の内訳書の作成 ············································· 27
　　⑦決算チェックリスト ··················································· 27

(5)　**受取手形・支払手形** ················································· 29
　　①受取手形管理 ···························································· 29
　　②受取手形の残高確認 ··················································· 30
　　③支払手形の残高確認 ··················································· 32
　　④決算チェックリスト ··················································· 32

(6)　**借入金・支払利息** ···················································· 33
　　①借入金・支払利息の確認 ············································· 33
　　②借入利率 ································································· 33
　　③表示方法 ································································· 34
　　④借入金及び支払利子の内訳書の作成 ······························ 34
　　⑤決算チェックリスト ··················································· 35

(7)　**貸付金・受取利息** ···················································· 36
　　①貸付金の残高確認 ······················································ 36
　　②表示方法 ································································· 38
　　③貸付金及び受取利息の内訳書の作成 ······························ 38
　　④決算チェックリスト ··················································· 39

(8)　**前渡金・前払費用・仮払金** ········································ 40
　　①前払費用・前渡金の整理 ············································· 40
　　②短期前払費用 ···························································· 41
　　③仮払金の整理 ···························································· 42
　　④仮払金（前渡金）の内訳書の作成 ·································· 42
　　⑤決算チェックリスト ··················································· 42

(9)　**未払金・未払費用** ···················································· 43
　　①未払勘定の整理 ························································· 43
　　②未払金・未払費用の内訳書の作成 ·································· 45

③決算チェックリスト ································································ 45

⑽　**支払保険料・保険積立金** ·················································· 46
　　　①契約の種類 ············································································ 46
　　　②会計処理 ··············································································· 47
　　　③保険契約の整理 ····································································· 48
　　　④決算チェックリスト ································································ 49

⑾　**貸倒損失** ······················································································ 50
　　　①貸倒損失とは ········································································· 50
　　　②税法上の貸倒損失 ·································································· 51
　　　　(イ)　法律等による貸倒れ ························································· 51
　　　　(ロ)　事実上の貸倒れ ································································ 52
　　　　(ハ)　形式上の貸倒れ ································································ 53
　　　③会計処理 ··············································································· 53
　　　④決算チェックリスト ································································ 55

⑿　**貸倒引当金** ·················································································· 56
　　　①貸倒引当金とは ····································································· 56
　　　②会計上の貸倒引当金 ······························································· 56
　　　③税法上の貸倒引当金 ······························································· 59
　　　　(イ)　税法上の債権の区分 ························································· 60
　　　　(ロ)　一括評価金銭債権 ···························································· 61
　　　　　　㋑　原則計算の方法 ······························································ 62
　　　　　　㋺　特例計算の方法 ······························································ 64
　　　　　　㋩　実質的に債権とみられないもの ········································ 65
　　　　　　㊁　法定繰入率 ···································································· 66
　　　　(ハ)　個別評価金銭債権 ···························································· 66
　　　④会計処理 ··············································································· 68
　　　⑤実務での対応 ········································································· 69
　　　⑥決算チェックリスト ································································ 69

⒀　**固定資産** ······················································································ 70
　　　①固定資産とは ········································································· 70
　　　②固定資産の取得価額 ······························································· 71

③減価償却 ································································ 72
　　④少額減価償却資産と一括償却資産 ····························· 73
　　⑤資本的支出と修繕費 ············································ 75
　　⑥リース資産 ······················································· 76
　　⑦減価償却方法 ···················································· 78
　　⑧償却方法と法定耐用年数 ········································ 80
　　⑨資産の中古取得 ·················································· 82
　　⑩リース期間定額法 ··············································· 82
　　⑪固定資産台帳の作成と照合確認 ································ 83
　　⑫決算チェックリスト ············································ 85

⑭　繰延資産 ·································································· 86
　　①繰延資産とは ···················································· 86
　　②繰延資産の償却方法と償却期間 ································ 88
　　③決算チェックリスト ············································ 90

⑮　有価証券 ·································································· 91
　　①有価証券の範囲と区分 ·········································· 91
　　②有価証券一覧表の作成 ·········································· 92
　　③売却時の原価と損益の計算 ····································· 93
　　④有価証券の売却時の表示 ········································ 94
　　⑤有価証券の期末評価 ············································ 95
　　　　(イ)　売買目的有価証券の評価 ····························· 95
　　　　(ロ)　満期保有目的の債券 ··································· 96
　　　　(ハ)　子会社株式及び関連会社株式 ······················· 97
　　　　(ニ)　その他有価証券 ······································· 97
　　⑥有価証券の著しい価値下落と評価損 ·························· 99
　　⑦有価証券の内訳書の作成 ······································ 100
　　⑧決算チェックリスト ··········································· 101

⑯　預り金・前受金 ························································ 102
　　①社会保険料の整理 ·············································· 102
　　②源泉所得税の整理 ·············································· 103
　　③住民税の整理 ··················································· 104
　　④前受金の整理 ··················································· 104

⑤仮受金等の内訳書の作成 ………………………………………………………… 104
⑥決算チェックリスト ……………………………………………………………… 105

⒄ **受取利息・受取配当金** ………………………………………………………… 106
①会計処理 …………………………………………………………………………… 106
②受取配当金一覧表の作成 ………………………………………………………… 107
③決算チェックリスト ……………………………………………………………… 109

⒅ **租税公課** …………………………………………………………………………… 110
①会計処理 …………………………………………………………………………… 110
②決算チェックリスト ……………………………………………………………… 111

⒆ **交際費** ……………………………………………………………………………… 112
①交際費と損金算入限度額 ………………………………………………………… 112
②交際費と周辺費用との整理 ……………………………………………………… 114
③決算チェックリスト ……………………………………………………………… 116

⒇ **寄附金** ……………………………………………………………………………… 117
①寄附金とは ………………………………………………………………………… 117
②寄附金の区分と集計 ……………………………………………………………… 118
③決算チェックリスト ……………………………………………………………… 119

(21) **給与・社会保険料** ………………………………………………………………… 120
①会計処理の確認 …………………………………………………………………… 120
②役員報酬 …………………………………………………………………………… 120
③決算チェックリスト ……………………………………………………………… 123

(22) **その他の損益計算書項目** ………………………………………………………… 124
①地代家賃 …………………………………………………………………………… 124
②消耗品費 …………………………………………………………………………… 124
③その他のＰ／Ｌ科目 ……………………………………………………………… 124
④決算チェックリスト ……………………………………………………………… 125

(23) **消費税（原則課税）の計算** ……………………………………………………… 126
①消費税の考え方 …………………………………………………………………… 126

②消費税の仕組み……………………………………………………………126
　③勘定科目別の課税取引金額集計表の作成………………………………132
　④課税売上割合・控除対象仕入税額等の計算表作成……………………134
　⑤消費税申告書（原則課税）の作成………………………………………138
　⑥会計処理……………………………………………………………………140

⑳ **法人税の計算**……………………………………………………………143
　①法人税の仕組み……………………………………………………………143
　②申告調整……………………………………………………………………145
　③繰越欠損金の控除…………………………………………………………149
　④法人税の計算………………………………………………………………155
　⑤会計処理……………………………………………………………………159
　⑥留保金課税…………………………………………………………………160
　⑦税額控除……………………………………………………………………163
　⑧決算チェックリスト………………………………………………………167

㉕ **財務諸表の作成**…………………………………………………………170
　①貸借対照表の作成…………………………………………………………170
　②損益計算書の作成…………………………………………………………174
　③株主資本等変動計算書の作成……………………………………………176
　④個別注記表の作成…………………………………………………………177
　⑤決算チェックリスト………………………………………………………182

# 第2章　個 別 編

⑴ **賞与引当金**………………………………………………………………184
　①賞与引当金とは……………………………………………………………185
　②賞与引当金の計算と会計処理……………………………………………185
　③税務調整……………………………………………………………………187
　④決算賞与……………………………………………………………………187
　⑤決算チェックリスト………………………………………………………188

## (2) 退職給付引当金 ································································· 189
①退職給付引当金とは ······························································ 189
②退職給付制度 ······································································ 190
③退職給付引当金の計算方法 ······················································ 191
④退職給付費用の計算方法 ························································ 194
⑤決算チェックリスト ······························································ 199

## (3) 税効果会計 ····································································· 200
①税効果会計とは ···································································· 200
②将来加算・減算差異と永久差異 ················································ 202
③実効税率 ············································································ 203
④税効果の回収可能性 ······························································ 208
⑤決算チェックリスト ······························································ 208

## (4) 消費税（簡易課税）の計算 ············································· 209
①計算方法 ············································································ 209
②みなし仕入率 ······································································ 209
③兼業の取扱い ······································································ 211
④適用要件 ············································································ 213
⑤継続要件 ············································································ 214
⑥消費税の申告書（簡易課税）の作成 ·········································· 215

## エピローグ ·············································································· 221

## 決算チェックリスト ································································· 224
A 資産勘定 ·········································································· 224
B 負債勘定 ·········································································· 225
C 損益計算書項目 ································································· 226
D 財務諸表 ·········································································· 227
E その他 ············································································ 227

## 消費税チェックリスト ······························································ 228
1．損益計算書 ······································································ 228
2．貸借対照表（資産の取得及び譲渡） ········································ 232

## 参考文献 ················································································· 235

# 第1章

# 基本編

# （1） 決算確定手順

**マーク中川** じゃあ時間もないから今すぐ始めましょうか。資料が入ったダンボールはこれだから、決算はさっと終わらせてもらえますか。金一の行動規範には「圧倒的なスピードで仕事をする人」ってありますものね。半日くらいで終わりますかね？

**なし子** （無理なこと言うなあ）えー！　そんなすぐには終わらないです。まずは何から手をつければいいのかしら？　以前空廻部長の決算を手伝ったときは、なかなか進まなかったのだけど……。確か申告期限ギリギリまでかかりましたよ。

**マーク中川** どんな感じで作業をしていたのですか？

**なし子** 去年は私も空廻部長もやり方がよく分からなかったので分かりそうなところから手当たり次第に手をつけていたんですよね。確か消耗品、受取利息、仕入れみたいな順番だったかな？？

**マーク中川** それはあまりよくないですね。決算はまずは貸借対照表（以下、B/Sといいます）から手をつけていったほうがいいのですよ。

**なし子** なぜB/Sから確定させないといけないんですか？

**マーク中川** それはですね、B/Sは、一定時点における財政状態を示すものだから、試算表上の数値と実際の残高の一致が基本的には確認できるからです。だからB/Sから確定させていくほうが効率的なのですよ。

　一方、損益計算書（以下、P/Lといいます）は、一定期間の経営成績を示すものだから、その期間の数値の積み上げになっている訳です。だからP/Lは試算表上の数値があっているかどうか判断が難しいのですね。P/Lの数値が合っているかどうかは、取引の一つひとつを確認することや、前年との比較をすることでしか確認できないですから。

**なし子** なるほど……。分かりそうなところをなんとなくやるでは、いけないんですね。

**マーク中川** 決算作業は、B/Sから順番に各勘定科目残高を正しい数値になっているか確認をして、その後P/Lについて確認をしていくという流れになります。こうすれば、間違いも少なくなりますね。

**なし子** なんとなく今年はやれそうな気がしてきました。

**マーク中川** じゃあ、早速はじめてみましょうか？

## （2） 現金・預金

①現金預金残高の確認

マーク中川　今はどのあたりをやっていますか？

なし子　うーんと残高を合わせるってことはどういうことか考えていたんです。

マーク中川　のんびりですね……。このままでは進まないでしょうから、一緒に一つずつやっていきましょうか。

マーク中川　では、まず現金・預金からやっていきましょう。まず、期末日の現金出納帳の金額と実査した金額との突き合わせをやってみましょう。残高の一致を確認してください。➡ チェックリストA(1)①

なし子　あっ！　全然合いません。やっぱりなあ。3か月前まで空廻部長が管理していたので、仕方ないですよね。あの人お金数えるのも管理するのも苦手なんですよね。

マーク中川　それは困ったね。じゃあ決算で不明分も含めてきちんと整理しないといけないですね。そうしたら1年間の現金出納帳を全部見直してもらえますか。期中過不足がある部分は、相手科目を「現金過不足」勘定で処理して、最終的に不明の原因が判明しないものについては「雑収入」または「雑損失」勘定に振り替えて処理してみましょう。

なし子　はい、これは期中に正しく処理されていました。でも、結構面倒でもう帰りたくなってきました。もう駄目かも……。

マーク中川　疲れるのはまだ早いですよ。現金が終わったら次は預金を合わせる作業があります。

なし子　うん。もうちょっとだけがんばってみようかな……。預金はどうすればいいですか？

マーク中川　預金は、期末日の帳簿残高を通帳や残高証明書と突き合わせて残高の一致を確認してくれれば大丈夫です。➡ チェックリストA(2)①

なし子　あれ？これも残高金額が合わないなあ。空廻部長は当座預金には触っていないのにおかしいなあ。（ブツブツ……）

マーク中川　当座預金の場合には、会社側での経理のタイミングと銀行決済のタイミングがずれることによって一致しないことがあります。未取付小切手、未取立小切手などがこれに該当するのですよ。

| | |
|---|---|
| 時間外預入 | 時間外預入とは、銀行の営業時間外に振込みや夜間金庫へ預入を行った場合を指します。帳簿上は振り込んだ日付、預け入れた日付で記帳しますが、銀行は翌営業日の日付で処理を行います。<br>　実際に預入を行っているので帳簿の修正は不要になります。 |
| 未取付小切手 | 未取付小切手とは、商品の代金などで小切手を取引先に振り出しましたが、振り出した先がまだ銀行に未呈示である小切手を指します。そのため銀行から引き落としがされていないため、当座預金のB/S残高と残高証明書が一致しません。<br>　帳簿上は間違った仕訳をしている訳ではありませんし、実際に小切手を振り出して当座預金残高を減らしているので、帳簿の修正は不要になります。 |
| 未取立小切手 | 未取立小切手とは、受け取った小切手を銀行に預け入れたにも関わらず、銀行側でまだ取立処理を行っていない小切手をいいます。小切手を受け取った時点で帳簿上の当座預金残高は増えますが、実際の当座預金は銀行が取立処理を行って初めて増えますので当座預金のB/S残高と残高証明書が一致しません。<br>　帳簿上は間違った仕訳をしている訳ではありませんし、銀行が取立を行えば当座預金残高は増えますので、帳簿の修正は不要になります。 |
| 未渡小切手 | 未渡小切手とは、小切手を振り出した時にその支払いの仕訳をしたにも関わらず、手許に残っている小切手をいいます。<br>　帳簿上は支払いの処理がなされていますが、実際の支払いはないために、支払いの仕訳の修正をしなければなりません。 |

**なし子**　うん。いろいろとずれが生まれる要素があるんですね。

**マーク中川**　そうですね。このずれている部分が適切かどうか、銀行勘定調整表を作って確認をしてもらうことになりますね。

➡ チェックリスト A(2)②

## 預金残高証明書

平成23年3月31日

東京都新宿区西新宿1-25-1
株式会社金一　様

株式会社大手銀行
新宿新都心支店

(単位：円)

| 科目 | 口座番号 | 金額 |
|---|---|---|
| 当座預金 | 658422 | 72,849,620 |
| 普通預金 | 658423 | 7,816,198 |
| 定期預金 | 658424 | 34,122,195 |

(単位：$)

| 外貨預金(米ドル) | 658425 | 15,000 |
|---|---|---|

不一致

## 銀行帳

大手銀行新宿新都心支店
当座口座

| 年 月 日 | 摘要 | 入 | 出 | 残高 |
|---|---|---|---|---|
| 23.3.31 | 小切手振出　株式会社斉藤商事 | | 2,000,000 | 70,849,620 |
| | | | | |
| | | | | |

## 当座預金残高調整表（大手銀行新宿新都心支店　当座預金）
平成23年3月31日

A　会社帳簿残高　　　　70,849,620

B　未取付小切手

| 小切手No | 振出日 | 金額 | 支払先 |
|---|---|---|---|
| 6253 | 3.31 | 2,000,000 | 株式会社斉藤商事 |
| 計 | | | |

C　未入金小切手

| 小切手No | 金額 | 受取先 |
|---|---|---|
| | | |
| | | |
| 計 | | |

D (A＋B－C)　→　調整後残高＝72,849,620
　　　　　一致
　　　　　　　　　→　銀行残高証明書＝72,849,620

②外国通貨及び外貨預金の期末換算

**なし子** あれ、うちの会社って外貨での取引なんかしていたんだ。金庫に米ドルがありました。それから、外貨預金もあるみたいです。これはどうすればいいですか？

**マーク中川** 外国通貨や外貨預金を持っているときは決算日に円に換算替えすれば大丈夫です。

**なし子** えーと、為替レートは……。

**マーク中川** ちょっと待って、作業をする前に換算方法を説明しますね。外貨換算については下の表のように決まっています。期末時換算法とは期末時の為替相場により換算する方法で、発生時換算法とは取得時又は発生時の為替相場により換算する方法をいいます。特に税務の世界では、換算方法の届出をしていない場合には法定換算方法により換算することになるから気をつけないといけないですね。

　それから、為替相場の換算は、原則として、TTM（対顧客電信売買相場の仲値）によって計算します。ただし、継続適用を条件として、収入及び資産についてはTTB（対顧客直物電信買相場）を、費用及び債務についてはTTS（対顧客直物電信売相場）を適用することもできます。また、この為替レートの変動による損益は為替差損、為替差益として認識することになります。

**なし子** 全部ルールが決まっているんですね。

| 外貨建資産等の区分 | | 会計上の換算方法 | 法人税法上の換算方法 |
|---|---|---|---|
| 外国通貨 | | 決算時の為替相場により換算 | 期末時換算法 |
| 外貨預金 | 短期外貨預金 | | 期末時換算法（法定換算方法）又は発生時換算法 |
| | 上記以外のもの | | 期末時換算法又は発生時換算法（法定換算方法） |
| 外貨建債権債務 | 短期外貨建債権債務 | 決算時の為替相場により換算（ただし、転換社債については、発行時の為替相場） | 期末時換算法（法定換算方法）又は発生時換算法 |
| | 上記以外のもの | | 発生時換算法（法定換算方法）又は期末時換算法 |

株式会社金一（期末時換算法により換算）
期末電信売買相場仲値　101円/ドル

期末に保有する現金・預金のうち、次の外貨建てのものが含まれています。
外国通貨：期末保有額　　1,000ドル　　帳簿価額：　　102,000円
外貨預金：期末保有額　15,000ドル　　帳簿価額：1,560,000円

決算時の為替相場に換算する必要があります。

## 【外国通貨】

1,000ドル×101円／ドル＝101,000円

102,000円－101,000円＝1,000円

| 決算整理仕訳 | | | |
|---|---|---|---|
| （為 替 差 損） 1,000 | ／ | （現　　　金） | 1,000 |

## 【外貨預金】

15,000ドル×101円／ドル＝1,515,000円

1,560,000円－1,515,000円＝45,000円

| 決算整理仕訳 | | | |
|---|---|---|---|
| （為 替 差 損） 45,000 | ／ | （預　　　金） | 45,000 |

③預貯金等の内訳書作成

**なし子**　あとは現金預金の関係で決算のために作らなければいけない資料はありますか。

**マーク中川**　はい、今まで解説した一連の確認が終わったら、預貯金の内訳書を作成して、内訳書の金額とB/Sの金額が一致するかを確認しましょう。これは法人税申告書の提出のときに必要なので、必ず作るようにしてくださいね。

**預貯金等の内訳書**

1頁

| 金融機関名 | 種類 | 口座番号 | 期末現在高 | 摘要 |
|---|---|---|---|---|
| 現金 | | | 80,886円 | |
| 現金 | | | 101,000 | 1,000ドル |
| 大手銀行／新宿新都心支店 | 当座預金 | 658422 | 70,849,620 | |
| 大手銀行／新宿新都心支店 | 普通預金 | 658423 | 7,816,198 | |
| 大手銀行／新宿新都心支店 | 定期預金 | 658424 | 34,122,195 | |
| 大手銀行／新宿新都心支店 | 外貨預金 | 658425 | 1,515,000 | 15,000ドル |
| 新宿銀行／本店営業部 | 普通預金 | 1195852 | 140,652,103 | |
| 計 | | | 255,137,002 | |
| | | | | |
| | | | | |
| 合　　計 | | | 255,137,002 | |

→ B/S現金及び預金残高と一致

④決算チェックリスト

A 資産勘定

（1）　現金

①決算日現在の実際残高と現金出納帳残高との一致を確認したか。

（2）　預金

①銀行残高証明書と各補助簿残高との一致を確認したか。

②当座預金については、銀行勘定調整表を作成し、照合を行ったか。

# （3） 売上高・売掛金

①売上計上基準の確認

**マーク中川** じゃ、次は売上関係を見ていきましょう。取引形態によって売上計上基準がいろいろあるのは知っていますか？ なし子さんは、金一の売上計上基準はどうなっているか分かっていますか？

**なし子** うちの会社は……。請求書を発行したら売上だと思います。

**マーク中川** うん。ちょっと分かっていないみたいだから、売上計上基準について説明しますね。売上計上基準というのは、売上をいつのタイミングで認識するかということなのですけど、会社によって採用している基準が異なっているのですよ。

　一般的に売上の認識は、商品の受け渡し又は役務提供の完了をもって実現したとみなされることになっています。問題は商品の受け渡しの場合、いつの時点をもって受け渡しがされるのか、ということですね。

　ここで、一般的な売上のプロセスを示した下の図を見てください。売上に関連するプロセスとして、受注→出荷→納品→検収→入金があります。商店街の魚屋さんだったら（A）から（E）まがあっという間だから、意識しなくて済みますが、会社だとこうはいかないですよね。

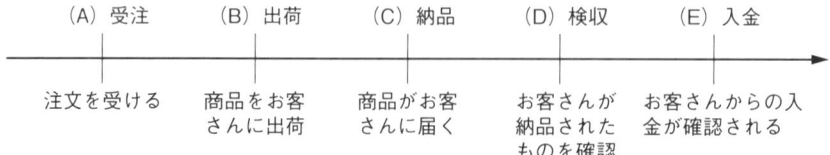

　会計上、いくつかの売上計上基準が設けられていて、一般的には（B）～（D）の時点で売上の認識をすることになります。

（B） 商品等の出荷の時点で売上を認識する。
　　⇒「出荷基準」
（C） 商品等を納品した時点で売上を認識する。
　　⇒「納品基準」
（D） 得意先による検収の時点で売上を認識する。
　　⇒「検収基準」

**なし子** なるほど。じゃ、まずは、うちの会社がどうなっているか調べないといけないですね。

――――――（足早に部屋を出ていくなし子であった。）――――――

分かりました。うちの会社は検収基準ですね。売った電子部品が納品先の検査をパスした段階で売上に計上しているということです。

**マーク中川** それでは、その上で、売上計上基準が前期と同じ方法で行っているのか、確認をしてみてくださいね。➡ **チェックリスト C(1)①** ここが間違っていると売上金額を間違って計上してしまうことになります。今年は、特に変更はないですか？

**なし子** はい、今年は去年と同じですね。特に変更はしていないということでした。

②売上計上

**マーク中川** じゃあ、計上基準が分かったところで、日常処理を確認してみましょうか。毎月の売上高は注文書や納品書に基づいて次の仕訳を起票していますよね。

---

**期中取引仕訳**
山本商事に商品105,000円を販売した。
（売　掛　金）　　105,000 ／（売　　　　上）　100,000
　　　　　　　　　　　　　　　　（仮 受 消 費 税）　　5,000

---

それから、得意先元帳を作成している場合には、請求書の当月請求額（前月繰越額－当月の入金額＋当月売上高）は各得意先元帳の残高と一致することになります。

**なし子** ここまでは大丈夫です。

**マーク中川** 本当に大丈夫ですかね。ところで金一の売上計上基準は検収基準ということでしたけど、具体的にはどうやって売上計上をしているのですか？

**なし子** うちの会社はお客さんが発行した検収書に基づいて請求書を発行しています。その請求書に基づいて売上を計上しているから完璧ですよ！

**マーク中川** ちょっと待ってください。金一の売上締め日は毎月何日か確認してくれますか？

**なし子** えーと、毎月月末の得意先と毎月20日の得意先がありますね。

**マーク中川** 締め日が月中にある場合には、締め日から月末までの分の売上（帳端売上）の計上が必要になりますね。毎月20日締めの請求書を発行している得意先については21日から月末までの売上金額を調べて計上漏れがないようにしなければいけないですね。

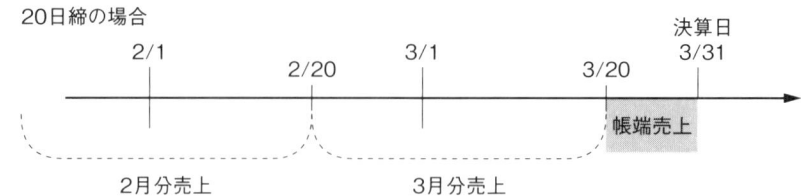

なし子　なるほど…。決算の時は帳端売上も加える必要があるんですね。

マーク中川　忘れやすいところですが、気をつけなければいけないところです。請求書発行基準という計上基準はないので注意しないといけないですね。

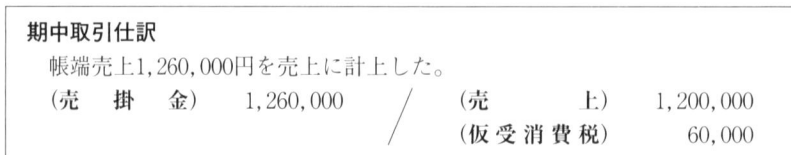

③売掛金残高の確認

マーク中川　では、今度は売上計上と売掛金の発生・回収が適切に行われているか調べてみましょう。そのためには月別売掛金一覧表を作成して、締め日毎の売掛金の請求・回収金額の突合せをする必要がありますね。

　月別売掛金一覧表を正しく作成したら、売掛金のB/S残高と一致しているか確認してくださいね。➡ チェックリストA(4)②

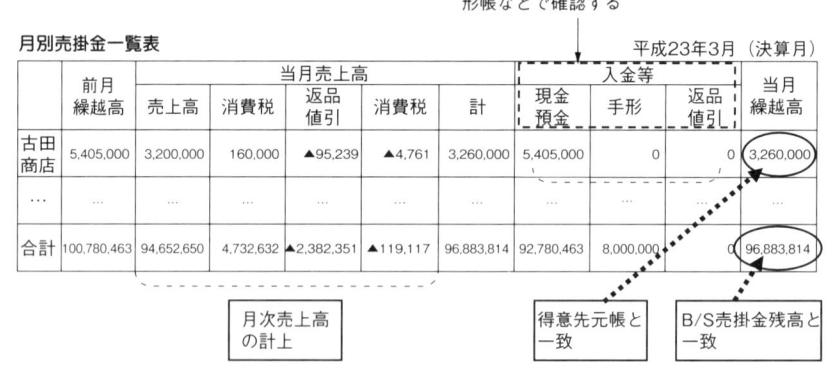

なし子　月別売掛金一覧表とB/Sの売掛金残高が合わない場合にはどうすればいいんですか？

マーク中川　合わない場合には、請求書、領収書、金銭出納帳、銀行帳、手形帳を見返して転記誤りがないか確認しないといけないですね。その後、売上値引、返品未計上、当社が振込手数料を負担した場合の手数料計上漏

れ、不良債権になっているものがないかどうか調べるといいですよ。

確認すべきところを解説しておきますね。

| ○売上値引、返品 | 売上値引や返品は値引伝票や返品伝票を起票していないことが少なくないため、数字が合わない原因となりやすいです。 |
|---|---|
| ○売上割戻し（リベート） | 売上割戻しとは、一定の条件に基づいて得意先に行われるリベートのことをいいます。算定基準によって、その計上時期が異なりますので注意してください。（下図「売上割戻しの計上時期」を参照）<br>また、売上割戻しは、特定の得意先のみに支払いを行った場合に交際費として損金不算入になる可能性があります。 |
| ○売上入金時の手数料計上漏れ | 得意先からの振込みがある場合、振込手数料を自社が負担することがあります。この場合には、得意先から振込手数料が控除された金額が入金されるため、この手数料分をその得意先の売掛金残高から減少させる必要があります。 |

**売上割戻しの計上時期**

| 算定基準等 | 原　則 | 特　例 |
|---|---|---|
| その算定基準が販売価額又は販売数量によっており、かつ、その算定基準が契約その他の方法により相手方に明示されている場合 | 販売した日の属する事業年度の損金※ | 継続して売上割戻しの金額の通知又は支払いをした日の属する事業年度に計上することとしている場合には、その事業年度の損金 |
| 上記以外 | 金額の通知又は支払いをした日の属する事業年度の損金 | ただし、各事業年度終了の日までに、その売上割戻しの算定基準が内部決定されており、未払計上し申告期限までに相手方に通知したときは、継続適用を条件に未払計上日の損金 |

（法基通2-5-1）

## ※損金とは

損金とは、法人税計算上の課税所得の対象となる費用や損失のことをいいます。

法人税法における損金の額は、一般に公正妥当と認められる会計処理の基準に従って計算されるため、会計上の費用に税務上の調整が加えられたものが損金となります。そのため、会計上の費用や損失と範囲が異なります。

また、法人税において課税所得を増加させる収益を「益金」といいます。

法人税法上の課税所得は、「益金－損金」によって計算されます。（詳細は「(24)法人税の計算」を参照）

○滞留債権

　長期間滞留している債権がある場合には、相手先に残高の確認を行い原因の追究を行います。記帳の誤りであれば、原因に応じて修正を行い、長期滞留しているのが事実であれば、督促を行うなど回収の努力を行います。

　また、滞留債権は、その実態に応じて貸倒損失・貸倒引当金の計上を検討する必要があります。(「(11)貸倒損失」、「(12)貸倒引当金」を参照)

➡ チェックリスト A(4)③

なし子　他に注意するべき点はありますか？

マーク中川　そうですね、関係会社がある場合には、債権の残高及び内容を確認して欲しいですね。関係会社間取引は、第三者間の取引と比較して、請求書の発行がないなど取引が曖昧になりやすいので注意が必要です。

➡ チェックリスト A(4)④

なし子　売掛金は他の勘定科目との関連があるものがかなり多いんですね。

マーク中川　売掛金と関係がある科目は、B/S科目では貸倒引当金、P/L科目では、売上、貸倒損失、貸倒引当金繰入、場合によっては交際費も影響してくるからできるだけ早く残高を確定させないといけないですね。

④売上計上漏れの確認

なし子　売上については、他に気をつけなければならないことがあるのかしら？

マーク中川　売上については、税務調査で必ず確認されるところだから、注意すべき点をもう少し説明しておきましょう。

**売上関連項目で注意するべき点**

| 項目 | 内容 | 確認する証憑 |
| --- | --- | --- |
| 売上計上漏れ | 　決算月の翌月、翌々月の請求書や入金もあわせて確認し、漏れがないか確認をします。<br>　➡ チェックリスト C(1)②<br>　また、期末直前に仕入を行った商品で在庫に計上されていないものは、売上計上漏れや在庫計上漏れの可能性があるので、注意が必要です。 | 請求書、預金通帳など |
| 値引・返品・割戻し | 　決算月の翌月、翌々月の資料から値引・返品等の期ずれ※がないか確認をします。<br>　➡ チェックリスト C(1)②<br>　値引、返品については、その理由を明確にしておきましょう。理由のない相手方への金銭の交付は交際費とされ | 値引・返品通知書<br>割戻し契約書、通知書<br>稟議書、支払申請書など |

| 項　目 | 内　容 | 確認する証憑 |
|---|---|---|
| | る可能性があります。<br>　割戻しについては、計算基準日、通知日、支払日との関係を確認しましょう。<br>※期ずれとは<br>　売上や費用を本来計上すべき事業年度よりも前倒し、または繰延べして別の事業年度に計上した期間差異のことをいいます。 | |
| 従業員販売 | 　法人の売上計上とは別に従業員に対する給与課税（税務上、給与とみなされて課税されること）の問題があります。次の要件の全てを満たさない場合には、値引による利益が給与課税されます。<br>(1)　販売価格が取得価額以上であり、かつ、販売する価額のおおむね70％未満でないこと。<br>(2)　値引率が、一律に又は地位、勤続年数等に応じて全体として合理的なバランスが保たれる範囲内の格差を設けて定められていること。<br>(3)　値引販売をする商品等の数量は、一般の消費者が自己のために通常消費する程度であること。<br>（所基通36-23） | 従業員販売規定<br>購入申込書 |
| 作業屑・副産物 | 　作業屑や副産物の販売収入も売上計上しなくてはなりません。現金取引が多いため確認しましょう。 | 領収書 |

⑤売掛金の内訳書の作成・売上高等の事業所別内訳書の作成

**なし子**　これでもう売掛金・売上関連の話は終わりかしら？　普段していない仕事をたまにしたので、だいぶ疲れちゃったんだけど。今日は空廻部長と仕事している時の10倍は仕事していますよ。今日はもう帰ろうかな。

**マーク中川**　（普段はほとんど仕事していなんだな……。）もうちょっと頑張ってください。勘定科目の内訳書を作って残高を最終確認する作業が残っています。法人税申告書の添付書類としても必要だし、残高を確定する上でも必要です。

　売掛金（未収入金）の内訳書合計金額とB/Sの売掛金残高とを一致させます。それから、金一の場合には営業所が本社とは別にあるので売上高等の事業所別内訳書も作る必要があります。ここまでで売掛金・売上関連の話は終わりになります。

## 売掛金（未収入金）の内訳書

1頁

| 科目 | 相手先 名称（氏名） | 相手先 所在地（住所） | 期末現在高 | 摘要 |
|---|---|---|---:|---|
| 売掛金 | (株)古田商店 | 新宿区………… | 3,260,000 | |
| 売掛金 | (株)金澤物産 | 中央区………… | 22,658,900 | |
| 売掛金 | 大澤トレーディング(株) | 港区………… | 21,498,600 | |
| 売掛金 | (株)ティーエッチ | 新宿区………… | 25,325,620 | |
| 売掛金 | 斉藤商事(株) | 江東区………… | 15,565,000 | |
| 売掛金 | (株)田中工業 | 渋谷区………… | 1,000,000 | |
| 売掛金 | (株)新井物産 | 中央区………… | 2,408,700 | |
| 売掛金 | (株)藤井産業 | 新宿区………… | 3,000,000 | |
| 売掛金 | その他 | | 2,166,994 | |
| 合計 | | | 96,883,814 | |

（B/S売掛金残高と一致）

(法0302-3)

## 売上高等の事業所別内訳書

1頁

| 事業所の名称 所在地 | 責任者氏名 代表者との関係 | 事業等の内容 | 売上高 | 期末棚卸高 | 期末従業員数 使用建物の延面積 | 源泉所得税納付署 | 摘要 |
|---|---|---|---:|---:|---:|---|---|
| 本社 東京都新宿区西新宿1-25-1 | 金田 一郎 本人 | 電子部品卸売 | 372,619,800 | 5,023,890 | 14人 420.00㎡ | 新宿署 | |
| 大宮営業所 埼玉県………… | 今川 誠一 従業員 | 電子部品卸売 | 209,598,585 | 6,394,048 | 11 200.00 | 大宮 | |
| | | | | | | | |
| 合計 | | | 582,218,385 | 11,417,938 | 25 620.00 | | |

(法0302-14)

（P/Lの売上高、期末棚卸高と一致）

（注） 1. 期中に開設又は廃止した事業所については、「摘要」欄にその旨及び年月日を記入してください。
2. 「計」欄は、損益計算書の該当金額と一致するように記入してください。
3. 「事業等の内容」欄には、事業所において営んでいる事業等の内容を具体的に記入してください。

⑥決算チェックリスト

A 資産勘定

### （4） 売掛金

①締切日を調べ、締め後売上が計上されているか確認したか。

②月額売掛金一覧表（又は得意先元帳）とB/S残高との一致を確認したか。

③不良債権について貸倒引当金、貸倒損失を検討したか。

④関係会社に対する債権の残高及び内容を確認したか。

## C 損益計算書項目

### (1) 売上高

①売上計上基準は前期と変更はないか確認したか。

②翌期の資料から売上計上漏れ、値引返品の期ずれがないか確認したか。

# （4） 売上原価・買掛金

①仕入高の確認

**マーク中川** 今日は、仕入、売上原価、買掛金の関連を見ていきましょう。まずは、前年と仕入計上基準に変更はないか確認してください。

➡ **チェックリストC(2)①**

仕入計上基準は、一般的には入荷基準か検収基準が採用されます。金一では、昨年度までは検収基準で仕入計上をしていますね。

| 入荷基準 | 商品が入荷したときに仕入を計上する |
|---|---|
| 検収基準 | 入荷した商品を検収したときに仕入を計上する |

**期中取引仕訳**
　岡松物産から商品仕入315,000円を行った。代金は翌月末に振り込む予定となっている。
　（仕　　　入）　　300,000　／　（買　掛　金）　　315,000
　（仮払消費税）　　 15,000

**なし子** はい、確認しました。前年からの変更はありません。

**マーク中川** 分かりました。そうしたら次に、仕入高を確定させたいのだけど、どうやってチェックしたらいいか分かりますか？

**なし子** 空廻部長と一緒にやったときは、一応資料と伝票を1枚1枚見てみたんですが、それだけだと間違っていることがあるんですよね。確認の仕方が足りないのかな？

**マーク中川** うん。それはいいところに気づいたね。もちろん1枚1枚きちんと確認することはすごく大切なことだけど、これだけだと資料自体が誤っていることによる間違いは絶対見つからないですよね。仕入については、これに加えて年間推移や前年同月比較をすると、きちんと確認できます。

**★仕入金額の推移を確認**

毎月の仕入金額について前月比較や前年同月比較を行います。季節変動や今年の特殊事情を考慮した上で仕入金額が大幅に増加している、または減少

しているなど異常値が出ているようであれば、誤った処理をしている可能性があります。

仕入金額の推移表　　　　　　　　　　　　　　　　　　　（単位：千円）

|  | 22/4 | 22/5 | 22/6 | 22/7 | 22/8 | 22/9 |
|---|---|---|---|---|---|---|
| 仕入高 | 13,934 | 13,798 | 14,407 | 17,353 | 16,293 | 18,060 |
| 今期予算額 | 13,900 | 14,000 | 14,500 | 17,500 | 17,000 | 18,000 |
| 前年実績 | 12,987 | 14,008 | 15,039 | 16,231 | 17,230 | 17,213 |

| 22/10 | 22/11 | 22/12 | 23/1 | 23/2 | 23/3 | 決算整理前計 |
|---|---|---|---|---|---|---|
| 11,416 | 14,263 | 21,171 | 15,586 | 18,061 | 16,440 | 190,782 |
| 11,000 | 15,000 | 20,000 | 16,000 | 18,000 | 16,000 | 190,900 |
| 10,742 | 13,982 | 21,943 | 16,234 | 18,324 | 17,534 | 191,467 |

**★売上総利益率の推移を確認**

　毎月棚卸を実施しており、正確に売上総利益が算出されているのであれば、売上総利益率について前月比較や前年同月比較を行います。季節変動や今年の特殊事情を考慮した上で売上総利益率が大幅に変化している場合には、誤った処理をしている可能性があります。　➡　**チェックリストC(2)②**

②買掛金残高の確認

**なし子**　なるほど。伝票を正確に入力したか確認するだけじゃなくて、実態を考えた上で入力したデータに異常値が出ていないか確認することが大切なんですね。

**マーク中川**　そのとおりです。P/Lに関連する項目は、取引を一つひとつ確認する以外に、金額の内訳を個別に確認できる方法は少ないため、伝票と会計データの確認だけでなく、前年比較や前月比較をすることがとても大切になります。

**なし子**　仕入に関係する勘定科目で残高を確認できるものは買掛金ですよね。

**マーク中川**　そのとおりです！　買掛金は売掛金と同じように確認できますよね。月別買掛金一覧表を作成して、締め日毎の買掛金の発生と支払いを確認することになります。売掛金のときと同じプロセスですよね。決算の時は仕入業者さんに買掛金の残高証明書を発行してもらって、月別買掛金一覧表の残高と一致しているか確認し、正しい月別買掛金一覧表を作成します。その後、月別買掛金一覧表と買掛金のB/S残高の一致を確認することになります。　➡　**チェックリストB(2)①**

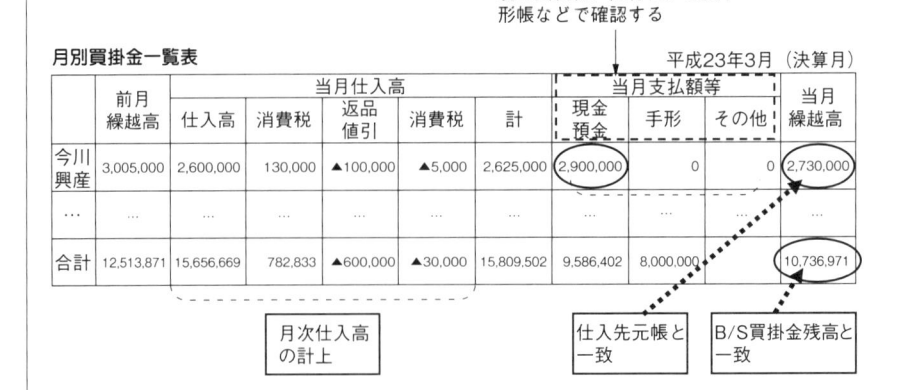

**月別買掛金一覧表**　　　　　　　　　　　　　　　　　　　　　　　　平成23年3月（決算月）

| | 前月繰越高 | 当月仕入高 | | | | | 当月支払額等 | | | 当月繰越高 |
|---|---|---|---|---|---|---|---|---|---|---|
| | | 仕入高 | 消費税 | 返品値引 | 消費税 | 計 | 現金預金 | 手形 | その他 | |
| 今川興産 | 3,005,000 | 2,600,000 | 130,000 | ▲100,000 | ▲5,000 | 2,625,000 | 2,900,000 | 0 | 0 | 2,730,000 |
| … | … | … | … | … | … | … | … | … | … | … |
| 合計 | 12,513,871 | 15,656,669 | 782,833 | ▲600,000 | ▲30,000 | 15,809,502 | 9,586,402 | 8,000,000 | | 10,736,971 |

（現金預金欄上部注記）現金出納帳、銀行帳、支払手形帳などで確認する

（表下注記）月次仕入高の計上／仕入先元帳と一致／B/S買掛金残高と一致

**なし子**　あら!?　早速一致してません。どこが違うんだろう？

**マーク中川**　多分、仕入値引、仕入割戻しのあたりじゃないですかね？　特に仕入割戻しについては注意が必要です。仕入割戻しは、売上割戻しと同様に（「(3)売上高・売掛金」を参照）相手先から算定基準を明示されていない場合には、通知基準になりますから、どのタイミングで処理するのか気をつけてくださいね。➡ **チェックリストC(2)③**

**なし子**　あらら？　またおかしいところが見つかりました。空廻部長の処理したところが全然合っていなくてめちゃくちゃです。残高も全然合っていないし……。

**マーク中川**　また空廻部長か！　まったく困ったものですね。

**なし子**　どうやら請求よりも多く払ってしまっているところがたくさんあるようですね。これはどうすればいいかしら？

**マーク中川**　そういう時は、支払先に連絡して返金してもらうのであれば未収入金に、次回の支払いに充当するのであれば前渡金に振替処理をしないといけないですね。

**なし子**　うーん。けっこう量があるなあ……。期中にいいかげんにやっていると決算の時に大変ですね。だいたい分かってきたんですが、他に気をつけるところはありますか？

**マーク中川**　仕入先に残高証明書を発行してもらった場合は問題ないのですが、請求書ベースで買掛金を計上する場合には、締め後の仕入がある場合があります。これは「(3)売上高・売掛金」のところの締め後の売上と同じ考え方です。ここは忘れやすいので注意しないといけないですね。

➡ **チェックリストB(2)②、チェックリストC(2)④**

　それから、長期に滞留しているものについても注意が必要です。➡ **チェックリストB(2)③** 長期間支払いを行っていない場合には、原因を調

べて実態に即して適切な処理を行う必要があります。支払い義務について時効が法律上完成して、支払い義務が消滅した場合には、買掛金を債務免除益に振り替えることになります。

また、期末直前に商品が納入されている場合に納品書が届いておらず、仕入計上が漏れる可能性がありますね。➡ チェックリストB(2)④

**なし子** 納品書が届いていない場合には、チェックするのは大変そうですね。確認する方法はあるのでしょうか?

**マーク中川** 売上項目と同じように、翌期の買掛金の補助簿を確認することで、決算直前の納品を発見できることもありますね。また、翌期の補助簿の確認により、仕入・返品・値引きの計上漏れを見つけられる可能性があります。そのため、翌期の資料の確認はしておいてくださいね。➡ チェックリストA(5)①、チェックリストB(2)⑤

### ③買掛金の内訳書の作成

**マーク中川** じゃあ次は、買掛金の内訳書を作りましょう。売掛金の内訳書と同じ要領で作成すれば大丈夫ですよ。全ての仕入先について、名称、所在地、残高を記載することになっていますよ。

**買掛金(未払金・未払費用)の内訳書**　　　　　　　　　　1頁

| 科目 | 相手先 | | 期末現在高 | 摘用 |
|---|---|---|---|---|
| | 名称(氏名) | 所在地(住所) | | |
| 買掛金 | 今川興産(株) | さいたま市大宮区…… | 2,730,000 | |
| 買掛金 | (株)石神 | 江東区…… | 2,698,300 | |
| 買掛金 | 新井商店(株) | 中央区…… | 3,650,000 | |
| 買掛金 | その他 | | 1,658,671 | |
| 合計 | | | 10,736,971 | |

B/S買掛金残高と一致

**なし子** はい。この内訳書も決算書のB/S残高と一致させるのですよね。

**マーク中川** そのとおり! だんだん分かってきましたね。

### ④期末在庫の確定

**マーク中川** 今度は、期末在庫の確定をしていきましょう。まず、期末在庫を確定する前に、棚卸資産の取得価額をどうやって計算するのか理解する必要があります。

**なし子** 棚卸資産の取得価額って購入代金ではないんですか?

**マーク中川** 残念ながらそれだけではないのです。購入代価に加えて付随費用や販売のために直接要した費用も含まれることになっています。例えば、金一では仕入れた商品の検品や販売店への運送は業者さんに頼んでいるか

ら、こういった費用も取得価額に含まれるということになりますね。➡ チェックリストA(5)②、チェックリストC(2)⑤

　また、消費税の経理処理を税込み経理で行っている場合には、消費税の金額も取得価額に含まれますので注意してください。
　➡ チェックリストA(5)③

**なし子**　そうなんですね……。購入に要した金額、付随費用を適切に入れないと棚卸資産の金額を少なく計上してしまうことになるから問題がありますよね。

**マーク中川**　うん、購入に要した費用や付随費用については、取引内容をしっかり把握していないと漏れてしまい費用として処理しがちなので注意しなければいけませんね。

　また、月別推移表で確認する際に、特定月の仕入金額が多い場合には、多額の外注費等の付随費用が含まれているケースがあります。こういった場合には、その支出金額が本当に付随費用に該当するものなのかどうか検討をしてみてください。➡ チェックリストC(2)⑥

## (イ) 払出単価の計算方法と期末棚卸資産の評価

**マーク中川**　棚卸資産の取得価額が理解できたら、次に期末の評価方法を見ていきましょう。まずは、払出単価の計算方法から確認しましょう。

**なし子**　払出単価ってなんでしょうか？

**マーク中川**　棚卸資産の残高は、在庫数量×単価によって計算をします。ただ、実際には、同じ種類の商品を仕入れた場合でも、仕入の時期や数量などによって、仕入単価が異なることは、よくあります。こういった場合に、その単価をどうやってつけましょうか、ということです。

**なし子**　なるほど。単価の決め方にいくつか種類があるっていうことなんですね。

**マーク中川**　そのとおりです。会計上認められている評価方法は、個別法、先入先出法、平均原価法、売価還元原価法の4つになっています。下にまとめてみたので確認をしてもらえますか。

## 第1章 基本編

**【会計上認められている払出単価の計算方法】**

> 1. 個別法
>    棚卸資産の払出あるいは期末在庫に対して、個々の実際取得価額を評価額とする方法になります。
>
> 2. 先入先出法
>    先に受け入れた棚卸資産から順次払い出されるものと仮定して、払出単価又は在庫単価を決定する方法です。
>
> 3. 平均原価法
>    平均原価法には移動平均法と総平均法があります。
>    ・移動平均法
>    棚卸資産の受け入れの都度、加重平均する方法です。
>    ・総平均法
>    １ヶ月あるいは１年など一定期間の受入金額合計を数量で除して平均単価を算定し、これを払出単価や在庫単価にする方法です。
>
> 4. 売価還元原価法
>    払出や在庫は数量のみを把握しておき、期末で売価によって棚卸高を把握し、これに原価率を乗じることで期末在庫の価額を算定する方法になります。

**（参考）最終仕入原価法**

期末に最も近い時点で受け入れたものの単価で期末棚卸資産を評価する方法です。事務処理が簡便であるため、税法基準では法定評価方法に定められています。

**なし子** いろいろな方法があるんですね。

**マーク中川** まずは金一がどの方法を選択しているか分かれば、まずは大丈夫ですよ。金一が選択している方法は分かりますか？

**なし子** ちょっと調べてきますね。

**なし子** 分かりました。うちの会社は先入先出法を採用しているみたいです。これで期末の在庫単価を計算して、期末棚卸資産の評価をすればいいんですよね。

(ロ) 簿価切下げの検討

**マーク中川** 帳簿上の棚卸資産の評価額は、そのとおりですが、棚卸資産の時価を考える必要があるんですよ。例えば、不良在庫が発生すると帳簿価額よりも価値が低くなっていることが考えられますよね。このような場合には、会計上、簿価の切下げを検討することになります。

> **【不良在庫】**
>
> 　不良在庫とは、工場、倉庫や小売店等に長期間、在庫として売れずに残っているものをいいます。不良在庫の代表的なものとしては、流行遅れ、賞味期限切れ、季節外れとなった製品及び商品、需要予測を誤って過剰に製造あるいは仕入を行った製品及び商品等があります。
>
> 　不良在庫をそのままにしておくとその商品や製品の価値の低下、保管コストの増加、会社の資金繰りの悪化を招くことになります。そのため、小売業やメーカー等、在庫を多く持つ会社では、不良在庫についてそのまま残しておくのか、安売りをするのか、廃棄するのか等、決算前にその対応を検討します。
>
> 　廃棄する場合には、決算前までに廃棄業者に引き渡して廃棄証明書をもらい、「廃棄損」として損失を計上することになります。
>
> ➡ <u>**チェックリストA(5)④**</u>
> 　決算時点で不良在庫がある場合には、価値が下落しているものについては、評価の引き下げを検討することになります。

**なし子**　でも……。実際に損が分かるのは、捨てるか安売りしたときですよね。まだ損失が出ている訳ではないのに評価を変えるのはちょっとおかしい気がするんですが。どうしてそういう考え方になるんでしょうか？

**マーク中川**　それはですね。棚卸資産の価値が低くなっているにも係わらず、それが財務諸表に反映されていなければ、本来の価値を示しているとはいえないという考え方からなのです。

　具体的にどのような評価をするのか詳しく見ていきましょうか。

> **【期末棚卸資産の簿価切下げ】**
>
> 　通常の販売目的で保有する棚卸資産について、原則は取得原価をもって貸借対照表価額とし、期末における正味売却価額が取得原価よりも下落している場合には収益性が低下しているものと見て、その正味売却価額をもって貸借対照表価額とすることになっています。
>
> 　なお、正味売却価額とは売却市場の時価から見積追加製造原価及び見積販売直接経費を控除したものをいいます。
>
> ※前期に計上した簿価切下額の戻入れに関しては、当期に戻入れを行う方法（洗替え法）と行わない方法（切放し法）の２つの方法がありますが、平成23年度税制改正により、切放し法は廃止される予定になっています。

**なし子**　なるほど、きちんと評価の方法が決まっているのね。ところで、マークさんはさっき会計上といっていましたけど、会計以外に何かあるんですか？

**マーク中川**　久しぶりにいい質問ですね。ちょっとやる気が出てきましたかね？　実は税法上の取扱いは、会計上と違うのですよ。税法上は、会社が特に評価方法の届出をしない場合には、最終仕入原価法に基づく原価法で

評価することになっています。

**なし子** 会計上と税法上の２つの考え方があるってややこしいですね。

**マーク中川** 会計上と税法上の棚卸資産の評価方法が違う場合には、税額計算の際に修正（税務調整）することになるから余計面倒になりますね。それを避けるためには、「棚卸資産の評価方法の変更承認申請書」を評価方法を変更しようとする事業年度開始の日の前日までに提出して、税法上の評価方法を会計の評価方法にあわせる必要が出てきます。

→ チェックリスト A(5)⑤

**なし子** 結論としては届出をきちんと出さないと面倒になるっていうことですね。

**マーク中川** そのとおりです。だんだん分かってきましたね。

(ハ) 実地棚卸と帳簿棚卸

**マーク中川** 今までは帳簿上の棚卸について評価を見てきましたけれども、実際の棚卸の結果と比べてみましょうか。

**なし子** はい。これになります。これは完璧だと思うんだけど、どうですか？

**マーク中川** いや、残念だけど間違っていますね。金一では、購入した後、業者さんに預ってもらっている「預け在庫」があるはずです。この計上が追加で必要になりますよ。→ チェックリスト A(5)⑥

**なし子** 預けているものも在庫になるんですね。これって伝票だけ見ていてもなかなか分からないですね。

**マーク中川** そのとおりですね。実際の取引がどのようになっているか知らないと正確に作業するのは難しいですね。実際の取引を理解して、イメージしつつ実際に棚卸した内容を確認する必要があります。その後、帳簿棚卸と照らし合わせて、棚卸商品の過不足や品違いなどの不一致を確認すれば大丈夫ですよ。→ チェックリスト A(5)⑦

【実地棚卸】
　棚卸資産の残高は、実際数量×評価単価によって計算されますが、この実際数量を確定させる手続きが実地棚卸です。実地棚卸を行うことで、受け払い記録の信頼性を検証し、誤りがあれば、修正を行うことになります。
　実際には、棚卸資産の現物を一つひとつの数量、種類、品質を確認するとともに、期末時点での数量が、台帳データと一致しているかどうか検証を行います。

【帳簿棚卸】
　会社で保有する期末棚卸資産を確定するために商品の種類ごと、保管場所ごとに在庫表を作成します。この資料において期中における入庫数、出庫数、在庫数を分かるようにします。在庫管理をコンピュータで行えば、その操作だけで作業は完了します。

　　　　　　　　　　**なし子**　あれ？　おかしいなあ。照らし合わせてみたのですけど、実地棚卸と帳簿棚卸が一致しないところが多いです……。これはどうすればいいんですか？

㈡棚卸減耗損

　　　　　　　　　　**マーク中川**　うん、一致しない原因はいろいろあるけれども、まずは、原因の究明をしなければいけないですよね。具体的には入庫・出庫の記録を再度確認して帳簿の記入が正しいかどうか確認してもらえますか？
　　　　　　　　　　　実地棚卸の方が多い場合には、帳簿の記載ミス、帳簿棚卸が多い場合には帳簿の記載ミスや棚卸資産の紛失・盗難が原因のケースが多いですね。
　　　　　　　　　　**なし子**　調査しても帳簿棚卸の方が多い場合にはどうしたらいいんでしょうか？
　　　　　　　　　　**マーク中川**　その時は、棚卸減耗損として処理をすることになりますね。
　　　　　　　　　　**なし子**　つまり数が少なくなった部分の損失ということですね。
　　　　　　　　　　**マーク中川**　そういうことです。不良在庫等で価値が下がった場合の評価損とは切り離して考える必要がありますね。

⑤会計処理

　　　　　　　　　　**マーク中川**　ここまで、実際の決算作業を整理してみますね。

①帳簿棚卸により決算整理仕訳を起票

> **決算整理仕訳**
> 　期末の帳簿棚卸は、11,777,938円であった。
> 　（期　首　商　品）　9,972,688　／　（商　　　　品）　9,972,688
> 　（商　　　　品）　11,777,938　／　（期　末　商　品）　11,777,938

②帳簿棚卸と実地棚卸の比較を行い、減耗損の把握を行う。

> **決算整理仕訳**
> 　減耗分は180,000円であった。
> 　（商品棚卸減耗損）　180,000　／　（商　　　　品）　180,000

【参考】

> **決算整理仕訳**
> 　上記①②をまとめて次の方法で処理することも可能です。
> 　金一ではこの方法を採用しています。
> 　（期　首　商　品）　9,972,688　／　（商　　　　品）　9,972,688
> 　（商　　　　品）　11,597,938　／　（期　末　商　品）　11,597,938

③低価法の適用を検討する。

> **決算整理仕訳**
> 棚卸資産の正味売却価額と取得価額を比較した結果、正味売却価額の方が180,000円低いことが判明した。低価法を適用する。
> （商品低価評価損）　180,000　／　（商　　品）　180,000

⑥棚卸資産の内訳書の作成

マーク中川　後は棚卸資産の内訳書を作成してみましょう。棚卸資産の内訳書は科目、品目、数量、単価、期末現在高を記入して作成します。こちらも作成後はB/Sとの残高の一致を確認してください。

棚卸資産（商品又は製品、半製品、仕掛品、原材料、貯蔵品）の内訳書　　1頁

| 科目 | 品目 | 数量 | 単価 | 期末現在高 | 摘要 |
|---|---|---|---|---|---|
| 商品 | A電子部品 | | 円 | 1,596,250 円 | |
| 商品 | B電子部品 | | | 2,563,250 | |
| 商品 | C電子部品 | | | 3,565,420 | |
| 商品 | D電子部品 | | | 2,685,630 | |
| 商品 | その他 | | | 1,007,388 | |
| 合計 | | | | 11,417,938 | |

B/S商品残高と一致

⑦決算チェックリスト

**A　資産勘定**

**（5）棚卸資産**

①決算期の翌月分で異常な返品・値引はないか確認したか。
②引取運賃、購入手数料等の仕入諸掛の計上漏れはないか確認したか。
③税込処理の場合、消費税の算入漏れはないか確認したか。
④不良在庫、除却在庫等の処理は適正か確認したか。
⑤評価方法と届出書との一致を確認したか。
⑥積送品・未着品・預け品・預り品があるか確認したか。
⑦棚卸表と帳簿残高とを照合し、不一致の原因を確認したか。

**B　負債勘定**

**（2）買掛金**

①買掛金残高一覧表（又は仕入先元帳）とB/S残高との一致を確認したか。
②締切日を調べ、締め後仕入が計上されているか確認したか。
③長期滞留、先方からの請求がないものはないか確認したか。
④期末日に商品が納入されていながら、納品書等の未着で仕入未計上のもの

の有無を確認したか。
⑤翌期の補助簿を約1ヶ月程度通査し、仕入・返品・値引等の計上漏れのないことを確認したか。

### C 損益計算書項目
（2）仕入
①仕入計上基準は前期と変更はないか確認したか。
②利益率に異常はないか確認したか。
③仕入割戻し等のある場合、期間帰属の正確性を確認したか。
④締め後仕入は計上されているか確認したか。
⑤仕入諸掛（商品を仕入れる際の全ての付随費用）の処理は適正か確認したか。
⑥外注費等で多額になるものについて内容を確認したか。

# （5） 受取手形・支払手形

①受取手形管理

**マーク中川** では、今度は受取手形・支払手形をみていきましょう。金一は手形取引が多いですから気をつけなければいけないところです。

**なし子** はい。実は去年は空廻部長が手形をなくすという事件が起きて大変だったんです。そんなことがあったので、その後は、見るに見かねて金田社長が管理しています。これからは私が管理することになるみたいですが。

**マーク中川** うーん、空廻部長には困ったものですね。でも金田社長だったらきちんと管理をされていそうですね。安心しました。なし子さんも手形の取扱いには、気をつけてくださいね。

**なし子** どんなところに気をつければいいんでしょうか？

**マーク中川** それでは、決算を組むための基礎知識として手形について少しお話しますね。受取手形の場合には、手形要件の確認後、すぐに受取手形台帳に記入して、現物は金庫に保管しておかないといけません。また、受取手形に記載してある支払期日を過ぎると無効になってしまうため、期日前に確実に取立ての依頼をする仕組みにしておく必要があります。

**なし子** 手形を受け取るときは金額が大きいことも多いし、怖いですね……。なくしてしまうなんて、もってのほかですね。

**マーク中川** そのとおりです。手形は支払日まで待てば、振出人から支払いを受けることができますが、支払期日前に取引先等への支払いに充てるなど、裏書することで譲渡することも可能です。これを「手形の裏書」といいます。

　また、支払期日前に金利に相当する割引料を差し引いて金融機関に買い取ってもらう「手形の割引」もよく行われていますね。

**なし子** うーん。便利な反面、手軽なだけに危ないですね。ところで、受取手形は譲渡できることは理解できたのですが、会計処理と何か関係はあるんでしょうか？

**マーク中川** 確かになし子さんの言うとおり、手形を裏書や割引をすると自分の手元からは受取手形はなくなりますが、相手にその手形を渡した時には、自分が渡したという責任が発生します。もし、手形の支払期日が過ぎても決済されないときは、自分が代金を支払わなければならないのです。

これを遡及義務といいます。保証人になったようなもので、いいかげんなものを渡せないようにしているのですね。

このような事情があるために、自分の手元からなくなった手形であっても、手形の裏書や割引をすると、もしかしたら相手に代金を支払わないといけなくなるかもしれません。そのために、裏書や割引をした金額が分かるように管理をしておく必要があるのです。

**なし子** これをその取引の都度、記録することが大事なんですね。

**マーク中川** はい。それから、受け取った手形のうち管理が必要なものとして、不渡手形があります。不渡手形は手形の支払期日を過ぎても額面金額が引き渡されず決済できない手形をいいます。不渡りが起こった場合には、その不渡事由に応じて迅速な対応をとることが必要となるため、受取手形とは別に管理を行う必要があります。

**なし子** なるほど。受取手形は、割引手形、裏書手形、不渡手形が分かるように管理をしなければいけないということは、よく分かりました。

## ②受取手形の残高確認

**マーク中川** 受取手形の残高確認からやっていきましょう。まず、受取手形記入帳と手形取立帳、B/Sとの関係を確認してみましょう。ここでは残高の一致を確認していきます。 ➡ **チェックリストA(3)①**

**なし子** はい。関係帳簿を持ってきました。

### 受取手形記入帳

| 日付 | 手形番号 | 摘要 | 手形種類 | 支払人 | 支払地（場所） | 期日 | 手形金額 | 決済 | てん末 日付 | 摘要 | |
|---|---|---|---|---|---|---|---|---|---|---|---|
| 22.11.20 | 2631 | 売掛金回収 | 約手 | ㈱金澤物産 | 中央区 中央信用/東京 | 23.2.28 | 1,526,500 | 済 | | 大手/新宿新都心 | 取立 |
| 23.1.15 | 26451 | 売掛金回収 | 約手 | 大澤トレーディング㈱ | 港区 大手/外苑前 | 23.4.30 | 600,000 | | 23.1.25 | 大手/新宿新都心 | 裏書 |
| 23.1.25 | 2263 | 売掛金回収 | 約手 | ㈱ティーエッチ | 新宿区 新宿/新宿新都心 | 23.4.30 | 270,000 | | 23.2.1 | 新宿/本店営業部 | 裏書 |
| 23.2.5 | 3246 | 売掛金回収 | 約手 | ㈱古田商店 | 新宿区 大手/東新宿 | 23.5.31 | 2,650,000 | | | | 取立 |
| 23.2.10 | 5423 | 売掛金回収 | 約手 | ㈱金澤物産 | 中央区 中央信用/東京 | 23.5.31 | 1,338,000 | | | | 取立 |
| 23.2.25 | 55641 | 売掛金回収 | 約手 | 大澤トレーディング㈱ | 港区 大手/外苑前 | 23.5.31 | 500,000 | | | | 取立 |
| 23.3.5 | 23156 | 売掛金回収 | 約手 | 大澤トレーディング㈱ | 港区 大手/外苑前 | 23.6.30 | 3,150,000 | | | | 取立 |
| 23.3.10 | 6585 | 売掛金回収 | 約手 | 田中工業㈱ | 新宿区 新宿/新宿新都心 | 23.6.30 | 1,000,000 | | 23.3.16 | 新宿/本店営業部 | 割引 |
| 23.3.12 | 6453 | 売掛金回収 | 約手 | ㈱金澤物産 | 中央区 中央信用/東京 | 23.6.30 | 500,000 | | 23.3.16 | 大手/新宿新都心 | 割引 |
| 23.3.12 | 1395 | 売掛金回収 | 約手 | ㈱ティーエッチ | 新宿区 新宿/新宿新都心 | 23.6.30 | 1,800,927 | | | | 取立 |
| 23.3.15 | 8544 | 売掛金回収 | 約手 | ㈱古田商店 | 新宿区 大手/東新宿 | 23.6.30 | 1,985,000 | | | | 取立 |

手形決済済み（決済欄の「済」を指す）

手形決済が済んでいない裏書手形合計
貸借対照表 受取手形裏書譲渡高の注記へ

手形決済が済んでいない割引手形合計
貸借対照表 受取手形割引高の注記へ

手持手形の合計額
＝
B/S受取手形の合計額

**マーク中川** まずは、受取手形記入帳から見ていきますね。

受取手形記入帳から、手形決裁が済んでいないもののうち、備考欄に割引、裏書の記載のないものを集計していきます。これが手持ち手形の合計です。手形は決済のために銀行に取立てに出したものもありますので、会

社保管の手形とともに取立帳も合わせて確認しましょう。

また、割引手形については、銀行残高証明書に「商業手形」等と記載されていますので、割引銀行ごとに突き合わせをして残高の一致を確認してください。➡ チェックリストA(3)②

**なし子** はい、確認終わりました。さすが金田社長が自らやっていただけあって全部合っています。空廻部長とはだいぶ違いますね。

**マーク中川** 金田社長はしっかりされていますからね。では、期中処理の仕訳から試算表、B/Sとの関連も確認しておきましょう。

➡ チェックリストA(3)③

---

**期中取引仕訳**
受取手形300,000円を割り引き、割引料2,958円を差し引かれ、残額が当座預金に入金された。
（当　座　預　金）　　297,042　／　（割　引　手　形）　　300,000
（手　形　売　却　損）　　　2,958

---

**期中取引仕訳**
割引手形が期日に決済された。
（割　引　手　形）　　300,000　／　（受　取　手　形）　　300,000

---

**期中取引仕訳**
買掛金の支払いのために受取手形200,000円を裏書譲渡した。
（買　　掛　　金）　　200,000　／　（裏　書　手　形）　　200,000

---

**期中取引仕訳**
裏書手形が期日に決済された。
（裏　書　手　形）　　200,000　／　（受　取　手　形）　　200,000

---

**貸借対照表**

受　取　手　形　　(11,423,927)　――手持手形合計

　　（注）受取手形割引高　　　1,500,000円
　　　　　受取手形裏書譲渡高　　870,000円

※試算表の受取手形勘定は、手持手形、割引手形、裏書手形の合計残高と一致します。

**なし子** B/Sの下にある（注）っていうのは何でしょう。

マーク中川　これは注記事項といって、決算書を作成する際は重要な事項を記載することになっているんですよ。期末現在の割引手形、裏書手形残高は注記事項として記載する決まりになっています。

なし子　なるほど、B/S だけ見ても割引手形、裏書手形の情報がないと取引実態がないとまったく分からないですものね。

　ところで、さきほど出てきた不渡手形については、分かるようにしなくていいんでしょうか？　割引手形や裏書手形よりも、もっと危険な気がするんですが。

マーク中川　鋭いですね！　不渡手形は、貸し倒れるリスクが高くなるので受取手形とは別に「不渡手形」として区分表示しなければいけません。そのため、不渡手形が発生していないかチェックするようにしてくださいね。

➡ チェックリスト A(3)④

## ③支払手形の残高確認

マーク中川　では、次に支払手形を確認しましょう。

　支払手形は、振り出した都度、支払手形記入帳に記録し、支払期日別に管理ができるようにします。B/S の支払手形勘定の残高は、支払手形記入帳に記録されている支払手形のうち、支払期日が決算日後のものの合計額と金額が一致することになります。➡ チェックリスト B(1)①

なし子　うん。こちらのほうは簡単ですね。

マーク中川　それでは、最後に内訳書を作っていきましょうか。
なし子　はい、これは任せてください。大丈夫です。

## ④決算チェックリスト

A 資産勘定

（3）　受取手形
①受取手形記入帳と B/S 残高との一致を確認したか。
②割引手形について銀行の残高証明書と照合し、一致を確認したか。
③割引手形、裏書手形の適正な処理（注記を含む）がなされているか。
④不渡手形の有無を確認したか。

B 負債勘定

（1）　支払手形
①支払手形記入帳と B/S 残高との一致を確認したか。

# （6）借入金・支払利息

**①借入金・支払利息の確認**

マーク中川　では借入金、支払利息を見ていきましょう。

なし子　はい、金一では、銀行と金田社長、それからグループ会社の本郷商事からの借入がありますね。

マーク中川　なるほど。では銀行からの借入から始めましょう。金融機関から借入を行った場合には、借入金返済予定表が発行されます。借入金返済予定表を参考にして借入金・支払利息集計表を作ってみましょう。

## 借入金・支払利息集計表

〔銀行の返済予定表から作成〕

| 区分 | 借入先 | 当初借入額 | 前期末残高 | | 4月 | 5月 | 3月 | 計 | 長期分 | 1年以内返済 | 使途 | 担保 | 備考 |
|---|---|---|---|---|---|---|---|---|---|---|---|---|---|
| 長期 | 大手銀行／新宿新都心 | 200,000,000 | 121,566,834 | 元金 | 2,357,667 | 2,360,614 | 2,390,288 | 28,487,323 | — | — | 設備資金 | | 証書 |
| | | | | 利息 | 151,958 | 149,011 | 119,337 | 1,628,177 | — | — | | | |
| | | | | 計 | 2,509,625 | 2,509,625 | 2,509,625 | 30,115,500 | — | — | | | |
| | | | | 残額 | 119,209,167 | 116,848,553 | 93,079,511 | 93,079,511 | 63,596,388 | 29,483,123 | | | |
| | | | | % | 2.60% | | | | | | | | |
| 長期 | 大手銀行／新宿新都心 | 200,000,000 | 16,900,000 | 元金 | 2,770,000 | 2,770,000 | 0 | 16,900,000 | — | — | 設備資金 | | 証書 |
| | | | | 利息 | 37,879 | 36,672 | 0 | 283,357 | — | — | | | |
| | | | | 計 | 2,807,879 | 2,806,672 | 0 | 17,183,357 | — | — | | | |
| | | | | 残額 | 14,130,000 | 11,360,000 | 0 | 0 | 0 | 0 | | | |
| | | | | % | 1.85% | | | | | | | | |
| | 合計 | | 433,636,834 | 元金 | 7,907,667 | 7,910,614 | 7,940,288 | 94,630,095 | | | 設備資金 | | 証書 |
| | | | | 利息 | 234,056 | 229,501 | 1,076,505 | 6,295,270 | | | | | |
| | | | | 計 | 8,141,723 | 8,140,115 | 9,016,793 | 100,925,365 | | | | | |
| | | | | 残額 | | | 646,506,739 | 646,506,739 | 530,773,740 | 115,732,999 | | | |
| | | | | % | | | | | | | | | |

- 期首B/S借入金合計と一致
- P/L支払利息と一致
- B/S長期借入金と一致
- B/S 1年以内返済長期借入金と一致

なし子　借入金・支払利息集計表と借入金B/S残高との一致を確認すればいいってことですよね。➡ **チェックリストB(3)①**

マーク中川　そのとおりです！　この借入金・支払利息集計表は決算時だけでなく、期中の資金繰り予測にも役立つ資料になるのですよ。

なし子　うん、なるほど。じゃあ面倒でも作らないといけないですね。

**②借入利率**

なし子　銀行借入についてはもう大丈夫です。金田社長からの個人借入やグループ会社の本郷商事からの借入についてはどうすればいいんですか？

マーク中川　金田社長からの個人借入もグループ会社の本郷商事からの借入も契約書や返済予定表に基づいて数値確認するのはまったく同じです。ただ、借入利率については気をつけないといけないですね。

➡ チェックリストB(3)②

**なし子** 借入利率ですか？

**マーク中川** そうです。オーナー株主からの借入金は、一般的な借入利率よりも高くならないように気をつけなければいけないですね。借入利率が高すぎる場合には、税務上、役員報酬とみなされる可能性があります。

　また、役員と会社間の金銭の貸し借りは、会社法における利益相反取引に該当するため、実施にあたり取締役会の承認が必要になるのですよ。

➡ チェックリストB(3)③

　特に、金融機関以外の関係者からの借入は曖昧なことも多く契約書の締結をしていないなど、資料が不足していることもあるので、事前に返済期限や利率を取り決めるように十分注意してくださいね。

### ③表示方法

**なし子** 借入金については、B/Sの表示方法は決まっているんですか？

**マーク中川** 借入金はその返済期日に応じて貸借対照表上3つに区分します。返済期日が貸借対照表日の翌日から起算して1年以内に到来するものは短期借入金として流動負債として表示し、1年以内に到来しないものを長期借入金として固定負債に表示します。

　また、長期借入金のうち、貸借対照表日の翌日から起算して1年以内に返済期限の到来する借入金については、1年以内返済長期借入金として流動負債として表示します。➡ チェックリストB(3)④

**なし子** なるほど、表示まで考えると借入金・利息集計表は作成しておかないと厳しいですね。これからはちゃんと作るようにしますね。

### ④借入金及び支払利子の内訳書の作成

**マーク中川** それでは、最後にいつもと同じように内訳書を作っていきましょうか。

**なし子** これは、借入金・支払利息集計表を転記すればいいのかしら？

**マーク中川** 分かってきましたね。これが終わったら借入金、支払利息は完了です。

## 借入金・支払利息集計表

| 区分 | 借入先 | 当初借入額 | 前期末残高 | | 4月 | 5月 | 〜 | 3月 | 計 | 長期分 | 1年以内返済 | 使途 | 担保 | 備考 |
|---|---|---|---|---|---|---|---|---|---|---|---|---|---|---|
| 長期 | 大手銀行/新宿新都心 | 200,000,000 | 121,566,834 | 元金 | 2,357,667 | 2,360,614 | | 2,390,288 | 28,487,323 | — | — | 設備資金 | 証書 | |
| | | | | 利息 | 151,958 | 149,011 | | 119,337 | 1,628,177 | — | — | | | |
| | | | | 計 | 2,509,625 | 2,509,625 | | 2,509,625 | 30,115,500 | | | | | |
| | | | | 残額 | 119,209,167 | 116,848,553 | | 93,079,511 | 93,079,511 | 63,596,388 | 29,483,123 | | | |
| | | | | % | 2.60% | | | | | | | | | |

↓

## 借入金及び支払利子の内訳書

株式会社金一
1頁

| 借入先 所在地(住所) | 法人・代表者との関係 | 期末現在高 | 期中の支払利子額 利率 | 借入理由 | 担保の内容(物件の種類,数量,所在地等) |
|---|---|---|---|---|---|
| 大手銀行 新宿区西新宿…… | | 93,079,511 円 | 1,628,177 円 2.600% | 設備資金 | |
| 〜 | 〜 | 〜 | 〜 | 〜 | 〜 |
| 合　計 | | **646,506,739** | **6,295,270** | | |

646,506,739 → B/S借入金と一致
6,295,270 → P/L支払利息と一致

⑤決算チェックリスト

B 負債勘定

（3）借入金

①借入金・支払利息集計表（又は借入金残高証明）とB/S残高との一致は確認したか。

②借入金利息は適正か確認したか。

③役員からの借入や重要な借入金は取締役会の承認を得ているか確認したか。

④短期、長期、1年以内返済予定長期の区分は正しいか確認したか。

# （7） 貸付金・受取利息

①貸付金の残高確認

**マーク中川** これから貸付金・受取利息の項目を見ていきましょう。こちらについても前項で確認した借入金と同じように、貸付先ごとに内容を把握して一覧表を作成し、貸付金B/S残高との一致を確認することになります。➡ チェックリストA(6)① なし子さん、もう一覧表の作成は任せてしまって大丈夫ですよね。

**なし子** はい、大丈夫です。でもうちの会社では、どこにもお金を貸していないと思うんですよね。

**マーク中川** うん。貸付金が本当にないのなら一覧表の作成は必要ないのですが……。でも本当に存在しないかどうかは確認してくださいね。

**なし子** どうしてでしょうか？

　　そこに金田社長と空廻部長がやってきた。どうも金田社長に空廻部長が一方的に怒られているようだ。

**金田社長** 空廻部長、困るんですよ。さっきマークさんに指摘されたんですが、長期出張として仮払した20万円を結局出張に行かなかったのにまだ会社に返さずに、あなたずっと持っているらしいじゃないですか。あなたに経理を任せていたからまったく気づかなかったが、これは下手すれば横領ですぞ！

**空廻部長** いや、私も部長ですし、家から出先に直行することも多いものですから、多少会社のお金が家にあってもいいかと。それに社長がお忙しそうだったから、何も言われなかったしそのまま持っていても良いかと思いまして……。

**金田社長** 空廻部長はいつも言い訳ばかりですね。いくら私の遠い親戚だからといって、やっていいことと悪いことがありますぞ！　まったく管理職以前に社会人としての常識はないのですか！

**空廻部長** あ、いや、うっ……。

**金田社長** とにかく今すぐ家においてある会社の金を持ってきなさい。まったくとんでもない奴だ。

空廻部長はバタバタと走っていった。

**なし子** 怖いですね。金田社長はだいぶ怒っていますね……。

**マーク中川** まったく空廻部長はどうしようもないなあ。でもなし子さん、決算の際に貸付金としなければいけない可能性があるのは、今のようなケースですね。まあ、今回の決算では、すぐに返済するということなので、仮払金のままにしておきますが……。

　仮払金や立替金などの一時的な経過勘定として処理されたものであっても、その金額が多額であったり、また長期に返済されていない場合には貸付金として取り扱い、適切な金利を徴収して、受取利息の計上が必要になるのですよ。

**なし子** なるほど。空廻部長には悪いけど良く分かりました。

**マーク中川** では、ここで貸付金のチェックポイントを解説しておきましょう。

**【適正貸付金利息のチェックポイント】**

> 1．役員への貸付金について不適正な利率が付されていないか。
> 2．関係会社に対する貸付を低利で行っているときに合理的理由があるか。
> 3．会社が金融機関から借入をし、その資金を役員や関係会社に貸し付けているときに、当初借り入れた銀行借入金の利率より高い利率になっているか。

**なし子** マークさんの説明だと貸付によって相手が得をしたときに問題になるみたいですね。

**マーク中川** そのとおりです！ 関係者に対する貸付金については、決算の際には、その存在を確認するとともに、相手に何らかの利益を与えていないか（経済的利益を与えていないか）という観点からチェックする必要があります。

　税務の世界では、寄附金の概念が広く、関係会社などに対して金銭やモノ、サービスを無料または安い金額で提供した場合には、税務上、寄附金として取り扱われ、損金として認められないことがあります。また、役員や従業員に対するものについては、税務上、給与として取り扱われ、その役員や従業員から源泉所得税を徴収する必要が出ることもあります。そのため、関係会社や役員に対する貸付金については、その内容を確認すると共に、貸付金利率が適正か確認をするようにしましょう。

　➡ チェックリストA(6)②　➡ チェックリストA(6)③

　また、関係会社、役員等会社の関係者に貸付を行っている場合には、契約書や役員貸付等を行った際の取締役会議事録が整備されているかどうか

も、併せて確認してください。➡ チェックリストA(6)④ 関係者同士の取引は、どうしても曖昧になりやすいですからね。

**なし子** なるほど、奥が深いですね。

**マーク中川** それから、今回の金一の決算では影響はありませんが、貸付金のうち、長期滞留しているなど回収ができない可能性があるものについては、貸倒損失や貸倒引当金として処理するべきものがないか検討を忘れないようにしてください。➡ チェックリストA(6)⑤ （詳しくは「(11)貸倒損失」、「(12)貸倒引当金」を参照）

## ②表示方法

**なし子** 貸付金については、財務諸表の表示は決まっているんですか？

**マーク中川** 貸付金については、そんなに難しくはないですよ。決算日の翌日から1年以内に入金されるものについては、B/Sの流動資産の部に短期貸付金として表示し、1年を超えるものについては、投資その他の資産の部に長期貸付金として表示するようにしてください。

➡ チェックリストA(6)⑥

**なし子** 簡単でよかったです。ここの区分は私一人でもすぐにできそうですね。

## ③貸付金及び受取利息の内訳書の作成

**なし子** そうしたら今度は、内訳書を作成すればいいんですよね。

**マーク中川** そうですね。今回の金一の決算では、貸付金は出てきませんが、ある場合には内訳書を作成するようにしてください。内訳書の作成が終わったらB/S貸付金勘定の残高と内訳書の一致を確認してくださいね。

**貸付金及び受取利息の内訳書**

| 貸　付　先 | 法人・代表者との関係 | 期末現在高 | 期中の受取利息額 | 貸付理由 | 担保の内容 |
| --- | --- | --- | --- | --- | --- |
| 所在地（住所） | | | 利　率 | | (物件の種類、数量、所在地等) |
| ・・・・<br>・・・・・・・・ | ・・・・ | ×××　円 | ×××　円 | | |
| ・・・・<br>・・・・・・・・ | ・・・・ | ××× | ××× | | |
| ・・・・<br>・・・・・・・・ | ・・・・ | ××× | ××× | | |
| | | | | | |
| | | | | | |
| | | | | | |
| | B/S貸付金残高と一致 ┄┄▶ | ××× | ××× | | |

④決算チェックリスト

A 貸付金

（6） 貸付金

①貸付先毎の残高と B/S 残高との一致を確認をしたか。
②貸付金利息は適正か、未計上の場合問題ないか確認したか。
③役員や関係会社に対する債権の残高及び内容を確認したか。
④契約書や議事録（役員貸付等）は作成しているか。
⑤長期滞留等、回収可能性に疑義あるものについて貸倒損失や貸倒引当金の適用を検討したか。
⑥長期・短期の区分表示はしたか。

# （8） 前渡金・前払費用・仮払金

①前払費用・前渡金の整理

マーク中川　次の項目は前渡金・前払費用・仮払金です。

なし子　昨年まで、空廻部長の仕事を手伝ったことがあるんですが……。正直ちゃんとできているか不安です。

マーク中川　うーん。それは心配だなあ。一つずつ解説をしていきますね。まずは、前渡金や前払費用の整理から見ていきましょうか。

　前渡金は商品仕入れや資産購入、サービス提供前に支払う手付金をいいます。

　前払費用は、一定の契約に従い、継続して役務の提供を受ける場合、いまだ提供されていない役務に対して支払われた対価なんですよ。ちょっと金一での具体例を見てみましょうか。

---

**期中取引仕訳**
商品の手付金100,000円を支払った。
（前　渡　金）　100,000　／　（預　　　金）　100,000

---

**期中取引仕訳**
平成23年3月に倉庫の賃借料として、1,050,000円支払った。契約期間は、平成23年3月～6月の4ヶ月間である。
（賃　借　料）　　250,000　／　（預　　　金）　1,050,000
（仮払消費税）　　 12,500
（前 払 費 用）　787,500※

※1,050,000円×3ヶ月（当期に対応していない月数）÷4ヶ月（契約期間）＝787,500円

---

**期中取引仕訳**
事務所家賃として月に2,100,000円の支払いを行っている。契約では当月分の賃料を前月末までに支払うことになっており、年間を通じて契約通りに支払いを行っている。
【期首振替仕訳】
（賃　借　料）　2,000,000　／　（前 払 費 用）　2,100,000
（仮払消費税）　　100,000

> 【3月末（決算）】
> 　賃借料として会計処理を行っている3月に支払った前家賃（4月分家賃）について、前払費用に振替えを行った。
> 　（前払費用）　2,100,000　　　（賃　借　料）　2,000,000
> 　　　　　　　　　　　　　　　（仮払消費税）　　 100,000

**なし子**　これは支払いが済んでいるもので翌期以降の費用になるものについて整理をするということですね。

**マーク中川**　そのとおりです。今年発生したものをチェックするとともに、昨年度決算の作業内容を照らし合わせて、計算誤りや処理漏れがないようにすることが大切ですね。具体的には、相手先ごとの残高の一覧表を作成し、前払いの計算期間や算出金額に誤りがないか確認してください。

➡ チェックリストA(7)①

　一覧表に誤りがなければ、その後、一覧表の合計額B/S残高と一致しているか確認してくださいね。➡ チェックリストA(7)②

②短期前払費用

**なし子**　でもこれって、毎期発生する細かい取引まで網羅するとなると大変ですよね。例えば毎年同じ金額を支払っている火災保険料なんかも細かく整理しないといけないのかしら？

**マーク中川**　会計上、重要性の原則といって、利害関係者の判断を誤らせないような重要性の乏しいものについては、本来の厳密な会計処理によらないで簡便な方法を採ることができることになっているのですよ。

　また、税法上も前払費用の額で、その支払った日から1年以内に提供を受ける役務に係るものを支払った場合に、その支払った額を継続して、その支払った日の属する事業年度の損金の額に算入しているときは、これを認めるという規定があるのです（法基通2-2-14）。ただし、有価証券等を運用する場合にひも付きで借入をした借入金の支払利子のように、収益の計上と費用を対応させる必要があるものについては、この取扱いはないものとされているのです。

**なし子**　なんだか難しいですね……。要するにどういったものが対象になるということなんでしょうか？

**マーク中川**　そうですね。金一だと地代、家賃、保険料、リース料、ロイヤリティなど契約に基づいて支払いを行っているものの対象期間が、支払日から1年以内の費用が該当することになります。

**なし子**　なるほど。こういったものについては、その期の費用としていいということですね。

③仮払金の整理

マーク中川　次は仮払金ですね。仮払金勘定に入っている取引は発生要因が多岐に及ぶので取引相手ごと、取引内容ごとに発生原因を把握してください。そして、精算できるものについては精算を行い、➡ **チェックリストA(7)③**、適正な科目に振り替えるべきものは振替えを行ってくださいね。➡ **チェックリストA(7)④** 特に、異常な取引、異常な金額、前期からの滞留分については、内容を十分に確認してください。➡ **チェックリストA(7)⑤**

それから、「(7) 貸付金・受取利息」で解説していますけれども、役員や関係会社に対する仮払金は、貸付金の可能性があるので注意する必要がありますよ。➡ **チェックリストA(7)⑥**

なし子　空廻部長に対する仮払いの件もそうですよね。

マーク中川　はい、そうですね。役員や関係会社に対する貸付金が仮払金勘定に含まれていることは、時々ありますからしっかり確認してくださいね。

④仮払金（前渡金）の内訳書の作成

仮払金（前渡金）の内訳書　　　　　　　　　　　　　　　　　　　　　1頁

| 科　目 | 相　手　先 | | 法人・代表者との関係 | 期末現在高 | 取引の内容 |
|---|---|---|---|---|---|
| | 名　称（氏名） | 所在地（住所） | | | |
| 前渡金 | 今川興産(株) | さいたま市大宮区…… | | 2,115,000 | 商品仕入 |
| 前払費用 | 古賀倉庫(株) | 中央区…… | | 787,500 | 賃借料前払 |
| 前払費用 | (株)吉野不動産 | 新宿区…… | | 2,100,000 | 賃借料前払 |
| 計 | | | | 2,887,500 | |
| 仮払金 | 空廻迷子 | 品川区…… | | 200,000 | 出張旅費仮払 |
| | | | | 215,000 | |
| 合　計 | | | | 5,417,500 | |

それぞれB/S残高と一致

⑤決算チェックリスト

A 資産勘定

（7）仮払金・立替金・前渡金等

①前払いの計算期間、算出金額等に誤りがないことを確認したか。

②相手先毎の残高合計とB/S残高との一致を確認したか。

③精算できるものはないことを確認したか。

④仮払金の内容を精査し、適正な科目への振替えを行ったか。

⑤異常な取引、異常な金額、前期からの滞留分等の有無を確認したか。

⑥役員や関係会社に対する仮払金・立替金の残高及び内容を確認したか。

# （9） 未払金・未払費用

①未払勘定の整理

**マーク中川** では、未払金、未払費用を見ていきましょう。ちょっと質問するけど、なし子さんは未払金と未払費用の違いは知っているかな。

**なし子** うーん、ちょっと分からないです……。

**マーク中川** 本来の営業取引以外の取引のうち、継続的に役務（サービス）の提供を受ける取引は未払費用で、それ以外の取引は未払金ということになっています。未払費用の典型的な例としては、賃貸借契約、労働契約などがあります。未払費用や未払金は、請求書が届いていないものが多いため、自分で漏れなく拾い上げる必要があります。そのためには、日頃から伝票起票の際に、それぞれの費用の期間対応を意識するようにしましょう。

　では、金一で実際に発生している未払金や未払費用について見ていきましょうか。特に未払費用は、期間按分して計算するパターンが多いので、しっかりと覚えてください。

---

**期中取引仕訳**
　5月に納品された文房具の代金52,500円の請求書が、当社に送付されておらず、未払いになっているのが期中に判明した。

（消　耗　品　費）　　50,000　　　（未　　払　　金）　　52,500
（仮 払 消 費 税）　　 2,500

---

**期中取引仕訳**
　2月分のタクシー会社への未払いがあったため、タクシー会社に問い合わせを行った。請求額は105,000円であった。

（旅 費 交 通 費）　　100,000　　　（未　　払　　金）　　105,000
（仮 払 消 費 税）　　  5,000

---

**期中取引仕訳**
　一時的に借りる倉庫費用の支払いが決算日現在行われていない。契約書によると420,000円で、契約期間は平成23年2月〜5月になっており、6月に支払いを行うことになっている。

（賃　　借　　料）　　200,000　　　（未　払　費　用）　　210,000
（仮 払 消 費 税）　　 10,000
　420,000円×2ヶ月（2月〜3月）÷4ヶ月＝210,000円

> **決算整理仕訳**
> 3月の決算において、3月21日から月末までの従業員給与を未払計上した。
> （金一では、毎月当月分を20日締め、当月25日支給）
> （給 与 手 当）1,907,343 ／ （未 払 費 用）1,907,343
> 　5,375,240円（4月支給額）×11日（3/21〜末日）÷31日（3/21〜4/20)
> 　　＝1,907,343円　→未払給与

※日給の場合は、日給×労働日数になります。

※役員給与については、委任契約による対価であるため未払計上できません。

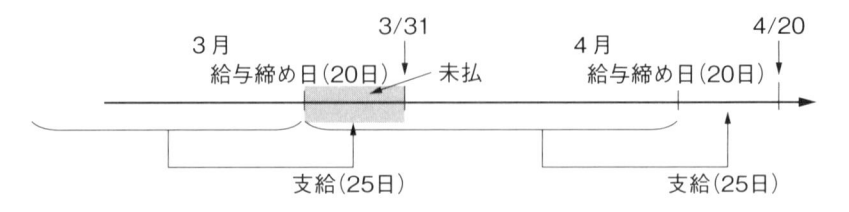

```
        3月              3/31                    4月              4/20
     給与締め日(20日)     ↓                    給与締め日(20日)    ↓
  ─────────────────▓▓▓▓▓─未払─────────────────┼─────────→
                     ↑                                    ↑
                   支給(25日)                          支給(25日)
```

**なし子**　大体分かりました。じゃあどんどん計算して計上していきますね。

**マーク中川**　それは良かった。では、計上作業が終わったら、計上している内容が合っているか確認してもらえますか。

**なし子**　どうやって確認したらいいんでしょうか？

**マーク中川**　まずは未払費用・未払金の集計表を作ってみましょう。このときに臨時的なものや、金額が大きいものについて特に注意をして内容を確認してください。➡ **チェックリストB(4)①**　また、長期間滞留しているものについても、期末において未払費用や未払金のままでよいのかどうか契約書等を基にしてチェックが必要になります。➡ **チェックリストB(4)②**　ひょっとしたら相手先に支払わなくてもいいものの可能性があります。

　できればこれに加えて、決算後の資料を確認してみるといいですね。金一は3月決算だから4月以降の資料を見ればいいですね。4月、5月に届いた請求書を見て、前期以前の対象期間の分が含まれていないか確認をすれば大丈夫です。

**なし子**　なるほど。翌期の資料を見て誤りがないか確認すると確実になるんですね。

**マーク中川**　この一連の確認を終えて、一覧表の内容が正しければ、今度はB/S残高と金額が一致していることを確認してください。これで残高が一致すれば問題ありません。

②未払金・未払費用の内訳書の作成

**マーク中川** ここまで終わったら、次は内訳書の作成ですね。

**なし子** 内訳書の残高とB/S残高を一致させればいいんですよね。

➡ **チェックリストB(4)③**

**マーク中川** はい、そうですね。この様子だと任せておいて大丈夫そうですね。

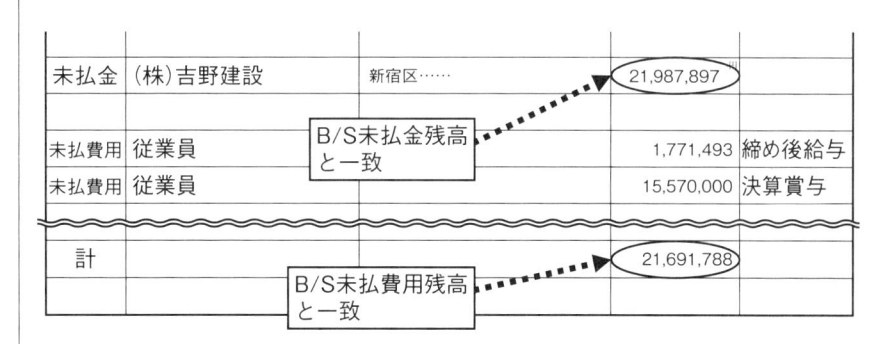

| | | | | |
|---|---|---|---|---|
| 未払金 | (株)吉野建設 | 新宿区…… | 21,987,897 | |
| 未払費用 | 従業員 | | 1,771,493 | 締め後給与 |
| 未払費用 | 従業員 | | 15,570,000 | 決算賞与 |
| 〜〜〜 | 〜〜〜 | 〜〜〜 | 〜〜〜 | 〜〜〜 |
| 計 | | | 21,691,788 | |

21,987,897 → B/S未払金残高と一致

21,691,788 → B/S未払費用残高と一致

③決算チェックリスト

**B 負債勘定**

**(4) 未払金・未払費用**

①臨時多額のものについて、証憑等関係書類を確かめ、その発生事由について確認したか。

②長期異動のないもの、または滞留しているものの有無を確認したか。

③内訳書とB/S残高との一致を確認したか。

# (10) 支払保険料・保険積立金

①契約の種類

**マーク中川** では、生命保険関係の処理を見ていきましょう。

**なし子** 生命保険ですか。うちの会社でも結構保険料を払っていますよね。実はいまいち経理処理が分からないんですよね。

**マーク中川** 確かに難しいところです。保険料を支払った場合、全額が損金になるとは限らず、契約内容に応じて資産計上すべきものと損金経理すべきものを分けないといけないですからね。良く出てくる保険の契約種類ごとの経理方法を解説しておきましょう。

**生命保険料の契約別取扱い**

| 区分 | 保険金受取人 | | 主契約保険料 | 特約保険料 |
|---|---|---|---|---|
| | 満期保険金 | 死亡保険金 | | |
| 養老保険 | 法人 | | 資産計上 | 損金算入(ただし、役員等のみを特約給付金の受取人とする場合には給与) |
| | 法人 | 従業員の遺族 | 1/2資産計上 1/2損金算入(注) | |
| | 従業員 | 従業員の遺族 | 給与 | |
| 定期保険 | — | 法人 | 損金算入 | |
| | — | 従業員の遺族 | 損金算入(注) | |

(注)役員等特定の者を被保険者とする場合は給与

**長期平準定期保険**

| 被保険者の保険期間満了時の年齢 | 契約時の年齢+保険期間×2 | 保険期間の開始のときから、保険期間の6割相当期間 | 保険期間の6割相当期間経過後 |
|---|---|---|---|
| 70歳超 かつ | 105超 | 1/2資産計上(保険積立金) 1/2損金算入 | 支払保険料を全額損金算入した上、資産計上累計額をその期間の経過に応じて取り崩し損金算入 |

**逓増定期保険（平成20年2月28日以後の契約）**

| 被保険者の保険期間満了時の年齢 | 契約時の年齢＋保険期間×2 | 保険期間の開始のときから、保険期間の6割相当期間 | 保険期間の6割相当期間経過後 |
|---|---|---|---|
| ① 45歳超（②又は③に該当するものを除く） | ― | 1/2資産計上（保険積立金）1/2損金算入 | 支払保険料を全額損金算入した上、資産計上累計額をその期間の経過に応じて取り崩し損金算入 |
| ② 70歳超　かつ　95超（③に該当するものを除く） | | 2/3資産計上（保険積立金）1/3損金算入 | |
| ③ 80歳超　かつ　120超 | | 3/4資産計上（保険積立金）1/4損金算入 | |

**長期傷害保険　終身保障型**

| 保険期間の開始のときから、保険期間の7割相当期間 | 保険期間の7割相当期間経過後 |
|---|---|
| 3/4資産計上（保険積立金）1/4損金算入 | 支払保険料全額を損金算入するとともに次の算式により計算した金額を取り崩し損金算入<br>資産計上の累計額×1/（105－前払期間経過年齢）＝損金算入額（年額） |

②会計処理

**マーク中川**　生命保険料の経理処理は、上の図のように異なります。資産計上すべき金額は「保険積立金」等として処理します。実際に金一で今期契約した生命保険について会計処理を確認してみましょう。

> **期中取引仕訳**
> 役員を被保険者、金一を受取人とする長期平準定期保険の契約を行い、生命保険料1,976,600円を支払った。
> （支払保険料）　988,300　　（普通預金）　1,976,600
> （保険積立金）　988,300

**マーク中川**　これは覚えるというより、出てくるたびにきちんと調べて明細を作成した上で処理するしかないですね。保険料の支払いについては上のパターンで大体全部ですが、もう1つ押さえておいてもらいたいことがあります。契約者配当があった場合の経理処理ですね。

養老保険のように満期保険金が支払われる積み立て型の保険については、積み立て部分の運用益として契約者配当が支払われる場合があります。これは原則としてその事業年度の益金の額に算入するので、契約者配当の通知書の確認が必要になりますね。

> **期中取引仕訳**
>
> 契約者配当11,200円を積み立てた旨の通知書が届いた。
> (保険積立金) 11,200 / (雑 収 入) 11,200
>
> 契約者配当15,200円が普通預金口座に振り込まれた。
> (預 金) 15,200 / (雑 収 入) 15,200

**なし子** 契約者配当を保険積立金に積み立てるケースでは、通知書だけで会計処理をするので、忘れないようにしないといけないですね。

➡ **チェックリストC(9)①**

そういえば空廻部長の机の引き出しでそんなものを見たような……。ちょっと探してきます。失礼します。

足早にその場を去るなし子であった。

### ③保険契約の整理

**なし子** マークさん、聞いてください。空廻部長は契約者配当の通知書を自分の机の中に持っていたんですよ。それから、ビックリしたことに机の中から、保険証券がごっそり出てきました。去年は自分でなくしたと騒いでいたのに……。

**マーク中川** 仕方がないなあ……。でもなくなったと思ったものが出てきて良かったじゃないですか。これで契約内容がはっきりするから、きちんと経理ができますね。

**なし子** まあ、不幸中の幸いですね。でも明細を作ること自体が面倒な感じですね。

**マーク中川** 保険料の取扱いは、保険の種類、保険期間、被保険者の加入時の年齢・保険満了時の年齢などを条件として、損金算入額や損金算入時期が異なっています。また、今後、会計処理方法の変更が行われる可能性はあるので作った方が間違いないですね。

**なし子** 大変だけど仕方がないですね。どうやって作ればいいのでしょうか。

**マーク中川** そうですね。ちょっと見本を見てみましょうか。

## 生命保険契約の明細書

| 保険会社<br>種類<br>証券番号 | 契約日 | 被保険者 | 保障額<br>(千円) | 支払方法 | 年支払額<br>損金処理額<br>資産計上額 | 保険積立金残高 |
|---|---|---|---|---|---|---|
| ABC生命保険<br>長期平準定期<br>965214-22 | H11.8.5 | 金田　一郎 | 50,000 | 月払い | 2,385,600<br>1,192,800<br>1,192,800 | 14,313,600 |
| ABC生命保険<br>逓増定期保険<br>597625-29 | H22.12.15 | 金田　一郎 | 100,000 | 年払い | 10,675,400<br>5,337,700<br>5,337,700 | 5,337,700 |
| 〜〜〜 | | | | | 25,038,132<br>⟨16,399,385⟩<br>8,638,747 | ⟨37,379,066⟩ |

　　　　　　　　　　　　　　　　　　　　　　　　　P/L支払保険料と一致　　B/S保険積立金と一致

**マーク中川**　決算の具体的な作業方法としては、保険契約ごとに保険契約書で内容を確認して生命保険契約の明細書を作成し、期中の会計処理が適切かどうか確認しましょう。➡ **チェックリストC(9)②** 特に期中の保険契約の変更や解約がないかどうかは、十分に確認をするようにしてください。
➡ **チェックリストC(9)③**

　その後、生命保険契約の明細書によって保険積立金の残高と保険積立金B/S残高が一致しているかどうか確認します。➡ **チェックリストC(9)④**

④決算チェックリスト

C 損益計算書項目

(9)　生命保険料

①保険積立金に計上すべき配当金等について確認したか。

②保険契約書又は証券にて内容を確認したか、保険積立金と保険料との区分経理処理が適正か確認したか。

③保険契約の変更、解約の有無を確認したか。

④生命保険契約の明細書によって保険積立金合計額がB/S残高と一致していることを確認したか。

## （11）　貸倒損失

**①貸倒損失とは**

**マーク中川**　次は貸倒損失ですね。ここは結構難しいから慎重にやっていきましょうね。

**なし子**　貸倒損失って難しいところなんですか？　空廻部長が経理をやっていた時は結構簡単そうに見えましたけど……。

**マーク中川**　えっ、そうなの？　ちょっと心配だなあ。なし子さんは貸倒損失がどんなものかは知っているかな？

**なし子**　うーん。回収できない損失金額のことをいうのかな。なんとなくイメージでは分かるんですけれども。

**マーク中川**　会計上、売掛金、貸付金といった金銭債権が、法的に消滅した場合や回収不能な債権がある場合には、その金額を貸倒損失として計上し、債権金額から控除しなければならないということになっています。

**なし子**　きちんと決まっているんですね。

**マーク中川**　はい、「法的に債権が消滅した場合」というのは、会社更生法による更生計画又は民事再生法による再生計画の認可が決定されたことなどによって債権の一部が切り捨てられた場合等が該当するということです。

　また、「回収不能な債権がある場合」とは、債務者の財政状態及び支払能力から見て債権の全額が回収できないことが明らかである場合をいいます。

　回収できなくなった場合に、その回収できない分を貸倒損失として計上し、金銭債権から直接減額するということになります。

**なし子**　貸倒損失のP/Lの表示についてもルールがあるんでしょうか？

**マーク中川**　それは、いい質問ですね。貸倒損失は、前期末に設定した取立不能見込額である貸倒引当金（「(12)貸倒引当金」参照）と当期に発生した貸倒損失額を相殺して、貸倒損失額が残る場合には、次のように表示します。

① 　営業上の取引に基づいて発生した債権に対するもの……販売費
② 　①、③以外のもの………………………………………………営業外費用
③ 　臨時かつ巨額のもの……………………………………………特別損失

|  |  |
|---|---|
| | なし子　けっこう細かく決まっているんですね。 |
| | マーク中川　実は細かいのはここからなのですよ。 |
| | なし子　えーっ！　まだ何かあるんですか？ |
| | マーク中川　貸倒損失は、会計上の考え方と税法上の考え方があります。両者で貸倒損失を認識するタイミングが違うことがあるのです。 |
| | なし子　なるほど……。会計上の計算した数値と税法上の数値が違う場合にはどうなるんでしょうか。 |
| | マーク中川　そうなったときは、決算書は会計上の貸倒損失の数値で、法人税申告書では税法上の数値になるように修正することになりますね。 |
| | なし子　なんだか、面倒ですね。 |
| | マーク中川　そうですね。そのために、貸倒損失は税法の考え方で計算している会社も少なくないのです。さきほど、金田社長に金一の貸倒損失の処理について聞いたら、税法の考え方で計算するように今まで指示していたということでした。そのため、ここでは貸倒損失は、税法の考え方で確認していきましょう。 |
| ②税法上の貸倒損失 | マーク中川　税法上の貸倒損失は、3つのパターンを設けて、このいずれかに合致するものだけを認めるようにしているのですよ。 |
| | ➡ **チェックリストC(6)①** |
| | なし子　そうなんですか？　空廻部長は感覚的に判断をしていたような気がするんですけど。 |
| | マーク中川　そういえば、昨年分までについては、税務調査で貸倒損失が認められていないものがたくさん出ていましたね。空廻部長はどんな感じで判断していましたか？ |
| | なし子　例えば、取引先の藤井産業の社長は入院が長引いていて危ないかもしれないから計上するとか、そういう感じが多かったですね。 |
| | マーク中川　めちゃくちゃですね。それは酷いですね……。今年からはきちんと決算をしましょう。 |
| | では、具体的な税法上の基準を見ていきましょうか。大きく分けて3つの基準に分けられます。 |
| (イ)法律等による貸倒れ | なし子　1つ目のパターンはなんですか？ |
| | マーク中川　まずは、法律上による貸倒れですね。ちょっと次の表を見てもらえますか。 |

| 貸倒発生の事実 | 対象金額 |
|---|---|
| 1. 会社更生法の認可の決定による切捨て | 切り捨てられることとなった金額 |
| 2. 民事再生法の再生計画認可の決定による切捨て | |
| 3. 会社法の特別清算による協定の認可による切捨て | |
| 4. 関係者の協議決定による切捨て<br>　債権者集会の協議決定で合理的な基準により債務者の負債整理を定めているもの<br>　行政機関、金融機関その他第三者の斡旋により当事者間の協議により締結された契約で合理的な基準によるもの | |
| 5. 債務者の債務超過の状態が相当期間継続し、その金銭債権の弁済を受けることができないと認められる場合において、その債権者に対し書面により明らかにされた債務免除額 | 書面による免除額 |

(法基通9-6-1)

**なし子**　きちんと決まっているんですね。空廻部長がいかにいいかげんだったかっていうことが分かりました。上の表を見ると、債務者に対し書面による債務免除っていうのは一番緩いパターンのような感じがしますね。

**マーク中川**　ここについては、注意しないといけないですね。単に、債権放棄の通知をすればよいということではなく、実質的に債務超過の状態が相当期間継続し、弁済を受けることができないと判断されることが必要ですね。

**なし子**　もし、回収可能な取引先に対して債務免除の弁済通知を出していた場合はどうなるんでしょうか？

**マーク中川**　その場合には、債務免除した金額について経済的利益の供与をしたということで税法上寄附金になると税務調査で指摘される可能性がありますね。そのため、書面通知をするときは十分な調査の上で判断することが必要になります。

(ロ)事実上の貸倒れ

**マーク中川**　次は2つ目の基準を見ていきましょう。事実上の貸倒れです。これは、金銭債権が法律的には消滅をしていないものの、債務者の資産状況や支払能力等から見て、その全額の回収をできないことが明らかである場合において、貸倒損失として損金経理したときは、損金の額に算入できるとされているものです。ここで注意が必要なのは、「全額が回収不能」ということと「損金経理」というところが重要ですね。

**なし子**　全額が回収不能って何か決まりごとがあるんですか？

**マーク中川**　例えば担保を取っている場合には、担保を処分した後でないと全額回収不能とはいえないですよね。また、保証人がいる場合には、保証

人からも全額回収不能でないと全額が回収不能とはいえないですよ。

**なし子** そこまで調べないといけないんですね。

**マーク中川** それから、当たり前のことですが、全額回収不能ということなので、貸金の一部のみを貸倒損失とすることもできません。

**なし子** 事実上の貸倒れの場合には、全額が回収不能だから、貸倒損失の対象額も必ず全額になるということですね。ところで、「損金経理」というのはどういうことですか？

**マーク中川** 損金経理というのは、決算において費用又は損失として経理することをいいます。「損金経理」が要件ということは、損金経理をしないと、法人税の計算において、損金（課税所得の計算上対象となる費用）として認められないということなのですよ。

(ハ) 形式上の貸倒れ

**マーク中川** では最後に3つ目のパターンですね。これは形式上の貸倒れになります。これは下の表を見てもらえますか。

| 貸倒発生の事実 | 対象金額 |
|---|---|
| 1. 売掛債権について、継続的取引のあった債務者との取引停止以後1年以上経過した場合（担保物のない場合に限ります） | 売掛債権の額から備忘価額1円以上を控除した残額 |
| 2. 同一地域の売掛債権の総額が取り立て旅費その他の費用に満たない場合に支払督促したが弁済がない場合 | |

（法基通9-6-3）

これは、売掛債権（受取手形、売掛金）についてだけなので注意してください。今まで継続取引をしていた債務者との取引が停止後1年以上経過した場合や売掛債権が取立費用に満たない場合にも、備忘価額を控除した金額を損金経理することで、貸倒損失として認められているのです。

これで、全てのパターンについての説明は終わりになります。貸倒損失については、処理に恣意性がないか、相手方に経済的利益を与えていないか、時期が適正かを考慮して判断をしてください。

③ 会計処理

**なし子** ふう……。ややこしいばかりでなかなか先に進みません。要件は分かったんですが、何の資料を見てどうやって判定するかよく分からないです。

**マーク中川** そうですよね。それを説明していかないとなかなか進まないですよね。まずは、法律上の貸倒れについて説明しますね。

> 【法律上による貸倒れ】
> ・裁判所による再生計画等の認可決定書等の書類が会社に送付されてきていないか確認します。
> ・債務超過状態が続いている会社については、回収が不能と認められるものがないか検討し、決算時までに書面による債権放棄ができるかどうか検討します。
> (参考資料)
> 再生計画書、再生計画案、裁判所からの文書、更正債権の届出書、債権者集会の議事録、債務免除の通知、債務者についての各種情報、社内稟議書、新聞記事など

**なし子** なるほど。法律上の貸倒れについては、法的に裏付けられた書類が何か来ていないかということと、支払いの滞っている先への通知を検討すればいいということなんですね。手順が分かりました。

**マーク中川** 次は事実上の貸倒れについての確認方法ですね。これについては、売掛金や買掛金などの債権で最近返済が滞っているものがないか確認するとともに、債務者の資産状況から見て、債権の全額が回収不能と思われるものについて検討を行います。

売掛債権の形式上の貸倒れについては、帳簿上で回収の滞っている得意先をピックアップして、取引を停止してから1年以上滞っていないか、また、その債権金額と取立費用を比較する等を行って、貸倒損失の適用を検討することとなります。

**なし子** はい、分かりました。それなら私にでもできそうです。

**マーク中川** では、最後に会計処理を確認しておきましょう。

> **期中取引仕訳**
> 豊山エンタープライズと取引停止してから1年以上経過している。同社に対する売掛金は1,680,000円であり、担保物の設定は行っていない。
> (貸倒損失) 1,600,000　　／　　(売掛金) 1,679,999
> (仮受消費税)  79,999　　／

> **期中取引仕訳**
> 前期に設定した貸倒引当金と貸倒損失を相殺した。
> (貸倒引当金) 1,600,000　　／　　(貸倒損失) 1,600,000

**なし子** もう大丈夫です。貸倒れについては、きちんと処理ができそうです。

**マーク中川** 安心しました。でも、貸倒損失は次の項目の貸倒引当金と間違いやすいので十分に確認してください。

④決算チェックリスト

C 損益計算書項目

（6） 貸倒損失

①根拠資料により内容を確認したか、税法上の要件を満たしているか確認したか。

## （12） 貸倒引当金

**①貸倒引当金とは**

**マーク中川** では、貸倒引当金について見ていきましょう。貸倒引当金の内容については、知っていますか？

**なし子** ごめんなさい、貸倒引当金って聞いたことがないんですけど、なんでしょうか。

**マーク中川** 貸倒引当金というのは、売掛金や貸付金等の金銭債権に対する将来の取立不能見込額を見積もったものです。貸倒引当金は、適正な資産評価と損益計算のために計上されるマイナス要因として作用する勘定科目で、リスクを定量的に表現したものなのですよ。

　つまり、貸倒引当金というのは、「取立ができない金額はこの分と考えています」ということを示しているのです。実は、貸倒引当金も会計基準と税務基準があります。正しい手続きとしては、会計上の貸倒引当金を計算し、決算で計上してから、法人税申告書において税法基準での貸倒引当金の算出金額に修正するということになります。金一でも、この正しいやり方を取っているようですね。

**なし子** ということは、私は会計上の貸倒引当金の計算方法をマスターすればいいのかな？

**マーク中川** そうですね。税法上の貸倒引当金は私が計算しますのでなし子さんは、会計上の貸倒引当金の計算をマスターして下さい。

**②会計上の貸倒引当金**

**マーク中川** 会計基準では、債務者の財政状態や経営成績等に応じて債権を一般債権、貸倒懸念債権、破産更正債権等に区分しています。まずは、債権の区分けをするということですね。分け方については下の表を見てください。

**会計基準における債権区分**

| 一般債権 | 経営状態に重大な問題が生じていない債務者に対する債権 |
|---|---|
| 貸倒懸念債権 | ①経営破たんの状態には至っていないが、債務の弁済に重大な問題が生じている債務者に対する債権<br>・債務の弁済が概ね1年以上延滞している場合<br>・弁済期間の延長又は弁済の一時棚上げ及び元金又は利息の一部を免除するなど債務者に対し弁済条件の大幅な緩和を行っている場合<br>②経営破たんの状況には至っていないが、債務の弁済に重大な問題が生じる可能性の高い債務者に対する債権<br>・業績が低調ないし不安定、又は財務内容に問題があり、過去の経営成績又は経営改善計画の実現可能性を考慮しても債務の一部を条件どおりに弁済できない可能性が高いこと |
| 破産更正債権等 | ①経営破たんに陥っている債務者に対する債権<br>・法的、形式的な経営破たんの事実が発生している債務者をいい、例えば、破産、清算、会社整理、会社更生、民事再生、手形交換所における取引停止処分等の事由が生じている債務者に対する債権<br>②実質的に経営破たんに陥っている債務者に対する債権<br>・法的、形式的な経営破たんの事実は発生していないものの、深刻な経営難の状態にあり、再建の見通しがない状態にあると認められる債務者に対する債権 |

（金融商品会計に関する実務指針 109.112.116より筆者まとめ）

**なし子** 会計上は債権を3段階に分けるということですね。区分によって見積もりの方法が違うということなんですかね？

**マーク中川** そのとおりです！ たまにはいいことを言いますね。

**なし子** そのくらい分かりますよ。破産更正債権等は回収できない危険が高くなるから貸倒見積額も大きくならないとおかしいものね。

**マーク中川** そういうことですね。逆に一般債権については、破産更正債権よりも貸倒引当金として見積もらなければいけない金額は少なくなるはずですよね。具体的な見積もり方法については下の表を見てみましょう。

**会計上の債権区分による貸倒見積高**

| 分　類 | 見積もり方法 |
|---|---|
| 一般債権 | 債権の状況に応じて求めた過去の貸倒実績率等合理的な基準により貸倒見積高を算定します。<br><br>貸倒実績率＝翌期以降の貸倒損失額÷各期の債権残高<br><br>　貸倒損失の過去のデータから貸倒実績率を算定する期間（以下、「算定期間」といいます）は、債権の平均回収期間が妥当といえます。ただし、当該期間が1年を下回る場合には、1年とします。<br>　また、当期の貸倒実績率を算定するにあたっては当期を最終年度とする算定期間を含むそれ以前の2～3つの算定期間 |

| | |
|---|---|
| 貸倒懸念債権 | に係わる貸倒実績率の平均値によります。<br>　貸倒懸念債権の貸倒見積額は次のいずれかの方法により計算します。<br>①財務内容評価法<br>　担保又は保証が付されている債権について債権額から担保の処分見込額及び保証による回収見込額を減額し、その残額について債務者の財政状態及び経営成績を考慮して貸倒見積高を算定する方法です。<br>②キャッシュ・フロー見積法<br>　債権の元本の回収及び利息の受取に係わるキャッシュ・フローを合理的に見積もることができる債権について、債権の発生又は取得当初における将来キャッシュ・フローと債権の帳簿価額との差額が一定率となるような割引率を算出し、債権の元本及び利息について、元本の回収及び利息の受取が見込まれるときから当期末までの期間にわたり、債権の発生又は取得当初の割引率で割り引いた現在価値の総額と債権の帳簿価額との差額を貸倒見積高とする方法です。 |
| 破産更正債権等 | 　破産更正債権等については、債権額から担保の処分見込額及び保証による回収見込額を減額し、その残額を貸倒見積高とすることとします。<br>　破産更正債権等のうち、債権の回収可能性がほとんどないと判断された場合は、貸倒引当金を計上するのではなく、貸倒損失額を直接減額することとなります。 |

（金融商品会計に関する実務指針　110.113.117.123より筆者まとめ）

**なし子**　なんかものすごく難しいですね。

**マーク中川**　1つずつ順を追ってみていけば大丈夫ですよ。

**なし子**　じゃあちょっと債権の区分をしてみます。えーと、貸倒懸念債権が1つで、あとは一般債権でした。

**マーク中川**　作業が少なくてすみそうでよかったですね。じゃあ一般債権から見ていきましょうか。なし子さんがまとめてくれた金一の18年3月期から23年3月期（当期）までの貸倒れに関する状況は次の表のとおりになっています。

**一般債権と貸倒損失の推移表**　　　　　　　　　　　　　　　　　　（単位：千円）

| | H 18.3期 | H 19.3期 | H 20.3期 | H 21.3期 | H 22.3期 | H 23.3期（当期） |
|---|---|---|---|---|---|---|
| 元本期末残高 | 79,872 | 81,222 | 89,723 | 88,723 | 84,267 | 105,307 |
| 貸倒損失 | — | 1,597 | 1,682 | 1,523 | 1,798 | 1,679 |

（債権の平均回収期間は1年とする。）
H 20.3期を基準年度とする貸倒実績率　1,523÷89,723＝1.69%
H 21.3期を基準年度とする貸倒実績率　1,798÷88,723＝2.02%
H 22.3期を基準年度とする貸倒実績率　1,679÷84,267＝1.99%
　3算定期間における貸倒実績率の平均値　（1.69%＋2.02%＋1.99%）÷3＝1.90%

**23年3月期の債権の区分**

| 一般債権 | 105,307,741円 |
|---|---|
| 貸倒懸念債権 | 3,000,000円 |

H23.3期（当期）の貸倒引当金計上額　105,307,741×1.90％＝2,000,847円

**なし子**　なるほど。表にまとめるまでが大変で、ルールは意外と難しくないんですね。

**マーク中川**　そうですね。決算全般に言えることですけども、きちんと集計するという作業が一番大変です。

**なし子**　一般債権については、分かりました。次の貸倒懸念債権については、どうすればよいですか。

**マーク中川**　貸倒懸念債権については、金一では財務内容評価法で行っていますね。

　金一の貸倒懸念債権は得意先である藤井産業に対する売掛金3,000,000円です。藤井産業は、裁判所に民事再生法による再生手続開始の申立てを行っている取引先で、同社については、担保を取っており、その処分見込み額が2,000,000円になっています。本来的には算定にあたっては、藤井産業の財政状態や経営成績を考慮する必要があるのですが、今回は、簡便的に債権額から担保の処分見込み額を考慮した残額の50％を引き当てることにしましょう。

```
                    債　権　額

  担保の処分見込額及び        原則法：債権者の状況を考慮
  保証による回収見込額              して貸倒見込額を算
                                    定
                            簡便法：50％引当てなど
```

　今期の金一が計上する貸倒引当金は、一般債権の分で2,000,847円と貸倒懸念債権の500,000円と合わせて2,500,847円になりますね。

**なし子**　これで貸倒引当金は終わりですよね。いやー、長かったです。

　金田社長が突然入ってきた。

③税法上の貸倒引当金

**金田社長**　なし子君。ちょっといいかな。

**なし子**　はい、金田社長。なんでしょうか。

(イ)税法上の債権の区分

**金田社長** 今回から申告書作成作業についても、うちの経理部でやるようによろしく頼むよ。いつまでもマークさんにおんぶにだっこじゃ進歩がないからね。なし子君の力で強い経理部にしていってくれよ。

**なし子** えっ！ そうなんですか。そんな……。

**金田社長** というわけなのでよろしく。ではこれから私は来客なので。もっとうちの会社も経理を強化しなきゃいかんなあ……。

金田社長は足早に去っていった。

**マーク中川** まあ、税法基準の貸倒引当金の計算方法もマスターできるし、よかったじゃないですか。

**なし子** うーん……。前向きに捉えるしかないですね。「エキスパートであるために不断の努力をする」ってうちの行動規範にもあることですし……。

**マーク中川** そうですね。頑張るしかないです。でも、今回は初めてですし、私が法人税申告書を作りますから、なし子さんは、税法基準の数値だけ計算してくれればいいですよ。

**なし子** はい、ありがとうございます。もう少しだけ頑張ります。

**マーク中川** では、税法基準を説明していきますね。さきほど説明した会計基準とは似ているようで違う部分が多いので注意してください。まずは、税法基準では、債権を一括評価金銭債権と個別評価金銭債権に分類することになっています。

**なし子** 一括評価金銭債権というのと会計基準の一般債権というのは同じ内容なんですか？

**マーク中川** ここが分かりにくいところなのですけれども、必ずしも範囲は

**会計基準と税法基準の対象範囲の違い**

| 「会計基準」 | 「税法基準」 |
|---|---|
| 一般債権 | 一括評価金銭債権 |
| 貸倒懸念債権 | |
| 破産更生債権等 | 個別評価金銭債権 |

一致しないのですよね。税法上は金銭債権にあたるものから個別評価金銭債権を除いたものが、一括評価金銭債権とされています。

**なし子** なるほど、会計基準と税法基準は似ているようでも考え方が違うからズレがあるんですね。

㋺ 一括評価金銭債権

**マーク中川** では、税法上の貸倒引当金の計算について見ていきましょう。

貸倒引当金については、平成23年度税制改正で、適用法人が銀行、保険会社などの会社や中小企業に限定される予定です。貸倒引当金の対象は、一括評価金銭債権と個別評価金銭債権に区分されますが、一括評価金銭債権、個別評価金銭債権ともに損金算入が認められなくなる予定であるため注意が必要になります。

※資本金が5億円以上の法人等の間に完全支配関係がある法人は、貸倒引当金の損金算入ができなくなる予定です。詳しくは「(24)法人税の計算」の「コラム　グループ法人税制」を参照ください。

まずは、一括評価金銭債権の内容から見てみましょうか。

【一括評価金銭債権にあたるもの】
(1) 売掛金、貸付金
(2) 未収の譲渡代金、未収加工料、未収請負金、未収手数料、未収保管料、未収地代家賃等又は貸付金の未収利子で益金の額に算入されたもの
(3) 他人のために立替払をした場合の立替金（将来精算される費用の前払いとして、一時的に仮払金、立替金等として経理されている金額に当たるものを除きます）
(4) 未収の損害賠償金で益金の額に算入されたもの
(5) 保証債務を履行した場合の求償権
(6) 売掛金、貸付金などの債権について取得した受取手形
(7) 売掛金、貸付金などの債権について取得した先日付小切手のうち法人が一括評価金銭債権に含めたもの
(8) 延払基準を適用している場合の割賦未収金等
(9) 売買があったものとされる法人税法上のリース取引のリース料のうち、支払期日の到来していないもの
(10) 工事進行基準を適用している場合の当該工事の目的物を引き渡す前の工事未収金

【一括評価金銭債権に係る貸倒引当金】
(1) 原則

繰入限度額＝期末一括評価金銭債権×貸倒実績率（小数点4位未満切り上げ）

(2) 中小企業等（資本金の額又は出資の額が1億円以下の普通法人または公益法人・協同組合等）の特例

> ※資本金が5億円以上の法人等の間に完全支配関係がある法人を除きます。詳しくは「(24) 法人税の計算」の「コラム　グループ法人税制」を参照ください。
>
> 繰入限度額＝(期末一括評価金銭債権の帳簿価額の合計額－実質的に債権と認められないものの金額)×法定繰入率
>
> ○実質的に債権と認められないものの金額
> 　実質的に債権と認められないものの金額とは、同一人に対して債権と債務を有しており、相殺状態にある場合に、債権と債務のいずれか少ない方の金額をいいます。
> ○実質的に債権と認められないものの簡便計算
> 　平成10年4月1日に存する会社については、基準年度(平成10年4月1日から平成12年3月31日までに開始した各事業年度)の実績により実質的に債権と認められない金額を計算する簡便計算と実額計算とを選択適用することができます。

**なし子**　これはかなり細かく決まっているんですね。大丈夫かなあ。

**マーク中川**　一気に見てしまいましたが、1つずつ確認をしながら進んでいけば大丈夫ですよ。では、実際に計算作業を進めていきましょうか。手順としては、期末時点での一括評価金銭債権の額がいくらなのか集計するところから始まります。まずは、さきほどの図「一括評価金銭債権にあたるもの」を見て、評価すべき債権の範囲を確認してください。

➡ **チェックリスト A(12)①**

**一括評価金銭債権の明細**

| 項目 | 期末一括評価金銭債権の額 |
|---|---|
| 受取手形 | 11,423,927 |
| 売掛金※ | 93,883,814 |
| 割引手形 | 1,500,000 |
| 裏書手形 | 870,000 |
|  | 107,677,741 |

※96,883,814(売掛金勘定)－3,000,000円(個別評価の対象分)＝93,883,814円
個別評価の対象となる藤井産業売掛金を控除しています。

**期末試算表**

| | |
|---|---|
| 受取手形　11,423,927 | |
| 売掛金　　96,883,814 | |

上記の他、割引手形1,500,000円、裏書手形870,000円

**なし子**　対象金額については、B/Sの残高を転記すればいいんですね。

*⑦原則計算の方法*

**マーク中川**　そうですね。B/Sの残高を一致させるとともに、割引手形や裏書手形の注記部分についても転記してください。この金額から、貸倒れが

あったものとみなされる額や個別評価の対象となる売掛債権等の金額を控除した金額が期末一括評価金銭債権の額になります。

原則計算については、期末一括評価金銭債権の帳簿価額の合計額×貸倒実績率であることをさきほど説明しましたが、貸倒実績率について確認をしていきましょう。

**なし子** さっき、会計上の考え方で貸倒実績率を計算したので分かっていますよ。

**マーク中川** いえいえ、残念ながら税法上の貸倒実績率と会計上の貸倒実績率は算定方法が違うのです。ここは、間違いやすいところなので、気をつけてください。

税法上の貸倒実績率は、過去3年間の貸倒損失の発生割合を指すことになっています。具体的には、過去3年間の貸倒損失額の合計額を過去3年間の一括評価金銭債権の帳簿価額の合計額で除して計算します。

**なし子** 会計と税法の貸倒実績率は違うということは分かりました。税法上の考え方での貸倒実績率を一括評価金銭債権に乗じれば原則計算は完了ですね。

**マーク中川** はい、完了です。原則計算の計算式は、期末一括評価金銭債権×貸倒実績率（小数点4位未満切り上げ）ですから、107,677,741円×0.0278＝2,993,441円が、原則計算で算出した貸倒引当金の金額ということになります。

---

貸倒引当金繰入限度額＝A×貸倒実績率
A：一括評価金銭債権の合計額

貸倒実績率は、その法人の過去3年間における貸倒損失の発生額に基づき次の算式により計算します。

貸倒実績率（小数点以下4位未満切上）＝G÷H
H＝A÷B
G＝(C＋D－E)×12÷F
A：その事業年度開始の日前3年以内に開始した各事業年度終了日の一括評価金銭債権の合計額
B：Aの各事業年度の数
C：その事業年度開始の日前3年以内に開始した各事業年度終了日の売掛債権等の貸倒損失の額
D：その各事業年度の個別評価金銭債権の引当金繰入額
E：その各事業年度の個別評価金銭債権の引当金戻入額
F：Cの各事業年度の月数の合計数

(単位：円)

| 当期前3年以内に開始した各事業年度 | 期末一括評価金銭債権の額 | |
|---|---|---|
| H 19.4.1～H 20.3.31 | 91,173,150 | |
| H 20.4.1～H 21.3.31 | 90,173,500 | |
| H 21.4.1～H 22.3.31 | 85,717,200 | |
| | 267,063,850 | A |

A（期末一括評価金銭債権の額）÷B（3事業年度）＝ 89,021,283 H

| 当期前3年以内に開始した各事業年度 | ①貸倒損失 | 個別評価分引当金 | |
|---|---|---|---|
| | | ②繰入額 | ③戻入額 |
| H 19.4.1～H 20.3.31 | 1,682,300 | 2,400,000 | |
| H 20.4.1～H 21.3.31 | 1,523,300 | 2,400,000 | 2,400,000 |
| H 21.4.1～H 22.3.31 | 1,798,210 | 2,400,000 | 2,400,000 |
| | 5,003,810 | 7,200,000 | 4,800,000 |
| | C | D | E |

(C＋D－E)×12÷F(36ヶ月)＝2,467,936 G
G÷H＝0.0278（小数点4位未満切上）
107,677,741×0.0278＝2,993,441

## ロ 特例計算の方法

**マーク中川** では、次に特例計算を見ていきましょう。特例計算ができる法人は、資本金の額又は出資金の額が1億円以下の普通法人又は公益法人・協同組合（資本金が5億円以上の法人等の間に完全支配関係がある法人を除きます）に限定されています。

**なし子** 資本金が1億円を超える企業は特例計算ができないということですか？

**マーク中川** そのとおりです。そのような企業は、原則計算しかできないことになっていますね。金一の場合には、資本金が9,000万円ですから、原則計算と特例計算の両方を行って有利な方を選択します。分かりやすくいうと貸倒引当金が多くなる方を選択できるということですね。

⇒ **チェックリストA(12)②**

特例計算の実際の計算手順は、期末一括評価金銭債権の額から実質的に債権とみられないものの額を控除した金額に法定繰入率を乗じることとなります。特例計算は、実際に存在する債権に対して法定繰入率をかけて計算するという考え方なのです。

また、実質的に債権とみられないものの額の金額の集計方法ですが、期

末に債権を有すると同時に債務を有している取引先を抽出して一覧表を作成し、債権の額と債務の額のいずれか少ない金額を集計していきます。次の項目では、実際の作業をどのように行うのか見ていきましょう。

ハ 実質的に債権とみられないもの

**マーク中川** 特例計算は（期末一括評価金銭債権の帳簿価額の合計額－実質的に債権とみられないものの額）×法定繰入率になりますから、ここでは、実質的に債権とみられないものの額を見ていきます。

実質的に債権とみられないものの額の計算方法には個別計算と簡便計算があります。個別計算については、次の表を作成していくことで計算していきます。 → **チェックリストA(12)③**

（単位：円）

| 相手先 | 債権の額A | | | 計 | 債務の額B | | | 計 | AとBのいずれか少ない金額 |
|---|---|---|---|---|---|---|---|---|---|
| | 売掛金 | 受取手形 | その他 | | 買掛金 | 支払手形 | その他 | | |
| 田中工業 | 1,000,000 | 1,500,000 | | 2,500,000 | 5,000,000 | | | 5,000,000 | 2,500,000 |
| 菅谷興産 | 150,000 | | | 150,000 | 100,000 | | | 100,000 | 100,000 |
| 新井物産 | 2,408,700 | | | 2,408,700 | 1,200,000 | | | 1,200,000 | 1,200,000 |
| | | | | | | | | | 3,800,000 |

**なし子** 田中工業をみると、債権の額よりも債務の額の方が大きくなっていますね。金一が田中工業に支払う金額の方が多いということなので、結果として、貸倒引当金の計算対象になる債権は0という結果になるということですよね。

**マーク中川** そういうことです。実績計算は実質的に債権とみられないものの額を実際に計算しましょうという考え方ですので、そういう結果になりますね。

では、次は簡便計算を見てみましょう。簡便計算は理論値でもって実質的に債権とみられないものの額を計算していく方法です。計算式で示すと次のようになります。

【実質的に債権とみられないものの額の簡便計算】

当期末の一括評価金銭債権の額 × $\dfrac{\text{分母と同一の事業年度における実額計算による実質的に債権とみられないものの額の合計額}}{\text{平成10年4月1日から平成12年3月31日までに開始した各事業年度末における一括評価金銭債権の額の合計額}}$

（小数点3位未満切捨）

**マーク中川** 具体的な作業については、次のように表を作成して、数値を埋めていけば大丈夫です。

（単位：円）

| 基準年度 | 期末の売掛金等 | 実質的に債権とみられないものの額 |
|---|---|---|
| H10.4.1〜H11.3.31 | 86,756,400 | 2,000,000 |
| H11.4.1〜H12.3.31 | 84,765,430 | 3,000,000 |
| 計 | 171,521,830 | 5,000,000 |

5,000,000円÷171,521,830円＝0.029（小数点3位未満切捨）
107,677,751円×0.029＝3,122,654円

**マーク中川** こちらの表を埋め終わると、実質的に債権とみられないものの額について、実績計算と簡便計算が終わったこととなります。貸倒引当金を多く計上した方が、金一には有利になりますから、ここでは比較して少ない金額を選択することになりますね。そうなると特例計算の3,122,654円の方が少ないのでこちらの数値を利用することになります。

㈡法定繰入率

**なし子** あとは、法定繰入率ですね。

**マーク中川** 法定繰入率については、次のように決まっています。

法定繰入率

| その法人の主たる事業 | | | | |
|---|---|---|---|---|
| 卸・小売業 | 製造業 | 金融・保険業 | 割賦小売業 | その他の事業 |
| 10/1,000 | 8/1,000 | 3/1,000 | 13/1,000 | 6/1,000 |

**なし子** 法定繰入率については、業種に応じて選ぶことになっているんですね。えーと、うちの会社は、卸・小売業ですから10/1,000ですね。そうなると特例計算を行った金額は、算式が、（期末一括評価金銭債権の帳簿価額の合計額－実質的に債権とみられないものの金額）×法定繰入率ですから（107,677,741円－3,122,654円）×10/1,000＝1,045,550円になることになりますね。

**マーク中川** そのとおりです。これで、一括評価金銭債権に係わる貸倒引当金について、原則計算と特例計算が終わったこととなります。両方の計算が終わったら、比較して大きな方を選択することになります。

**なし子** えーと。原則計算が2,993,441円で、特例計算が1,045,550円ですから、大きな方2,993,441円を貸倒引当金とすれば良いんですよね。

**マーク中川** そのとおりですね。これでようやく一括評価金銭債権に係わる貸倒引当金については、終わりになります。

㈁個別評価金銭債権

**なし子** 次は個別評価金銭債権に対する貸倒引当金ですね。

## 第1章 基本編

**マーク中川** 個別評価貸倒引当金を計算するにあたっての実際の作業は、まず、不良債権について税法上の貸倒損失の要件に該当するものがないかどうか調べて、その後、貸倒れの要件に該当しなかったものを対象に、個別評価できるか検討することになります。この時は必ず事実関係を書類で確認するようにしてください。 ➡ チェックリストA(12)④

また、このときに前年度に個別評価した債権について、どのようになっているか状況を確認することも必要です。 ➡ チェックリストA(12)⑤
ひょっとしたら、貸倒損失として取り扱わなければいけないものが出てきているかもしれません。

**個別評価する事由と個別評価金銭債権の回収不能見込額**

| | | | |
|---|---|---|---|
| 第1号 | 金銭債権 − (イ)更生計画認可の決定／(ロ)再生計画認可の決定／(ハ)特別清算に係る協定の認可／(ニ)整理計画の決定、債権者集会の協議決定など | があった事業年度終了の日の翌日から5年を経過する日までの弁済予定額 | − 担保権の実行などにより取立ての見込みがある金額 |
| 第2号 | 債権者の債務超過の状態が相当期間継続し、事業好転の見通しがないこと、災害や経済事情の急変等により多大な損害が生じたことなどにより、取立ての見込みがない金銭債権 | | − 担保権の実行などにより取立ての見込みがある金額 |
| 第3号 | 債務者につき (イ)更生手続開始の申立て／(ロ)再生手続開始の申立て／(ハ)破産手続開始の申立て／(ニ)特別清算開始の申立て／(ホ)手形交換所による取引停止処分 | があった場合の金銭債権 − 債務者から受け入れた金額 − 担保権の実行、金融機関等による保証債務の履行などにより、取立ての見込みがある金額 | ×50% |
| 第4号 | 外国の政府等に対する金銭債権のうち一定のもの×50% | | |

(法人税法施行令第96条第1項)

**なし子** 作業手順としては、貸倒損失の検討→個別評価貸倒引当金の検討→一括評価貸倒引当金の検討という手順になるということですね。

**マーク中川** そのとおりです。では、個別評価貸倒引当金について、実際に作業をしながら確認してみましょう。先程出てきた藤井産業ですが、ここはどうなるでしょうか。藤井産業は、裁判所に民事再生法による再生手続き開始の申し立てを行っている取引先で、同社に対する売掛金は3,000,000円あり、担保をとっているということでしたね。これは税務上の貸倒損失の要件には該当しないので、個別評価金銭債権になるか確認する必要があります。なし子さん、このケースはさきほどの「個別評価する事由と個別評価金銭債権の回収不能見込額」の表の中のどれに該当しますか?

**なし子** そうなると第3号に該当することになると思います。藤井産業については、担保を取っており、その処分見込み額が2,000,000円ということ

ですから、(債権額－担保の処分見込額)×50％で500,000円がその対象になりますね。

**マーク中川** そのとおりです。その要領で進めてくれれば大丈夫ですよ。計算が終わったら一括評価分の貸倒引当金と個別評価の貸倒引当金を足して完成です。今回の場合は、2,993,441円＋500,000円＝3,493,441円でこれが税法上の貸倒引当金の金額になります。

④会計処理

**なし子** 計算の仕方は分かりましたが、会計処理はどうすればいいですか。

**マーク中川** はい。貸倒引当金の繰入れ・取崩しは、債権の区分ごとに行うことになります。そして、当期に発生した貸倒損失額があれば、これを前期末に設定した貸倒引当金と相殺します。その後、当期の要処理額と貸倒引当金残高との差額を補充して、決算で調整することになります。この方法を差額補充法といいます。　➡ **チェックリストA(12)⑥**

なお、差額部分の繰入れを行うときは、次のとおり表示します。

①販売費………営業上の取引に基づいて発生した債権に対するもの
②営業外費用…①、③以外のもの、営業外の取引に基づいて発生した債権に対するもの
③特別損失……臨時かつ巨額のもの

具体的にどうすればいいか見ていきましょう。今回は、会計上の貸倒引当金を繰り入れます。

---

**決算整理仕訳**
① 前期貸倒引当金計上額　2,815,759円
② 当期発生した貸倒損失分との相殺分　1,600,000円
③ 決算整理前の貸倒引当金勘定の残高（①－②）　1,215,759円
④ 今期貸倒引当金必要計上額　2,500,847円
⑤ ④－③＝1,285,088円

（貸倒引当金繰入）　1,285,088　／　（貸倒引当金）　1,285,088

---

**マーク中川** また、B/Sの貸倒引当金の表示ですが、各対象債権の項目ごとに、これに対するマイナス項目として貸倒引当金勘定を記載し、間接控除した形式で記載する方法、流動資産又は投資その他の資産から一括して控除する形式があります。

（注）この他、対象資産から直接控除してB/Sは表示し、貸倒引当金は注記とする方法も認められます。

⑤実務での対応

なし子　あ、ちょっと質問があるんですが。

マーク中川　珍しいね。少しはやる気が出てきましたか？

なし子　めんどくさがり屋の私としてはちょっと納得できない部分があるんです。

マーク中川　どの部分ですか？

なし子　貸倒引当金は会計上と税法上のものがあるのは分かったんですけど、会計上の貸倒引当金の金額を決算で使って、法人税申告書で税法上の貸倒引当金の金額に変更するということを本当にみんなやっているんですかね？　こんな大変なことをやっているのは、うちの会社だけじゃないでしょうか？

マーク中川　なし子さんは、楽をすることについては、目ざといですね。実は多くの会社では、さきほど解説した会計上の金額を使わずに、税法上の金額を利用することも多いのです。本当は会計上の金額を決算では計上する方法が正しいのですけれどもね。税法上の金額を決算で使用すると、法人税申告書作成時に数字を調整する必要がなくなりますからね。

なし子　そんな……。私は真面目にやったのに。

マーク中川　監査法人の監査を受けている場合には、会計上の計算を適切に行わないと監査上指摘されますが、会計上の金額と税法上の金額に大きな差がない場合には、問題とされないこともあります。そのため、税法基準での計算数値を決算での貸倒引当金の金額としている会社も少なくないのが実情です。

なし子　なんか私、真面目にやって損した気分……。

マーク中川　まあ、きちんとしたやり方が覚えられてよかったんじゃないですか。

⑥決算チェックリスト

[A 資産勘定]

(12)　貸倒引当金

①一括評価を行うべき債権の範囲は確認したか。
②中小法人の場合に実績繰入率と法定繰入率の有利判定を行ったか。
③実質的に債権とみられないものの集計表の作成を行ったか。
④個別評価について繰入要件の事実関係を書類に基づいて確認したか。
⑤個別評価について過年度からの異動を確認したか。
⑥繰入、戻入の処理は正しく行われているか確認したか。

# (13) 固定資産

①固定資産とは

**マーク中川** 今度は固定資産ですね。なし子さんは固定資産にはどういったものがあるか知っていますか。

**なし子** 建物とか器具備品とかが固定資産であることは分かるんですが。でも、改めて聞かれると分かっていないですね。

**マーク中川** では、解説しますね。まず、固定資産は、有形固定資産と無形固定資産に分かれます。有形固定資産というのは、具体的な形態を持ち、1年を超えて所有し使用するものをいいます。さらに、有形固定資産は、建物、車両運搬具などの減価償却資産と土地や建設仮勘定などの非償却資産に分類されます。

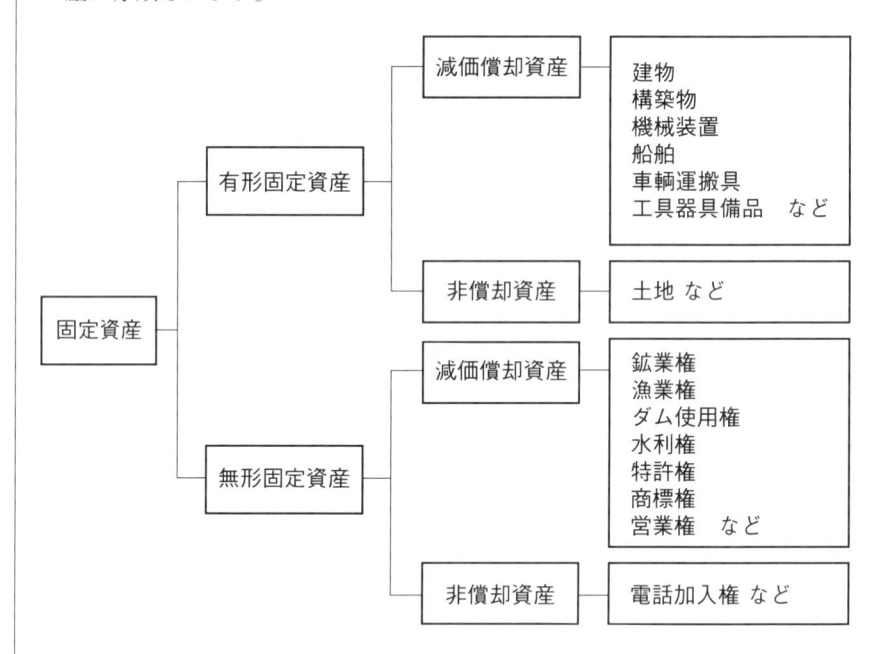

```
                    ┌─ 減価償却資産 ─ 建物
                    │              構築物
                    │              機械装置
         ┌─ 有形固定資産 ─┤              船舶
         │          │              車輌運搬具
         │          │              工具器具備品　など
         │          └─ 非償却資産 ── 土地 など
固定資産 ─┤
         │          ┌─ 減価償却資産 ─ 鉱業権
         │          │              漁業権
         │          │              ダム使用権
         └─ 無形固定資産 ─┤              水利権
                    │              特許権
                    │              商標権
                    │              営業権　など
                    └─ 非償却資産 ── 電話加入権 など
```

**なし子** 無形固定資産というのはなんでしょう。うちの会社にもあるのかな？

**マーク中川** ありますよ。無形固定資産というのは、有形固定資産のような実態を有しないが、価値があり、かつ長期的に使用可能な資産のことをいいます。無形固定資産は、法律的な権利を有するものと経済的な価値を有するものがあります。下の例を見てもらえば、金一にもいくつかあるので

はないでしょうか。例えば、電話加入権はあると思いますよ。

**無形固定資産の例**

| 法律上の権利 | 電話加入権、借地権、地上権、特許権、商標権、実用新案権、意匠権、鉱業権、漁業権、水利権など |
|---|---|
| 経済上の価値 | 営業権、ソフトウェアなど |

**なし子** 固定資産にいろいろあることは分かりました。でも、ここでは何が分かればいいんでしょう？

**マーク中川** まずは、どの固定資産がどのカテゴリーに分類されるか分かっていないといけません。これが分かっていないと固定資産をB/Sにおいてどの区分に入れたらよいか、判断できないということになってしまいます。それから、有形固定資産について、減価償却資産なのか、非償却資産なのか知っていないといけないですね。

　有形固定資産には、機械装置や建物・車両のように使用や時間の経過によって年々価値が下がる減価償却資産と土地や絵画、骨董品など価値が減少しない非償却資産があります。減価償却資産については、後で詳しい説明がありますが、減価償却を毎年行う必要があります。減価償却資産と非償却資産については、しっかり判定できるようにしておいてくださいね。

②固定資産の取得価額

**マーク中川** それでは、次に固定資産の取得価額について確認していきましょう。取得価額というのは取得に要した金額のことを指します。厳密にいうと、取得価額については、会計基準と税法基準があるのですが、税法基準で処理をするのが一般的だと思いますので、税法基準で説明していきますね。

**なし子** 取得価額ですか？　取得価額＝購入代金ではないんですか？

**マーク中川** それだけではないのです。取得に要した金額なので、購入又は製造した金額のほか、実際に使用するまでに要した費用などの合計額になります。➡ **チェックリストA(8)①**

　詳しくは下の表を見てください。

| 区　分 | 取得価額 | |
|---|---|---|
| 購入した場合 | 事業の用に供するために直接要した費用の額 | 購入代金、引取運賃、荷役費、運送保険料、購入手数料、関税など |
| 自社で建設、製作、製造した場合 | | 建設等のために要した原材料費、労務費、経費など |
| 自社で生育させた牛馬等 | | 購入代金、種付費、飼料費、労務費、経費など |
| 自社で成熟させた果樹等 | | 購入代金、種苗費、肥料費、労務費、経費など |
| 交換、贈与等その他の場合 | | 購入した場合の時価 |

**なし子** 購入した場合を例に取ると、購入代金はもちろん、購入のために必要とされたものは全て含めるという考え方なんですね。

**マーク中川** そのとおりです。それが、原則的な考え方です。

**なし子** 原則ということは例外もあるんですか？

**マーク中川** はい、そのとおりです。税法基準では次の費用は固定資産の取得価額に算入しないことができることになっています。例外処理の方が、損金を多く計上できるので、こちらを選択する会社が多いですね。

---

【取得価額に算入しなくてもよい費用】
① 不動産取得税又は自動車取得税
② 特別土地保有税のうち、土地の取得に対して課されるもの
③ 新増設に関する事業所税
④ 登録免許税その他登記又は登録のために要する費用
⑤ 建設計画変更で不要となった調査、測量、基礎工事等の費用
⑥ 契約解除による違約金

(法基通7-3-3の2)

---

③減価償却

**マーク中川** では、次はいよいよ減価償却ですね。減価償却というのは、減価償却資産について、その事業年度に対応する費用を計算することをいいます。

　固定資産のうち、使用や時間の経過によって価値が減少していく減価償却資産については、費用と収益を対応させるため、使用している各年において減価償却費として費用を計算していくことになっています。そういう意味では減価償却資産は「費用の塊」と考えてもらったほうが分かりやすいでしょうか。将来費用として処理されるものを、一旦、資産として計上し、減価償却という手続きによって、その資産が使用できる期間にわたって費用配分するという流れになっています。

　実は、厄介なことに減価償却の計算方法にも会計上と税法上の考え方があるのですよ。

**なし子** えー。そうなんですか。それは大変ですね。

**マーク中川** でも、安心してください。ほとんどの場合には、減価償却は税法基準をベースに行われているのでそんなに大変にはなりませんよ。会計基準と税法基準については、下の表を見てください。

> 【減価償却の税法基準と会計基準】
> ○会計基準
> ・償却方法は、定額法、定率法、生産高比例法など適切なものを会社が選択
> ・耐用年数も使用可能期間を考慮して会社が決定
> ・毎期継続して規則的な償却を行う
> ○税法基準
> ・償却方法は原則として建物は定額法、それ以外は定額法か定率法
> ・耐用年数は法定耐用年数による
> ・損金経理（減価償却費等費用科目として経理する）が要件
> ・任意償却（一部法定期間で均等償却が必要なものもあります）

**なし子** 2つの考え方には違いがあるんですね。ただ、税法基準が分かっていれば、だいたい大丈夫だということが分かって、ちょっとだけ安心しました。でも、税法基準で計算されるのは何故なんですか？

**マーク中川** それはですね、税法上の考え方の計算が、会計上の考え方の計算と結果が大きく変わらないことが多い点、会計上の考え方の計算で償却費を計上すると法人税申告書において、金額を税法上のものに修正する手続きをしなければいけなくなるという点、会計上と税法上の2つの計算をするためには固定資産台帳を2種類作る必要があるので大変になるという理由があるからです。そのため、ほとんどの会社では実務上は税法上の考え方で算出された数値を決算での減価償却費として使っています。

　ただ、税法上の減価償却の考え方をそのまま会計上の減価償却費にしていいかというと問題があります。税法上の減価償却は、法人が償却費として損金経理した金額のうち、その資産について選択した償却方法によって計算した償却限度額に達するまでの金額とされており、償却費の計上は、法人の任意とされています。これは会計基準からみると、適切な損益計算を歪める行為となっています。会社側としてみれば、金融機関等に見栄えの良い決算書を提出したいということがあるのでしょうが、これは粉飾決算になってしまいますよね。

**なし子** うんうん。ということは、税法上の償却限度額を会計上の減価償却費とするのはいいけれども、会社の都合で減価償却費の金額を変えるのは、決算書を作る目的からすると望ましくないということなんですね。

④少額減価償却資産と一括償却資産

**マーク中川** 今度は、税法上の考え方になるのですが、30万円未満の固定資産を取得した際の処理について見ていきましょう。通常の減価償却としての処理の他、次の方法が選択できることになっていますので、会社にとって有利になるものを選択します。➡ **チェックリストA(8)②**

①少額減価償却資産

　減価償却資産のうち、その使用期間が1年未満であるもの又はその取得価額が10万円未満であるもの（少額減価償却資産）については、その事業の用に供した日の属する事業年度において、全額損金算入することができます。

②一括償却資産

　減価償却資産で、その取得価額が20万円未満であるものを事業の用に供した場合には、その会社の選択により、その資産の全部又は一部を一括したもの（一括償却資産）の取得価額の合計額について、通常の減価償却の計算をせずに、次の金額を3年間で均等に損金に算入することができます。

　　　一括償却資産の取得価額の合計額×事業年度の月数÷36

③中小企業者等の少額減価償却資産の取得価額の損金算入の特例

　中小企業者等が、取得価額が30万円未満である減価償却資産を平成15年4月1日から平成24年3月31日までの間に取得などして事業の用に供した場合には、その取得価額に相当する金額を損金の額に算入することができます。

　ただし、適用を受ける事業年度における少額減価償却資産の取得価額の合計額が300万円を超えるときは、その取得価額の合計額のうち300万円に達するまでの少額減価償却資産の取得価額の合計額が限度となります。

　なお、中小企業者とは、次に掲げる法人をいいます。

(イ)資本金の額又は出資金の額が1億円以下の法人

　ただし、同一の大規模法人（資本金の額若しくは出資金の額が1億円を超える法人又は資本若しくは出資を有しない法人のうち、常時使用する従業員の数が1,000人を超える法人をいい、中小企業投資育成株式会社を除きます）に発行済株式又は出資の総数又は総額の2分の1以上を所有されている法人及び2以上の大規模法人に発行済株式又は出資の総数又は総額の3分の2以上を所有されている法人を除きます。

(ロ)資本又は出資を有しない法人のうち、常時使用する従業員の数が1,000人以下の法人

|  | 10万円未満 | 10万円以上 20万円未満 | 20万円以上 30万円未満 | 30万円以上 |
|---|---|---|---|---|
| 少額減価償却資産 | 全額損金算入 | | | |
| 一括償却資産 | 3年間で損金算入 | | | |
| 中小企業者等の少額減価償却資産の特例 | | 全額損金算入（取得価額の合計額300万円上限） | | |
| 減価償却資産 | 通常の減価償却 | | | |

**なし子**　比較表を見ると分かりやすいですね。

　ちょっと質問なんですが、10万円以上20万円未満のゾーンだと一括償却資産か中小企業等の少額減価償却資産の特例が使えますよね。2つの方法を比較すると全額損金に算入できる中小企業者等の少額減価償却資産の特例を使えばいいということになるのかしら？

**マーク中川**　金一については、こういった場合、一括償却資産にしています。

　理由としては、中小企業者等の少額減価償却資産の特例については、租税

第1章 基本編 75

特別措置法による法人税の特例であるために、対象固定資産に対して償却資産税が課税されることになるからです。

一方、一括償却資産として処理した場合には、償却資産税は課税されません。そのため、会計処理にあたっては、メリット、デメリットを勘案して選択をすることになります。

**なし子** 分かりました。このあたりの方針は処理を始める前に確認をしないといけないですね。

⑤ **資本的支出と修繕費**

**なし子** 固定資産の取得のところで、分からないところがあるんですが、ちょっと質問していいですか。

**マーク中川** どこが分からないんでしょう？

**なし子** 建築会社さんに金一の自社ビルの修繕に関する工事費用の支払いをしているんですけれども、これって建物の金額になるんでしょうか。それとも、修繕費用になるんでしょうか。

**マーク中川** ここは、難しいところですね。資本的支出なのか修繕費なのかという論点ですね。

**なし子** 資本的支出ですか？

**マーク中川** 資本的支出というのは、新たな固定資産の取得ではないものの、固定資産の使用可能期間や価値増加をもたらすものを指します。税法上は、固定資産の取得と同様に扱われることとなっています。修繕費だと全額が損金になりますが、資本的支出となると、全額を固定資産に計上して、各期間において減価償却をしていくこととなります。

**なし子** うーん、取扱いが違うんですね。そうなると固定資産関係の支出の度に、資本的支出か修繕費の判定をしなければいけないということなのかしら？ ➡ **チェックリストA(8)③**

**マーク中川** そのとおりです。詳しくは次頁の表を見てください。

**なし子** なるほど、このチャートのとおりに見ていけばいいんですね。例えば、18万円の扉の修理費は、20万円未満だから修繕費にすればいいんですね。修繕費とも資本的支出ともどちらともいえない55万円の階段補強工事は、60万円未満だから修繕費になるわけですね。200万円の外階段の取り付けは、資本的支出かな？

**マーク中川** そうですね。その200万円の外階段の取り付けについては、資本的支出に該当しますから、原則として新たな資産の取得として取り扱うようになります。

**なし子** 分かりました。工事や修理が発生したときは、注意しなければいけ

ないですね。

**修繕費と資本的支出のチャート**

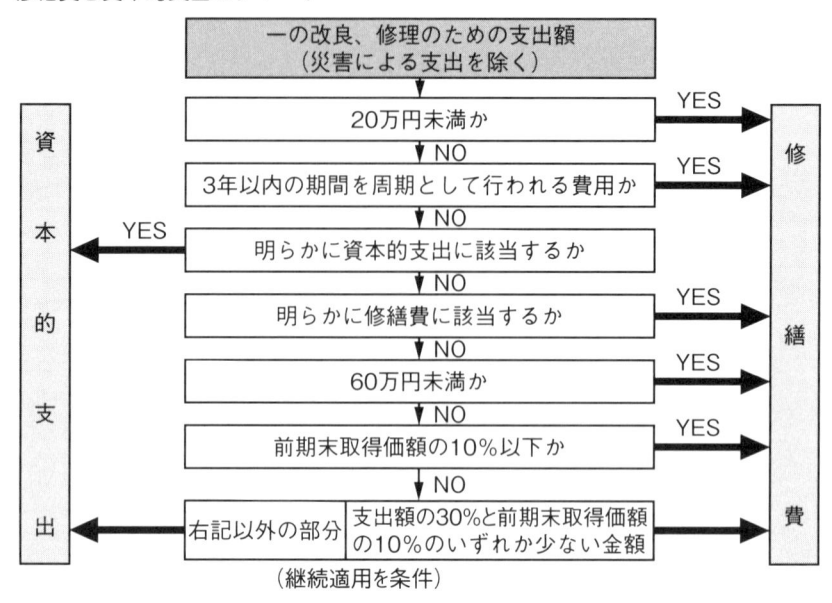

```
            ┌─────────────────────────────┐
            │  一の改良、修理のための支出額  │
            │    （災害による支出を除く）    │
            └─────────────┬───────────────┘
                          ▼
   ┌──────────────────────────────┐   YES
   │        20万円未満か           ├─────────►  修
   └─────────────┬────────────────┘
                 │ NO
   ┌──────────────────────────────┐   YES
   │  3年以内の期間を周期として行われる費用か ├─────────►
   └─────────────┬────────────────┘
                 │ NO
         YES ┌──────────────────────────────┐
  資  ◄─────┤  明らかに資本的支出に該当するか  │
  本        └─────────────┬────────────────┘
  的                      │ NO
  支        ┌──────────────────────────────┐   YES
  出        │   明らかに修繕費に該当するか    ├─────────►  繕
            └─────────────┬────────────────┘
                          │ NO
            ┌──────────────────────────────┐   YES
            │        60万円未満か           ├─────────►
            └─────────────┬────────────────┘
                          │ NO
            ┌──────────────────────────────┐   YES
            │  前期末取得価額の10％以下か    ├─────────►
            └─────────────┬────────────────┘
                          │ NO
  ◄──┬───────────────┬───────────────────────────┐   費
     │ 右記以外の部分 │ 支出額の30％と前期末取得価額│
     │               │ の10％のいずれか少ない金額  │
     └───────────────┴───────────────────────────┘
                  （継続適用を条件）
```

### ⑥リース資産

**マーク中川** 資産計上について、忘れやすいところとして、リース資産の計上があります。

**なし子** リース資産？ リース契約の固定資産は、リース会社から借りているだけで、うちの会社のものではないと思うのですが。これも計上する必要があるんでしょうか？

**マーク中川** 以前は、計上しなくてもよかったんですけどね。現在、所有権移転外ファイナンス・リース取引については、売買取引として取り扱うようになっているのですよ。

**なし子** ファイナンス・リース取引って何でしょうか？

**マーク中川** 会計基準において、リース取引は、ファイナンス・リース取引とオペレーティング・リース取引の2つに分類されます。ファイナンス・リース取引とは、リース契約に基づくリース期間の中途において契約を解除することができないリース取引で、借り手がリース物件から得られる経済的利益を実質的に享受することができ、かつ、当該リース取引の使用に伴って生じるコストを実質的に負担することとなるリース取引をいいます。また、オペレーティング・リース取引は、ファイナンス・リース以外のリース取引をいいます。

ファイナンス・リース取引は、さらに所有権移転ファイナンス・リース取引と所有権移転外ファイナンス・リース取引の2つに分けられます。

## ファイナンスリース取引の要件

| 解約不能のリース取引 | リース契約に基づくリース期間の中途において、当該契約を解除することができないリース取引またはこれに準じるリース取引 |
|---|---|
| フルペイアウトのリース取引 | 借り手がリース物件からもたらされる経済的利益を実質的に享受することができ、かつ、当該リース物件の使用に伴って生じるコストを実質的に負担することとなるリース取引 |

## リース取引の分類

```
                   ┌ ファイナンス・リース取引 ┌ 所有権移転ファイナンス・リース取引
リース取引 ─┤                                └ 所有権移転外ファイナンス・リース取引
                   └ オペレーティング・リース取引
```

## 所有権移転ファイナンス・リース取引、所有権移転外ファイナンス・リース取引の判定基準

**ファイナンス・リース取引**

以下の3要件のいずれかを満たすか

1．所有権移転条項付リース
　リース契約上、リース期間終了時またはリース期間の中途で、リース物件の所有権が借り手に移転することとされているリース取引。

2．割安購入選択権条項付リース
　リース契約上、借り手に対して、リース期間終了後またはリース期間の中途で、名目的価額またはその行使時点のリース物件の価額に比して著しく有利な価額で買い取る権利（割安購入選択権）が与えられており、その行使が確実に予想されるリース取引。

3．特別仕様のリース物件
　リース物件が、借り手の用途等に合わせて特別の仕様により製作または建設されたものであって、当該リース物件の返還後、貸し手が第三者に再びリースまたは売却することが困難であるため、その使用可能期間を通じて借り手によってのみ使用されることが明らかなリース取引。

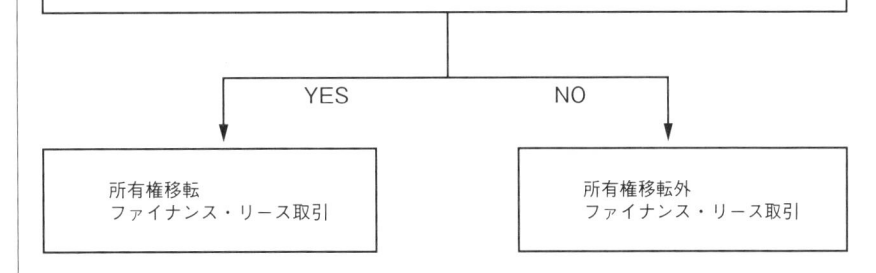

```
            YES              NO
             ↓                ↓
    所有権移転          所有権移転外
ファイナンス・リース取引  ファイナンス・リース取引
```

**なし子**　なんだか難しいですね。

**マーク中川**　文章だけ見ると難しいですよね。ただ、ほとんどのリース取引は、所有権移転外ファイナンス・リース取引に該当するのです。そのため、リース取引が発生した場合には、まず資産計上の可能性を考えてみてください。

　また、所有権移転外ファイナンス・リース取引のうち、リース期間が1

年未満のリース取引、重要性の乏しいリース取引については、賃貸借取引として会計処理を行うことが可能になっています。

**なし子** うーん。リースは奥が深いですね。ところで原則として資産計上するのは分かったんですが、取得価額はどうしたらいいんでしょうか?

**マーク中川** リース資産の計上額は、原則として、リース料総額からこれに含まれている利息相当額の合理的な見積額を控除する方法としています。

ただ、金一で締結しているリース契約は、リース料総額の重要性に乏しいものばかりなので、支払リース料総額をリース資産とする方法で処理しておきましょう。

**なし子** 了解です。この金額はリースの契約書からもってくればよいですね。

---

**期中取引仕訳**

平成22年4月3日に社用車をリースで調達を行い、すぐに使用を開始している。また、支払リース料総額は2,898,000円で、リース期間は60ヶ月である。なお、所有権移転外ファイナンス・リースに該当する。

(リース資産) 2,760,000 / (リース債務) 2,898,000
(仮払消費税)   138,000

---

### ⑦減価償却方法

**マーク中川** 今までは、固定資産計上を主に見てきました。ここからは、具体的な償却方法について確認をしていきます。

**なし子** 減価償却は、最近制度が変わったんでしたよね。確か。

**マーク中川** よく知っていますね。そのとおりです。

**なし子** 正直、あんまり変わったといっても実感が湧かないんですよね。

**マーク中川** 減価償却費の計算は、固定資産の管理ソフトが正しく計算してくれますからね。まずは、具体的な計算よりも、償却方法の種類、選択方法、耐用年数を理解することの方が大切ですね。これが分かってから、具体的な計算方法を確認してみるといいでしょう。

また、減価償却の制度が変わったという話ですが、平成19年4月1日以後に取得したものから変更されています。平成19年3月31日以前取得資産に関する減価償却については、固定資産の管理ソフトによって正しく継続計算されていますから、ここでは、平成19年4月1日以降の減価償却について学習していきましょう。

まずは、償却方法ですが、次の定額法、定率法については、しっかり理解をしてください。

|  | 定額法 | 定率法 |
|---|---|---|
| 考え方 | 固定資産の耐用期間中、毎期均等額の減価償却費を計上する方法 | 固定資産の耐用期間中、毎期未償却残高に一定率を乗じた減価償却費を計上する方法 |
| 計算方法 | 取得価額×定額法の償却率<br><br>残存価額を控除することなく取得価額を基礎としてその資産の耐用年数に応じた「定額法の償却率」を乗じて計算した金額を各事業年度の減価償却限度額として償却を行います。 | 調整前償却額≧償却保証額<br>期首帳簿価額×定率法の償却率<br><br>①調整前償却額<br>減価償却資産の取得価額（2年目以降は期首帳簿価額）にその資産の耐用年数に応じた「定率法の償却率」※を乗じて計算します。この減価償却費相当額を「調整前償却額」といいます。<br>②償却保証額<br>減価償却資産の取得価額にその資産の耐用年数に応じた「保証率」を乗じて計算した金額を「償却保証額」といいます。「調整前償却額」が「償却保証額」以上である場合には、「調整前償却額」を償却限度額とします。<br><br>調整前償却額＜償却保証額<br>改定取得価額×改定償却率<br><br>③改定取得価額と改定償却率<br>その後「調整前保証額」が「償却保証額」に満たなくなった場合には、その満たないこととなる事業年度の期首帳簿価額（改定取得価額）にその資産の耐用年数に応じた改定償却率を乗じて計算した金額を償却限度額として各事業年度の償却を行います。 |
| 償却可能限度額 | 取得価額－1円 | 取得価額－1円 |

【参考】旧定額法と旧定率法（平成19年3月31日以前取得資産に適用）

|  | 旧定額法 | 旧定率法 |
|---|---|---|
| 計算方法 | 償却限度額＝（取得価額－残存価額）×旧定額法の償却率<br><br>旧定額法は、取得価額から残存価額を控除した金額を基礎として、償却費が毎期一定になるようにその資産の耐用 | 償却限度額＝取得価額（2年目以後は期首帳簿価額）×旧定率法の償却率<br><br>旧定率法は、減価償却資産の取得価額（2年目以降は期首帳簿価額）に、その資産の |

| | | |
|---|---|---|
| | 年数に応じた「旧定額法の償却率」を乗じて計算した金額を各事業年度の償却限度額として償却を行います。 | 耐用年数に応じた「旧定率法の償却率」を乗じて計算した金額を各事業年度の償却限度額として償却費の累計額が取得価額の95％に達するまで償却を行います。 |
| 償却可能限度額 | 取得価額×95％ | 取得価額×95％ |

**なし子** 減価償却方法はこれだけでしたっけ？ 他にもありましたよね。

**マーク中川** そうですね。会計基準では、定額法、定率法の他、級数法や生産高比例法、取替法といった方法が存在します。でもさきほど説明したとおり、税法上の減価償却計算に計算を合わせる企業が多いですから、定額法、定率法を覚えておけばほとんど大丈夫ですよ。

**なし子** 少しだけ安心しました。これは好きな方法を使えばいいんでしょうか？

⑧償却方法と法定耐用年数

**マーク中川** いい質問ですね。税法上、償却方法の選択については、「減価償却資産の償却方法の届出書」を税務署に届けることで選択できることとなっています。この届出がない場合には法定償却方法が適用されます。

**固定資産の種類と償却方法**

| 減価償却資産 ||||||||非減価償却資産 |
|---|---|---|---|---|---|---|---|---|
| 有形固定資産 |||| 無形固定資産 |||| |
| 取得時期 | 10.3.31以前 | 19.3.31以前 | 19.4.1以後 | 取得時期 | 10.3.31以前 | 19.3.31以前 | 19.4.1以後 | |
| 建 物 | (旧定率法) 旧定額法 | 旧定額法 | 定額法 | 営業権 | 任意償却 | 旧定額法 5年間で均等償却 | 定額法 (月割計算不要) | 土 地 借地権 地上権 電話加入権等 |
| 建物付属設備・構築物 機械及び装置・車輌運搬具・工具、器具備品 船舶・航空機 | (旧定率法) 旧定額法 | (定率法) 定額法 | | ソフトウェア | 12.3.31以前 繰延資産 | 旧定額法 | 定額法 | |
| 生 物 | | 旧定額法 | 定額法 | 鉱業権 | | (旧生産高比例法) 旧定額法 | (生産高比例法) 定額法 | |
| 鉱業用減価償却資産 | | (旧生産高比例法) 旧定額法 旧定率法 | (生産高比例法) 定額法 定率法 | 上記以外の無形固定資産 (特許権・商標権・実用新案権等) | | 旧定額法 | 定額法 | |

※ ◯ は法定償却方法

**なし子** 償却方法の選択ということで、注意しなければいけない点はありますか？

**マーク中川** そうですね。建物は定額法しか選択できないというところですね。建物は平成10年税制改正以降は定額法のみしか認められていないので、

ここは注意が必要になりますね。

会社の選択している減価償却方法を届出書等で確認したら、決算での償却方法が一致しているかを確認してみてください。

➡ **チェックリストA(8)④**

**なし子** 耐用年数はどうやって決めればいいんですか？

**マーク中川** 減価償却資産の耐用年数については、「減価償却資産の耐用年数等に関する省令」に細かく決められています。ここから資産ごとに該当する年数を拾えば大丈夫です。

**有形減価償却資産（機械及び装置以外）の耐用年数表（抜粋）**
**（「減価償却資産の耐用年数等に関する省令」別表一）**

| 細目 | 構造別総合又は個別耐用年数（年） ||||||||
|---|---|---|---|---|---|---|---|---|
| | 鉄骨鉄筋コンクリート造又は鉄筋コンクリート造 | れんが造・石造・ブロック造 | 金属造 ||| 木造又は合成樹脂造 | 木骨モルタル造 | 簡易建物 |
| | | | 骨格材の肉厚4ミリ超 | 骨格材の肉厚3ミリ超4ミリ以下 | 骨格材の肉厚3ミリ以下 | | | |
| (1) 建物 事務所又は美術館用のもの・下記以外のもの | 50年 | 41年 | 38年 | 30年 | 22年 | 24年 | 22年 | 年 |
| 住宅、寄宿舎、宿泊所、学校又は体育館用のもの | 47 | 38 | 34 | 27 | 19 | 22 | 20 | |
| 飲食店、貸席、劇場、演奏場、映画館又は舞踏場用のもの | — | 38 | 31 | 25 | 19 | 20 | 19 | |
| 　飲食店又は貸席用のもので、延べ面積のうちに占める木造内装部分の面積が3割を超えるもの | 34 | | | | | | | |
| 　その他のもの | 41 | | | | | | | |
| 旅館用又はホテル用のもの | — | 36 | 29 | 24 | 17 | 17 | 15 | |
| 　延べ面積のうちに占める木造内装部分の面積が3割を超えるもの | 31 | | | | | | | |
| 　その他のもの | 39 | | | | | | | |
| 店舗用のもの | 39 | 38 | 34 | 27 | 19 | 22 | 20 | |
| 病院用のもの | 39 | 36 | 29 | 24 | 17 | 17 | 15 | |
| 変電所、発電所、送受信所、停車場、車庫、格納庫、荷扱所、映画製作ステージ、屋内スケート場、魚市場又はと蓄場用のもの | 38 | 34 | 31 | 25 | 19 | 17 | 15 | |
| 公衆浴場用のもの | 31 | 30 | 27 | 19 | 15 | 12 | 11 | |
| 工場（作業場を含みます。）又は倉庫用のもの 塩素、塩酸、硫酸、硝酸、その他の著しい腐食性を有する液体又は気体の影響を直接全面的に受けるもの、冷蔵倉庫用のもの（倉庫事業の倉庫用のものを除きます。）、放射性同位元素の放射線を直接受けるもの | 24 | 22 | 20 | 15 | 12 | 9 | 7 | |

⑨資産の中古取得

**なし子** あれ？ 耐用年数表は、新品の資産だけが対象ですか？

**マーク中川** そうですね。この表は新品の減価償却資産の年数表ですね。今期は中古購入の物がありましたか？

**なし子** そうなんです。今期から経費削減で、中古品をかなり購入するようになっているんですよね。

**マーク中川** では、中古資産を取得したときの耐用年数についても説明が必要ですね。中古の減価償却資産を取得して事業のために使用した場合には、その資産の使用可能年数を見積もって耐用年数にすることになっています。

**なし子** でも、使用可能年数を見積もるといっても実際はかなり難しくないですか？

**マーク中川** そうですね。そのため、実務では、簡便法という方法がよく使われることになります。

【中古資産の耐用年数（簡便法）】
①法定年数の全部が経過したもの
　　法定耐用年数×0.2
②法定耐用年数の一部が経過したもの
　　（法定耐用年数－経過年数）＋経過年数×0.2
※計算した年数の１年未満の端数は切り捨て、その年数が２年未満の場合は２年とします。

設例
1. 法定耐用年数８年の器具備品で７年８か月経過したものを取得した。
　｛(96ヶ月－92ヶ月)＋92ヶ月×0.2｝÷12ヶ月＝1.86年→２年
2. 法定耐用年数５年の車両運搬具で１年７か月経過したものを取得した。
　｛(60ヶ月－19ヶ月)＋19ヶ月×0.2｝÷12ヶ月＝3.73年→３年

⑩リース期間定額法

**なし子** また、分からないことが出てきてしまいました。リース契約の資産はどうすればいいんでしょうか。資産に計上するということは、減価償却をしなければならないと思うんですが。

**マーク中川** いいところに気づきましたね。リース契約の資産については、以前はリース料として費用に計上していましたが、資産として取り扱うことになったため、減価償却費を通じて費用にするようになっています。リース資産については、リース期間定額法という方法が使われることになっています。具体的な計算は次のとおりになります。

【リース期間定額法】

$$償却限度額 = \left(\begin{array}{c}リース資産\\の取得価額\end{array} - \begin{array}{c}残価保\\証額^{※}\end{array}\right) \times \frac{その事業年度におけるリース資産のリース期間の月数}{リース資産のリース期間の月数}$$

※リース契約において、残価保証という取決めがされるケースがあります。すなわち、リース期間終了時に、リース物件の処分価額が契約上取り決めた保証額（残価保証額）に満たない場合には、その不足額を借り手が貸し手に支払う義務が課せられることがあり、これを残価保証といいます。

期中取引仕訳
　平成22年4月3日にリース契約で調達した社用車について、リース期間定額法で減価償却費の計上を行った。
　（減　価　償　却　費）46,000　／　（リ　ー　ス　資　産）46,000
2,760,000円（リース資産）×12ヶ月（当期の月数）÷60ヶ月（リース期間の月数）× $\frac{1}{12}$ ＝46,000円（毎月計上を行います）

〈参考〉
リース料支払時
　（リ　ー　ス　債　務）48,300　／　（預　　　　　金）48,300

**なし子**　理屈は分かったんですが、実際の作業はどうやって進めたらいいんでしょうか？

⑪固定資産台帳の作成と照合確認

**マーク中川**　固定資産は、取得の都度、固定資産管理のソフトにデータ入力して、固定資産台帳を作ることになります。実際にやってみましょうか。

**マーク中川**　実際には、固定資産の管理ソフトに取得価額、耐用年数、償却方法、事業供用日を入れれば、自動的に減価償却費が計算されるようになっています。→ チェックリストA(8)⑤
　計算するのはソフトがやってくれますが、未使用のものを償却していたりしないようにしっかり確認して入れてくださいね。

**なし子**　取得価額は、「②固定資産の取得価額」でやったとおりに計算すればいいんですよね。法定耐用年数は、新品の減価償却資産については耐用年数の一覧表を確認して、中古の減価償却資産は自分で計算するということでしたよね。

**マーク中川**　うん。よく分かっていますね。そのとおりです。後は、データ入力後に入力した数値があっているかどうかの確認が必要になりますね。具体的には、試算表と固定資産台帳の突き合わせを定期的に行って、固定

## 固定資産台帳（合計表）

| 資産の種類 | 数量 | 供用日 | 取得価額 | 耐用年数 | 月数 | 期首帳簿価額 | 期中増加額 | 期中減少額 | 当期償却限度額 | 当期償却額 | 期末帳簿価額 | 償却累計額 |
|---|---|---|---|---|---|---|---|---|---|---|---|---|
| 建物　計 | | | 513,716,943 | | | 111,129,334 | 332,199,758 | | 6,942,656 | 6,942,656 | 436,386,436 | 77,330,507 |
| 建物付属設備　計 | | | 253,242,703 | | | 16,922,798 | 207,985,277 | | 11,338,195 | 11,338,195 | 213,569,880 | 39,672,823 |
| 少額資産　建物付属設備　計 | | | 497,280 | | | | | | | | | |
| 構築物　計 | | | 14,937,796 | | | 19,000 | 14,557,796 | | 845,728 | 845,728 | 13,731,068 | 1,206,728 |
| 機械及び装置　計 | | | 123,759,652 | | | | 15,559,740 | | 2,828,284 | 2,828,284 | 12,731,456 | 111,028,196 |
| 車両及び運搬具　計 | | | 11,954,400 | | | 1,928,332 | | 27,500 | 560,139 | 560,139 | 1,340,693 | 10,586,207 |
| 器具及び備品　計 | | | 27,702,290 | | | 2,719,134 | 17,471,455 | 35,000 | 2,259,520 | 2,259,520 | 17,896,069 | 9,771,221 |
| 少額資産　器具及び備品　計 | | | 1,030,401 | | | | | | 0 | 0 | | |
| リース資産　計 | | | 2,760,000 | | | | 2,760,000 | | 552,000 | 552,000 | 2,208,000 | 552,000 |
| 長期前払費用　計 | | | 1,512,890 | | | 314,287 | | | 68,571 | 68,571 | 245,716 | 1,267,174 |
| 合計 | | | 951,114,355 | | | 148,592,625 | 574,974,286 | 62,500 | 25,395,093 | 25,395,093 | 698,109,318 | 251,414,856 |

B/S

| | |
|---|---|
| 建物 | 436,386,436 |
| 建物付属設備 | 213,569,880 |
| 構築物 | 13,731,068 |
| 機械装置 | 12,731,456 |
| 車輌運搬具 | 1,340,693 |
| 工具器具備品 | 17,896,069 |
| リース資産 | 2,208,000 |
| 長期前払費用 | 245,716 |

P/L

| | |
|---|---|
| 減価償却費 | 25,326,522 |
| 長期前払償却 | 68,571 |

減価償却費と長期前払償却の合計額が、固定資産台帳の当期償却額の合計と一致します。

資産台帳の期首帳簿価額合計＋期中増加額合計－期中減少額合計－当期償却額合計＝試算表残高※になるようにしてください。

→ チェックリストA(8)⑥　、→ チェックリストA(9)①

※　金一では、直接控除方式によって減価償却費を計上しています。

> **【直接控除方式と間接控除方式】**
>
> ①直接控除方式
> 　直接控除方式は、減価償却累計額を当該資産の金額から直接控除し、その控除残高を当該資産の金額として表示する方式です。
> （仕訳例）
> 　（減 価 償 却 費）××　　／　　（固 定 資 産）××
>
> ②間接控除方式
> 　間接控除方式は、減価償却累計額を当該資産に対する控除科目として、減価償却累計額の科目を持って表示する方式です。
> （仕訳例）
> 　（減 価 償 却 費）××　　／　　（減価償却累計額）××
>
> 　なお、財務諸表等規則において、有形固定資産については直接控除方式または間接控除方式によること、無形固定資産については直接控除方式によることとされています。

**なし子**　無形固定資産については、注意しなければいけないことはありますか？

**マーク中川**　無形固定資産は、取扱いは有形固定資産と変わりませんが、目に見えない資産のため、有形固定資産と比べて資産価値があるかどうか（B/Sに計上したままでよいかどうか）分かりにくいといえます。そのため、決算では、契約書により権利保有の事実を確認することが大切ですね。

→ チェックリストA(9)②

⑫決算チェックリスト

A 資産勘定

（8）　有形固定資産
①取得資産について付随費用を含めているか確認したか。
②一括償却資産や中小企業者等の少額減価償却資産の適用は検討したか。
③資本的支出、修繕費の判定は行ったか。
④償却方法は届出書の通りになっているか確認したか。
⑤新規取得分について取得価額、耐用年数、償却方法、事業供用日は適正か確認したか。
⑥固定資産台帳とB/S、P/Lとの残高の一致を確認したか。

（9）　無形固定資産
①固定資産台帳とB/S、P/Lとの残高の一致を確認したか。
②営業権等につき、契約書により権利保有の事実を確認したか。

## (14) 繰延資産

①繰延資産とは

**マーク中川** 今度は繰延資産について確認しておきましょう。繰延資産には、会社法で定めたものと税法上のものの2つがあります。
　繰延資産とは、業務に関し支出する費用のうち、その支出の効果が1年以上に及ぶものを指します。簡単に説明すると支払った費用のうちに、将来、利益を生む可能性があるものを資産としておこうということですね。

**なし子** なんだか難しいですね。

**マーク中川** 簡単に説明すると繰延資産は「費用の塊」なのです。

**なし子** もう支払ってしまっているものなのに資産にするのはおかしくないですか？

**マーク中川** でもこれはおかしくないのです。

**なし子** なんだか良く分からなくなってきました。

**マーク中川** 会計の考え方で、「費用収益対応の原則」という考え方があります。これは、収益と費用を各会計期間で対応させようとする考え方なのです。例えば、将来的に稼ぎ出す売上のために支出する費用は、その売上が発生する年に対応させて考えないと儲かっているのか、いないのかまったく分からないことになりますよね。

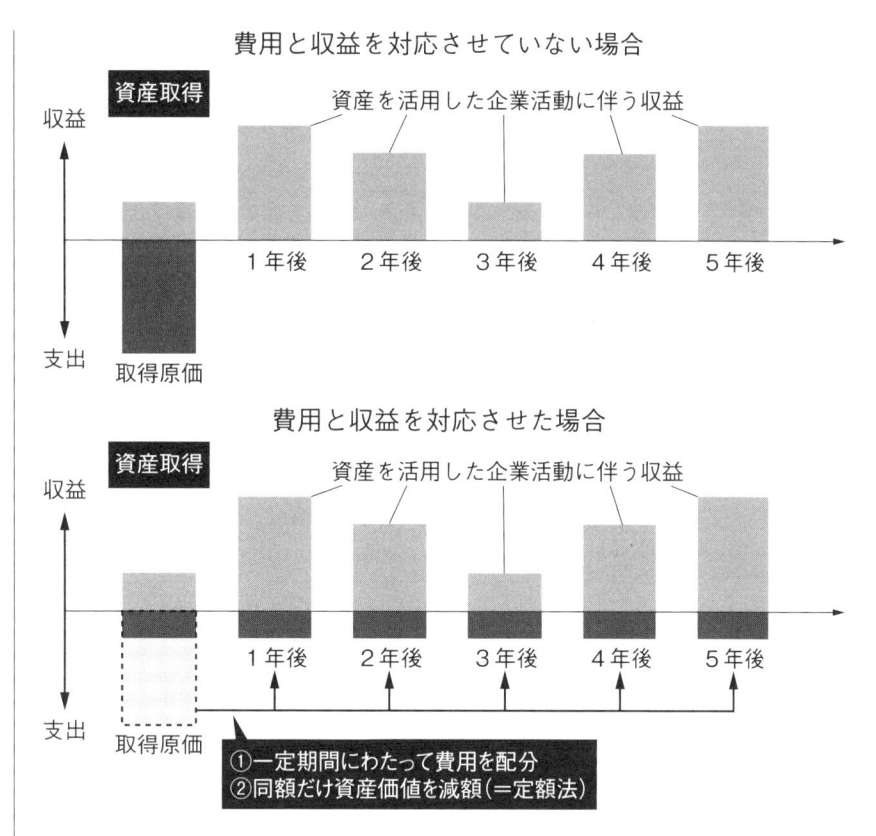

### 費用と収益を対応させていない場合

（グラフ：資産取得時に取得原価の支出があり、1年後～5年後に資産を活用した企業活動に伴う収益が発生）

### 費用と収益を対応させた場合

（グラフ：取得原価を①一定期間にわたって費用を配分、②同額だけ資産価値を減額（＝定額法））

**なし子** 確かに費用・収益を対応させないとまったく分からないですね。

**マーク中川** そうですね。そこで費用と収益を対応させるために一旦支払った費用を資産として計上して、それを費用化させるということをしているのです。

**なし子** あれ？ これって減価償却と同じ考え方ですね。

**マーク中川** そのとおりです。減価償却と同じ考えです。繰延資産は、有形のものではないですが、数年間の収益に対応する費用の塊ということなのです。

　会社法で定める繰延資産については、項目が限定されています。また、税法上の繰延資産は支出の効果が1年以上に及ぶものが全て含まれます。B/Sでは会社法上の繰延資産は「繰延資産」の項目に区分して、それ以外のものは、「長期前払費用」の項目に表示することとなっています。支出した金額のうち、どの繰延資産に該当するのかは、下図の「繰延資産の償却額」で確認してください。実際には、契約書で内容を確認していくことになります。➡ **チェックリストA(11)①**

②繰延資産の償却方法と償却期間

なし子　B/Sの表示が違うことは分かったんですが、償却の方法も違うんですね。

この表を見て計算すればいいんですね。

| 会社法上の繰延資産 | 支出事業年度で全額損金算入可能<br>未償却残高については、任意償却 |
|---|---|
| 法人税法上の繰延資産 | 繰延資産の額×当期の月数※÷償却期間×12月<br>※支出事業年度である場合には、支出日から当期末までの月数 |
| 少額な繰延資産<br>支出金額が20万円未満 | 支出年度における損金 |

**法人税法上の繰延資産の償却額**

| 区分 | | | 償却期間 |
|---|---|---|---|
| 公共的施設等の負担金 | 公共的施設の設置又は改良のために支出する費用 | 専ら負担者に使用されるもの | その施設等の耐用年数の7/10に相当する年数 |
| | | 上記以外のもの | その施設等の耐用年数の4/10に相当する年数 |
| | 共同的施設の設置又は改良のために支出する費用 | 負担者又は構成員の共同の用に供されるもの又は協会等の本来の用に供されるもの | 施設の設置又は改良に充てられる部分は、その施設の耐用年数の7/10に相当する年数（土地の取得に当てられる部分は、45年） |
| | | 共同のアーケード、日よけ等負担者の共同の用と一般公衆の用とに供されるもの | 5年（その施設の法定耐用年数が5年未満のときは、その耐用年数） |
| 資産を賃借するための権利金等 | 建物を賃借するために支出する権利金等 | 建物の新築に際し支払った権利金等がその建物の賃借部分の建設費の大部分に該当し、かつ、建物の存続期間中賃借できる状況にあるもの | その建物の耐用年数の7/10に相当する年数 |
| | | 建物の賃借に際して支払った上記以外の権利金等で、借家権として転売できるもの | その建物の賃借後の見積残存耐用年数の7/10に相当する年数 |
| | | その他の権利金等 | 5年（契約による賃借期間が5年未満で、契約の更新時に再び権利金等の支払を要することが明らかであるときは、その賃借期間） |
| | 電子計算機の賃借に伴って支出する費用 | | その機器の耐用年数の7/10に相当する年数（その年数が賃借期間を超えるときは、その賃借期間） |
| 役務の提供を受けるための権利金等 | ノウハウの頭金等 | | 5年（設定契約の有効期間が5年未満で、契約の更新時に再び一時金又は頭金の支払を要することが明らであるときは、その有効期間） |
| 広告宣伝用資産の贈与費用 | 広告宣伝の用に供する資産を贈与したことにより生ずる費用 | | その資産の耐用年数の7/10に相当する年数（その年数が5年を超えるときは、5年） |

| | | |
|---|---|---|
| その他自己が便益を受けるための費用 | スキー場のゲレンデ整備費用 | 12年 |
| | 出版権の設定の対価 | 設定契約に定める存続期間（存続期間の定めがない場合には、3年） |
| | 同業者団体の加入金 | 5年 |
| | 職業運動選手等の契約金 | 契約期間（契約期間の定めがない場合には、3年） |

（注）耐用年数に1年未満の端数が生じたときは、その端数を切り捨てます。

**マーク中川**　そうですね。多くの会社の決算で税法上の繰延資産が多く出てきます。今期の決算では、繰延資産は1つしかないので、作成する必要はないと思いますが、来期以降のために説明しておきますね。

　具体的な作業としては、当期に増減についてそれぞれ内容を確認し、各項目別に計上時期、計上金額、償却年数に誤りがないか確認することになります。➡ **チェックリストA(11)②**

　特に誤りやすいのは、償却年数になります。契約書等で内容をしっかり確認してください。

**繰延資産整理表　作成例**

| 番号 | 種類 | 支出年月 | 償却月数 | 期首残高 | 期中支出額 | 当期償却額 | 期末残高 | 資産計上科目 |
|---|---|---|---|---|---|---|---|---|
| 1 | ノウハウ頭金 | H22.8 | 60ヶ月 | | 4,800,000 | 640,000 | 4,160,000 | 長期前払費用 |
| 2 | 更新料 | H20.3 | 48ヶ月 | 1,150,000 | 0 | 600,000 | 550,000 | 長期前払費用 |
| 3 | 更新料 | H22.10 | 60ヶ月 | | 3,000,000 | 300,000 | 2,700,000 | 長期前払費用 |
| 4 | 広告宣伝用資産 | H21.4 | 36ヶ月 | 240,000 | 0 | 120,000 | 120,000 | 長期前払費用 |
| | | | | | | | | |
| | | | | | | | | |
| | | | | | | | | |
| | 合　計 | | | 1,390,000 | 7,800,000 | 1,660,000 | 7,530,000 | |

**決算整理仕訳**

　長期前払費用として昨年に計上されている、建物を賃借するための権利金342,858円（期間5年）の償却を行った。
　（長期前払費用償却）　68,571　／　（長期前払費用）　68,571
　342,858円（権利金）×12ヶ月（当期対応月数）÷60ヶ月（償却期間）
　＝68,571円

③決算チェックリスト

A 資産勘定

(11) 繰延資産

①繰延資産に該当するものについて、契約書等で内容を確認したか。

②各項目別に計上時期、計上金額、償却年数に誤りがないことを確認したか。

# （15） 有価証券

①有価証券の範囲と区分

**なし子** うちの会社は結構株を持っているんですよ。

**マーク中川** そうみたいですね。なにか理由があるのでしょうか？

**なし子** なんでも空廻部長が空いている時間に株の売買をしていたらしいですね。

**マーク中川** そうなんですね。仕事がなかったんですかね？ でもそのおかげで今回、有価証券について勉強できますね。

**なし子** あんまり勉強はしたくないんですけどね。ところで有価証券には具体的にどんなものが該当するんでしょうか？ 株券くらいしかイメージできないのですが。

**マーク中川** 有価証券というのは、国債証券、地方債証券、社債券、株券、証券投資信託の受益証券、コマーシャルペーパー（CP）、譲渡性預金証書（CD）などをいいます。一番多く出てくるのは、株券ですよね。

**なし子** けっこういろいろなものがあるんですね。決算作業をするにあたって、まず何からしたらいいんでしょうか。

**マーク中川** まずは、保有目的ごとに分ける必要があります。有価証券は、株券か社債かといった形態による分類ではなく、どのような保有目的によって取得し保有しているかどうかで区分されます。具体的には下の表を見てください。

**会計上の保有目的区分**

| 保有目的区分 | 意　義 |
|---|---|
| 売買目的有価証券 | 時価の変動により利益を得ることを目的として保有する有価証券 |
| 満期保有目的の債券 | 満期まで所有する意図をもって保有する社債その他の債券 |
| 子会社株式及び関連会社株式 | 子会社・関連会社に該当する会社の株式 |
| その他有価証券 | 売買目的有価証券、満期保有目的の債券、子会社株式及び関連会社株式以外の有価証券 |

**なし子** はい、分かりました。うちの会社の場合は、空廻部長が利益を得る目的で購入していたから売買目的有価証券ですね。

**マーク中川** うーん、それはその他有価証券に該当しますね。売買目的有価証券は、定款上、有価証券の売買を業とし、トレーディング業務を行う専門部署がある場合や有価証券の売買を頻繁に繰り返している場合に該当することになっています。金一の場合には、空廻部長が気ままに売り買いしていたのが実態ですから、売買目的有価証券には該当しないですね。

**なし子** なるほど。ということは普通の会社の決算で出てくるのは満期保有目的の債券、子会社株式及び関連会社株式、その他有価証券の3区分ということですかね。特に中小企業や中堅企業では売買目的有価証券が出てくることは少なそうですね。

**マーク中川** そのとおりです。実務上はこの3つを押さえておけば問題ないです。

**なし子** ところで、何をするために保有目的の区分をするんでしょうか?

**マーク中川** 期末時点での評価方法の考え方が違うというところが大きいですね。期末での計算が違うから別々に区分しておく必要があるのです。期末評価については、後で詳しく説明します。

②有価証券一覧表の作成

**なし子** 何をするために区分しなければいけないかということは分かりました。今度は、表にまとめる作業ですよね。

**マーク中川** そうですね。先程の保有区分ごとに表を作成し、これをもとに会計処理作業を進めることになります。 ➡ **チェックリストA(10)①**

株式や社債の種類ごと、銘柄ごとに前期から繰り越されてきた金額、数量を記入します。また、有価証券の取得価額は、購入代金に購入のための証券会社等の費用を加えた金額になります。

### 有価証券一覧表(その他有価証券)

| 種類 | 銘柄 | 期首 金額 / 数量 | 期中購入 金額 / 数量 / 月日 / 購入先 | 期中売却 金額 / 数量 / 月日 / 売却先 | 移動平均単価 | 売却原価 | 期末帳簿 金額 / 数量 | 売却損益 売却益 / 売却損 | 期末時価 金額 / 数量 | 評価損益 評価益 / 評価損 |
|---|---|---|---|---|---|---|---|---|---|---|
| 株式 | ㈱中丸物産 | 9,000,000 / 20,000 | | 6,700,000 / 20,000 / H23.1.22 / 大手証券 | 450 | 9,000,000 | | / -2,300,000 | | |
| | ㈱ABC商事 | | 4,000,000 / 10,000 / H22.8.21 / 大手証券 | | 400 | | 4,000,000 / 10,000 | | 3,800,000 / 10,000 | / -200,000 |
| | CSTJ㈱ | 4,000,000 / 82,000 | 3,600,000 / 70,000 / H22.7.21 / 大手証券 | 7,520,000 / 142,000 / H22.8.13 / 大手証券 | 50 | 7,100,000 | 1,970,000 / 45,000 | 420,000 / | 1,970,000 / 45,000 | |
| | | | 1,470,000 / 35,000 / H22.9.2 / 大手証券 | | | | | | | |
| 公社債 | ㈱大手銀行 | 2,000,000 | | | | | 2,000,000 | | 2,000,000 | |
| 合計 | | 15,000,000 | 9,070,000 | 14,220,000 | | 16,100,000 | 7,970,000 | 420,000 / -2,300,000 | 7,770,000 | 0 / -200,000 |

期中に有価証券を売却した場合には、その都度、売却年月日、数量、売却先を記録していきます。売却金額は、売却単価×数量で計算した金額を記入し、売却手数料は、支払手数料として処理します。

**なし子** こうやって一覧表にすると分かりやすいですね。

あれ、どうしよう。今回期中に売却しているものがあるんですが、この売却損益はどうやって計算すればいいんでしょうか。期中に2回購入してしまっていて、それぞれ購入単価が違うんですよね。

### ③売却時の原価と損益の計算

**マーク中川** はい、では、売却損益の計算を確認していきましょう。有価証券を売却した場合には、売却した銘柄ごとに売却原価を算出しないといけないのですが、この際に売却した有価証券の1株当たり帳簿価額をどのように計算したらよいか問題になります。

払出し単価の算出方法には、会計上と税法上の2つの考え方がありますが、税法上の計算方法が分かっていれば問題はないので、ここでは、税法上の考え方をベースに説明していきます。

1株当たりの払出し単価の計算方法には、移動平均法と総平均法の2種類があり、売買目的有価証券、満期保有目的等有価証券、その他有価証券の区分ごとにかつ有価証券の種類ごとに選択をすることになっています。もし、会社が税務署長に算定方法の届出をしていない場合には、移動平均法で計算することになります。 ➡ **チェックリストA(10)②**

**1株当たりの払出し単価の計算方法**

| 移動平均法 | ① $\dfrac{\text{今回の取得直前の帳簿価額}+\text{今回の取得価額}}{\text{今回の取得直前の数量}+\text{今回の取得数量}} = \text{今回の取得後の1単位当たりの帳簿価額}$ <br> ②①×売却数量＝売却原価 |
|---|---|
| 総平均法 | ① $\dfrac{\text{前期末の帳簿価額}+\text{期中取得分の取得価額の総額}}{\text{前期末の数量}+\text{期中取得分の数量}} = \text{1単位当たりの帳簿価額}$ <br> ②①×売却数量＝売却原価 |

**なし子** 総平均法は、期中の全ての取引での平均単価を出すという考え方ですよね。そうなると事業年度が終了しないと総平均法での計算はできないということかしら？

**マーク中川** そのとおりです。移動平均法は、取引の都度計算をしていくから、常に単価を計算することになりますけれども、総平均法は期末にまとめてやることになってしまいますよね。

**なし子** はい、大体分かりました。

この方法で単価を出して、これに売却株数を掛ければ、売却原価が出る

訳ですね。例えば、期中に売却しているCSTJ(株)の売却原価は50円×142,000株で7,100,000円になります。そして、その銘柄の売却金額から売却原価を差し引くと売却損益になるということですね。

**マーク中川** そうですね。それでは、計算できた金額を一覧表に記入してみましょう。

### 有価証券一覧表（その他有価証券）

| 種類 | 銘柄 | 期首 | | 期中購入 | | | 期中売却 | | | 移動平均単価 | 売却原価 | 期末帳簿 | | 売却損益 | | 期末時価 | | 評価損益 | |
|---|---|---|---|---|---|---|---|---|---|---|---|---|---|---|---|---|---|---|---|
| | | 金額 | | 金額 | 月日 | | 金額 | 月日 | | | | 金額 | | 売却益 | 売却損 | 金額 | | 評価益 | 評価損 |
| | | 数量 | | 数量 | 購入先 | | 数量 | 売却先 | | | | 数量 | | | | 数量 | | | |
| 株式 | ㈱中丸物産 | 9,000,000 | | | | | 6,700,000 | H23.1.22 | | 450 | 9,000,000 | | | | -2,300,000 | | | | |
| | | 20,000 | | | | | 20,000 | 大手証券 | | | | | | | | | | | |
| | ㈱ABC商事 | | | 4,000,000 | H22.8.21 | | | | | 400 | | 4,000,000 | | | | 3,800,000 | | | -200,000 |
| | | | | 10,000 | 大手証券 | | | | | | | 10,000 | | | | 10,000 | | | |
| | CSTJ㈱ | 4,000,000 | | 3,600,000 | H22.7.21 | | 7,520,000 | H22.8.13 | | 50 | 7,100,000 | 1,970,000 | | 420,000 | | 1,970,000 | | | |
| | | 82,000 | | 70,000 | 大手証券 | | 142,000 | 大手証券 | | | | 45,000 | | | | 45,000 | | | |
| | | | | 1,470,000 | H22.9.2 | | | | | | | | | | | | | | |
| | | | | 35,000 | 大手証券 | | | | | | | | | | | | | | |
| 公社債 | ㈱大手銀行 | 2,000,000 | | | | | | | | | | 2,000,000 | | | | 2,000,000 | | | |
| 合計 | | 15,000,000 | | 9,070,000 | | | 14,220,000 | | | | 16,100,000 | 7,970,000 | | 420,000 | -2,300,000 | 7,770,000 | | 0 | -200,000 |

※CSTJ(株)の移動平均単価の算定方法
　$(4,000,000+3,600,000) \div (82,000+70,000) = 50$

※CSTJ株の期末金額の算定方法
　$4,000,000+3,600,000-7,100,000+1,470,000 = 1,970,000$

### ④有価証券の売却時の表示

**なし子** 有価証券の売却損益ですけど、これは財務諸表のどこに表示させればいいんでしょうか？

**マーク中川** 売却損益は、有価証券の売買を主たる事業としている場合以外は、営業外損益又は特別損益で表示します。

　なお、評価損益の表示については、保有目的区分ごとに下の表のようになっています。

### 会計基準における売却損益の表示区分

| 区分 | 表示 | 方法 |
|---|---|---|
| 売買目的有価証券 | 有価証券の売買を主たる事業としている場合は営業損益の構成項目 | 損と益は純額で表示 |
| | それ以外は営業外損益の構成項目 | 損と益は純額で表示 |

第1章 基本編 95

| 子会社株式及び関連会社株式 | 特別損益 | 損と益は総額で表示 |
| --- | --- | --- |
| 満期保有目的の債券 | 合理的な理由による売却は営業外損益 | 損と益は純額で表示 |
| | それ以外は特別損益 | 損と益は総額で表示 |
| その他有価証券 | 臨時的なものは特別損益 | 損と益は総額で表示 |
| | それ以外は営業外損益 | 損と益は純額で表示 |

[金融商品会計に関するQ&A 68]

**なし子** 保有目的区分ごとに表示方法も変わってくるんですね。

**マーク中川** 理屈ではややこしいのですが、有価証券一覧表をきちんと作ることで間違いにくくなります。しっかりと一覧表を作ってくださいね。

⑤有価証券の期末評価

**マーク中川** ここからは有価証券の期末評価になります。有価証券は、保有区分によって期末評価が変わってきます。詳しくは下の表を見てください。

**有価証券の期末評価**

| 会計上の区分 | 会計上の評価 | 税法上の区分 | 税法上の評価 |
| --- | --- | --- | --- |
| 売買目的有価証券 | 時価評価、評価差額は当期損益計上 | 売買目的有価証券 | 時価法 |
| 満期保有目的の債券 | 原価法<br>(ただし、取得価額と額面価額との差額は償却原価法) | 満期保有目的有価証券 | 原価法又は償却原価法 |
| 子会社株式及び関連会社株式 | 原価法 | 企業支配株式等 | 原価法 |
| その他有価証券 | 時価評価、ただし次の方法を選択適用<br>①全部純資産直入法<br>②部分純資産直入法<br>洗替法のみ | その他有価証券 | 原価法 |

〈用語の説明〉
時価法…期末時点での市場価額に基づく価額や合理的に算定された価額をもって、その有価証券の期末評価額とする方法。
原価法…有価証券の取得価額をもって期末評価額とする方法。
償却原価法…取得価額と額面価額との差額がある場合において、弁済期限又は償還期限に至るまで一定の方法で取得価額に加減算する方法。

(イ)売買目的有価証券の評価

**なし子** だいぶややこしい感じですね。

**マーク中川** まずは、売買目的有価証券から見ていきましょう。こちらは短期的な売買を目的として保有する有価証券なので、その趣旨に従って期末には時価で評価されます。

なし子　時価って具体的には何になるんでしょう？

マーク中川　上場している有価証券については、取引所の終値又は気配値ということになりますね。会計処理は次のようになります。

> 設　例
> 　利益獲得を目的とした売買目的有価証券であるA株式について、当期中に頻繁に売買を繰り返している。決算日時点での取引所終値に基づいて計算された期末時価は450,000円であった。なお、A株式の取得価額は550,000円である。
> 仕　訳
> （有価証券評価損）　100,000円　／　（有価証券）　100,000円

なし子　売買目的有価証券は、その期の損益はそのままP/Lに表示させればいいということですね。

(ロ) 満期保有目的の債券

マーク中川　次は、満期保有目的の債券（税法上は満期保有目的等有価証券）ですね。これは、満期まで所有する意図をもって保有することを目的としているところから、期末評価額は有価証券の取得価額をもって評価されます（原価法）。

　また、取得価額と額面価額との差額がある有価証券である場合には、弁済期限又は償還期限に至るまで一定の方法で取得価額に加減算する償却原価法で評価されます。

なし子　取得価額と額面価額との差額がある有価証券というのは、どんなものがあるのでしょうか？

マーク中川　例えば社債の割引発行ですね。割引発行とは、額面金額よりも安い金額で発行される形態をいいます。購入する人にメリットがあるように額面よりも安い金額で発行しているということですね。この場合には、会計処理は次のようになります。

> 設　例
> 　満期まで保有することを目的としてB社債を平成22年10月に9,500円で購入（5年償還）した。額面金額10,000円との差額は全て金利調整額である。なお、会計上も税務上も償却原価法の定額法を適用している。
> 　（10,000円－9,500円）×6ヶ月÷60ヶ月＝50円
> 仕　訳
> （投資有価証券）　50円　／　（有価証券利息）　50円

なし子　償却原価法は、利息の調整部分を有価証券の評価額に反映させると

いうことなんですね。

(ハ)子会社株式及び関連会社株式

**マーク中川** 今度は、子会社株式及び関連会社株式になります。この有価証券は、長期保有が前提となるため、期末評価は有価証券の取得価額により評価することとなっています（原価法）。

**なし子** 子会社は分かるんですが、関連会社株式というのはなんでしょう？

**マーク中川** 会計においては、連結財務諸表を作成するために、連結の範囲を決める必要性から子会社と関連会社それぞれの意義が規定されています。子会社や関連会社の範囲は次の表を見てみましょう。

**会計上の子会社及び関連会社株式（実質基準）**

| | |
|---|---|
| 子会社<br>（連結対象） | ① 他の会社等の議決権の50％超を所有していること |
| | ② 他の会社等の議決権の40％以上50％以下を所有し、かつ、出資、人事、資金、技術、取引などの関係を通じて、他の会社等を支配していること |
| | ③ 他の会社等の議決権の40％未満の所有であっても、親密な関係にあるなどの理由で同一の内容の議決権を行使する他者がおり、合わせて議決権の50％超を所有し、かつ他の会社等を支配していること |
| 関連会社<br>（持分法適用対象） | ① 他の会社等の議決権の20％以上を所有していること |
| | ② 他の会社等の議決権の15％以上20％未満を所有し、かつ、出資、人事、資金、技術、取引などの関係を通じて、他の会社等の財務及び営業又は事業の方針の決定に対して重要な影響を与えることができること |
| | ③ 他の会社等の議決権の15％未満の所有であっても、親密な関係にあるなどの理由で同一の内容の議決権を行使する他者がおり、合わせて議決権の20％以上を所有し、かつ他の会社等に重要な影響を与えていること |

（財規8④⑥）

(ニ)その他有価証券

**マーク中川** 最後にその他有価証券を確認しましょう。金一の決算に関係してくるところですから、よく聞いてくださいね。

**なし子** 「有価証券の期末評価の図」をみると、その他有価証券だけ、会計上と税法上の評価が違うんですね。

**マーク中川** よく気づきましたね。その他有価証券について、会計上は時価評価するのに対して、税法上は原価法での評価になります。少し難しい話になりますが、決算書においては、時価評価を行い、法人税申告書において原価法に修正するということになります。

**なし子** 難しいですね。でも今回は、法人税申告書はマークさんが作ってくれるから、私は会計上の考え方が分かっていればとりあえずいいですよね。

**マーク中川** そうですね。では、会計上の考え方の説明をしていきますね。その他有価証券は、売買目的有価証券と同様に時価評価しますが、売買目的有価証券と違って、原則としてP/L上で損益確定をしないことになっています。

**なし子** なんでそんな中途半端なことをするのですか？

**マーク中川** その他有価証券については、長期保有してしまう可能性もあるので、損益に反映させてしまうと、未実現の利益を表示してしまう可能性があるという理由からです。ただし、利害関係者にタイムリーな情報を提供する必要があるので、時価評価をしつつも評価益は確定させずに純資産の部で調整することにしています。具体的には次のどちらかの方法で処理することとなっています。

| 全部純資産直入法（原則法） | 評価差額の合計額を純資産の部に計上する。 |
|---|---|
| 部分純資産直入法（継続適用が要件） | 銘柄ごとに評価差益は純資産の部に計上し、評価差損は当期の損失として処理する。 |

※評価差額はすべて洗替方式になります。
※2通りの会計処理のうち、実務では全部純資産直入法が一般的です。
※評価差額を純資産の部に計上するときは、税効果会計を適用し評価差額金のうち税効果相当額を加味することとされています。詳しくは「第2章（3）税効果会計」を参照してください。

## 有価証券一覧表（その他有価証券）

| 種類 | 銘柄 | 期首 金額/数量 | 期中購入 金額/数量/月日/購入先 | 期中売却 金額/数量/月日/売却先 | 移動平均単価 | 売却原価 | 期末帳簿 金額/数量 | 売却損益 売却益/売却損 | 期末時価 金額/数量 | 評価損益 評価益/評価損 |
|---|---|---|---|---|---|---|---|---|---|---|
| 株式 | ㈱中丸物産 | 9,000,000 / 20,000 | | 6,700,000 / 20,000 / H23.1.22 / 大手証券 | 450 | 9,000,000 | | / −2,300,000 | | |
| | ㈱ABC商事 | | 4,000,000 / 10,000 / H22.8.21 / 大手証券 | | 400 | | 4,000,000 / 10,000 | | 3,800,000 / 10,000 | / −200,000 |
| | CSTJ㈱ | 4,000,000 / 82,000 | 3,600,000 / 70,000 / H22.7.21 / 大手証券 | 7,520,000 / 142,000 / H22.8.13 / 大手証券 | 50 | 7,100,000 | 1,970,000 / 45,000 | 420,000 / | 1,970,000 / 45,000 | |
| | | | 1,470,000 / 35,000 / H22.9.2 / 大手証券 | | | | | | | |
| 公社債 | ㈱大手銀行 | 2,000,000 | | | | | 2,000,000 | | 2,000,000 | |
| 証投債 | | | | | | | | | | |
| 合計 | | 15,000,000 | 9,070,000 | 14,220,000 | | 16,100,000 | 7,970,000 | 420,000 / −2,300,000 | 7,770,000 | 0 / −200,000 |

> **決算整理仕訳**
> 当社の保有している㈱ABC商事株式4,000,000円について決算日においての時価は3,800,000円であった。（保有区分はその他有価証券に該当する）

全部純資産直入法採用の場合
（金一ではこの方法を採用しています）

$\begin{pmatrix} 有 価 証 券 \\ 評 価 差 額 \end{pmatrix}$ 200,000円 ／ （投資有価証券） 200,000円

部分純資産直入法採用の場合

$\begin{pmatrix} 投資有価証券 \\ 評 価 損 \end{pmatrix}$ 200,000円 ／ （投資有価証券） 200,000円

※本来、税効果を加味しますが、ここでは税効果を考慮せずに説明しています。

## ⑥有価証券の著しい価値下落と評価損

**マーク中川** 今回の金一の決算にはないのですが、有価証券の減損について説明をしておきます。著しい時価の下落が発生した有価証券で、将来回復の見込みがない場合はどうしたらよいかという説明になります。

時価のあるなしにかかわらず、売買目的有価証券を除く全ての有価証券について、著しく価値が下落し、かつ、回復の見込みがないと認められるときは、時価をもって期末の評価額とすることになります。

### 有価証券の減損の要件（会計基準）
### 1．時価のある有価証券

時価のある有価証券の減損処理
　売買目的有価証券以外の時価のある有価証券については、時価が著しく下落した場合、回復する見込みがあると認められる場合を除き、時価をもって評価し、評価差額を当期の損失として処理しなければならないとされています。

著しい下落の判定と回復可能性の判断
　時価のある有価証券の著しい下落の判定と回復可能性の判断は以下のようになっています。

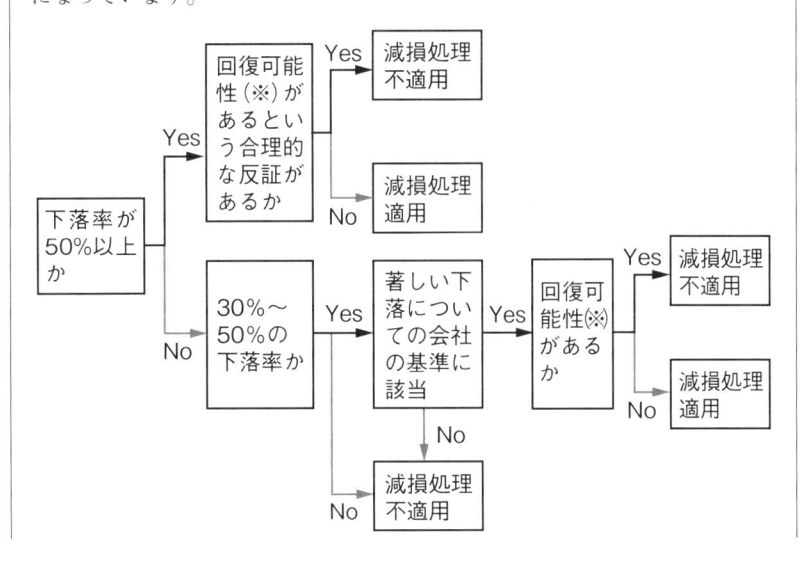

```
                                    ┌─Yes→ 減損処理不適用
                    ┌─Yes→ 回復可能性(※)が
                    │      あるという合理的
                    │      な反証があるか
                    │                └─No→ 減損処理適用
下落率が50%以上か
                    │                         ┌─Yes→ 減損処理不適用
                    │      30%～      著しい下   回復可能
                    └─No→ 50%の  ─Yes→ 落についての会社 ─Yes→ 能性(※)が
                           下落率か    の基準に      あるか
                                      該当           └─No→ 減損処理適用
                              │            │No
                              No           ↓
                              └──→ 減損処理不適用
```

> ※回復可能性の判断
> 　株式
> 　　時価が２年以上にわたり著しく下落した状態にある場合や、株式の発行会社が債務超過の状態にある場合又は２期連続で損失を計上しており、翌期もそのように予想される場合には、通常は回復すると認められないとしています。
> 　債券
> 　　単に一般市場金利の大幅な上昇によって時価が著しく下落したものであっても、いずれ時価の下落が解消すると見込まれるときは、回復する可能性があると認められるが、格付けの著しい低下があった場合や、債券の発行会社が債務超過や連続して赤字決算の状態にある場合など、信用リスクの増大に起因して時価が著しく下落した場合には、通常は回復する見込みがあるとは認められないとしています。
>
> **２．時価のない有価証券**
> 　時価のない有価証券のうち、株式については、当該株式の発行会社の財政状態の悪化により実質価額（１株当たりの純資産額）が著しく低下したときは、相当の減額をしなければならないとしています。
> 　また、市場価格のない株式の実質価額が「著しく下落したとき」とは、少なくとも株式の実質価額が取得価額に比べて50％程度以上低下した場合をいいます。
> 　なお、子会社や関連会社の場合には、財務諸表を実質ベースで作成したり、中長期の事業計画を入手することが可能であり、この結果回復可能性が十分な証拠によって裏付けられるのであれば、減損処理を行わないことも認められます。
>
> **３．時価のない債券**
> 　時価のない有価証券のうち、債券については、償却原価法を適用した上で、債券の貸倒見積高の算定方法に準じて信用リスクに応じた償還不能見積高を算定し、会計処理を行います。

**なし子**　売買目的有価証券が除かれるのはなぜかしら？

**マーク中川**　売買目的有価証券は、もともと時価評価することになっていますから、この規定に含める必要はないからなのですよ。

⑦有価証券の内訳書の作成

**なし子**　最後に有価証券一覧表とB/S残高の確認、それが終わったら内訳書の作成ですよね。　➡ **チェックリストA(10)③**

**マーク中川**　そのとおりです。有価証券一覧表と有価証券B/S残高の一致を確認するとともに、期中の増減について、処理された科目や金額の妥当性を確認してください。特に有価証券は、取扱いが細かく決まっているので、注意して見るようにしてくださいね。

## 有価証券一覧表（その他有価証券）

| 種類 | 銘柄 | 期首 金額 数量 | 期中購入 金額 数量 | 期中購入 月日 購入先 | 期中売却 金額 数量 | 期中売却 月日 売却先 | 移動平均単価 | 売却原価 | 期末帳簿 金額 数量 | 売却損益 売却益 | 売却損益 売却損 | 期末時価 金額 数量 | 評価損益 評価益 | 評価損益 評価損 |
|---|---|---|---|---|---|---|---|---|---|---|---|---|---|---|
| 株式 | ㈱中丸物産 | 9,000,000 20,000 | | | 6,700,000 20,000 | H23.1.22 大手証券 | 450 | 9,000,000 | | | −2,300,000 | | | |
| | ㈱ABC商事 | | 4,000,000 10,000 | H22.8.21 大手証券 | | | 400 | | 4,000,000 10,000 | | | 3,800,000 10,000 | | −200,000 |
| | CSTJ㈱ | 4,000,000 82,000 | 3,600,000 70,000 | H22.7.21 大手証券 | 7,520,000 142,000 | H22.8.13 大手証券 | 50 | 7,100,000 | 1,970,000 45,000 | 420,000 | | 1,970,000 45,000 | | |
| | | | 1,470,000 35,000 | H22.9.2 大手証券 | | | | | | | | | | |
| 公社債 | ㈱大手銀行 | 2,000,000 | | | | | | | 2,000,000 | | | 2,000,000 | | |
| 合計 | | 15,000,000 | 9,070,000 | | 14,220,000 | | | 16,100,000 | 7,970,000 | 420,000 | −2,300,000 | 7,770,000 | 0 | −200,000 |

## 有価証券の内訳書　1頁

| 区分・種類・銘柄 | 期末現在高 数量 | 期末現在高 金額 | 異動年月日 異動事由 | 期中増（減）の明細 数量 | 期中増（減）の明細 金額 | 売却(買入)先の名称(氏名) 売却(買入)先の所在地(住所) | 摘要 |
|---|---|---|---|---|---|---|---|
| その他 株式 ㈱中丸物産 | | | 23・1・22 売却 | △20,000,000 | △9,000,000 | 大手証券㈱ 千代田区…… | |
| その他 株式 ㈱ABC商事 | 10,000,000 | 3,800,000 | 22・8・21 買入 | 10,000,000 | 4,000,000 | 大手証券㈱ 千代田区…… | |
| その他 株式 CSTJ㈱ | 45,000,000 | 1,970,000 | 22・7・21 買入 | 70,000,000 | 3,600,000 | 大手証券㈱ 千代田区…… | |
| | | | 22・8・13 売却 | 142,000,000 | △7,100,000 | 大手証券㈱ 千代田区…… | |
| | | | 22・9・2 買入 | 35,000,000 | 1,470,000 | 大手証券㈱ 千代田区…… | |
| 満期 社債 ㈱大手銀行 | | 2,000,000 | ・・ | | | | |
| 合　計 | | 7,770,000 | | | △7,030,000 | | |

⑧決算チェックリスト

A 資産勘定

### (10) 有価証券

①保有目的ごとに正しく区分しているか確認したか。

②採用している評価方法について確認したか。

③有価証券一覧表とB/S残高との一致を確認したか。

# （16） 預り金・前受金

**マーク中川** この項目では預り金を見ていきます。預り金というのは、会社が一時的に預かっているものですね。よく出てくる預り金は従業員からの預りの社会保険料、源泉所得税、住民税などがあります。

　ここでの具体的な決算作業としては、内訳明細書を作成して、残高が異常なものや、前期からの滞留分について、その内容を確認します。
➡ チェックリストB(5)① その後、収益や他勘定に振り替えるべきものがあるかどうかの検討を行い、➡ チェックリストB(5)② 最後に内訳明細書と帳簿残高の金額の一致を確認します。➡ チェックリストB(5)③

**なし子** 作業の流れとしては、「(9) 未払金・未払費用」で行ったことと同じですね。私一人でもできそうな気がします。

**マーク中川** それは良かったです。では、ここではよく出てくる預り金や前受金について金額の動きと処理を中心に見ていきましょう。

①社会保険料の整理

**マーク中川** まず、社会保険料から確認していきましょう。

　預り金が発生する可能性があるものとして、狭義の社会保険料（健康保険料、厚生年金保険料、児童手当拠出金）、労働保険料があります。これらは、その区分に応じて、会社負担分と従業員個人負担分が決まっています。

| | 分類 | 科目 | 会社負担分 |
|---|---|---|---|
| （広義の）社会保険料 | （狭義の）社会保険料 | 健康保険料（介護保険料を含む） | 一定割合会社負担 |
| | | 厚生年金保険料 | |
| | | 児童手当拠出金 | 全額会社負担 |
| | 労働保険料 | 労災保険料 | |
| | | 雇用保険料 | 一定割合会社負担 |

　狭義の社会保険料の個人負担分は、前月分の保険料を当月分の給与から控除し、当月末に会社負担分と合わせて納付することになっています。通常の場合には、月末の預り残高は0になりますが、月末が土日祝祭日の場合には、保険料の納付が月初めになるために、預り金勘定が残ることとな

ります。

　また、労働保険料は、労災保険料と雇用保険料からなっており、毎年7月に納付することとなっています（概算保険料が一定の金額を上回った場合には「延納」といって保険料を3回に分けて分割納付することが可能です）。労働保険料については全額を、雇用保険料については給与の支払いの都度、従業員負担分として一定額を控除し、会社負担分と併せて納付することとなります。

**なし子**　そうなると社会保険料や労働保険料の個人預り分については、毎月預り金勘定の残高が発生するから、毎月残高が正しいかチェックしないといけないですね。

**マーク中川**　そのとおりです。よく分かっていますね。具体的には、給与台帳や社会保険関係書類で会計処理や金額について確認していくことになります。

　➡ **チェックリストC(4)①**　➡ **チェックリストC(5)①**

　ただ、社会保険料については、会社によっては給与から預かる都度、預り金勘定を使用せずに、法定福利費を減額する経理をして簡便的に処理しているケースもあります。そうなると社会保険料の預り金が出てこないことになります。ここは処理をする前に会社の経理が今までどのようにしているか確認をしないといけないところですね。

②源泉所得税の整理

**なし子**　源泉所得税については、どうなんでしょうか？

**マーク中川**　これについては、毎月、必ず預り金勘定の金額が発生することになりますね。給与や報酬については、支払いの都度、徴収した源泉税を預り金として経理処理を行います。源泉所得税は、原則として給与や報酬を支払った月の翌月10日までに納付することになっています。

**なし子**　そうなると、その月に預った源泉所得税＝月末の源泉所得税の預り金残高になるということですよね。

**マーク中川**　はい、払い忘れがない限り原則としてそうなりますね。ただし、給与の支給人員が常時10人未満である場合に、源泉所得税について納期の特例の適用を受けている場合には、1月～6月支払い分については7月10日まで、7月～12月までの支払い分については翌年1月10日まで（納期限の特例の適用がある場合には、1月20日まで）が納期限となります。そのため、この特例の場合には、預り金勘定に残る源泉所得税の金額は、1か月分ではなくなってきます。

**なし子**　では、小規模な会社では、納期の特例の適用を受けているか確認を

| | |
|---|---|
| | しないといけないということですね。でも、うちの会社は社員数が25人ですから、原則納付しかないですね。 |
| ③住民税の整理 | **なし子** 住民税については、どうなっているんでしょうか？<br>**マーク中川** 住民税の特別徴収額についても、源泉所得税と同様に原則として給与支払日の翌月10日納付ですね。ですので、源泉所得税と同様に月末時点では1か月分の住民税が預り金勘定には残ることになりますね。<br>**なし子** 住民税についても納期の特例はあるんでしょうか？<br>**マーク中川** はい、住民税についても給与の支給人員が常時10人未満である場合には、納期の特例があります。ただし、源泉所得税と違い、6月～11月分支払い分については12月10日、12月～5月支払い分については6月10日が納付期限になります。<br>**なし子** 納期の特例の適用がある場合には、1か月納付のタイミングがずれるということですね。<br>**マーク中川** 預り金には、従業員、役員、取引先から預かっているものになりますが、よく出てくるのはこんなところですね。<br>**なし子** でも、取引先から手付金をもらうことはよくあることですよね？これって預り金ではないんでしょうか。 |
| ④前受金の整理 | **マーク中川** 確かにそれも預っているものですね。でも、商品やサービスを提供する前に代金の一部を受け取っているものについては、商品の引渡しや、サービスの提供の段階で売上に振り替えることとなるので、区別して「前受金」として処理することになります。<br>**なし子** 預っているには違いないけれども、性格が違うから分けているということですね。<br>**マーク中川** そうですね。売上を認識するタイミングは、「（3）売上高・売掛金」で再度確認してみてください。売上が計上される前のタイミングで、取引先からお金をいただいている場合、その部分が前受金となります。 |
| ⑤仮受金等の内訳書の作成 | **なし子** あとは内訳書を作っていくだけですね。<br>**マーク中川** あれ？　なし子さん、仮受金の金額が結構残っていますが、内容は確認していますか？　➡ **チェックリストB(5)②**<br>**なし子** え？　忘れていました。<br>**マーク中川** 期中の経理処理の際に、不明なものはとりあえず仮受金に入れていますよね。仮受金は入金をされているけれども、内容が不明あるいは |

未確定なものを経理処理する勘定科目だから、決算時にはできる限り原因究明しないといけないですよ。とりあえず期中に仮受金に入れておいた取引が、調べたら預り金や売掛金の入金だったということは良くありますからね。

**なし子** そうでした。仮払金と同じで追求しないといけないですね。頑張って調べてみます。

⑥決算チェックリスト

B 負債勘定

（5） 預り金・仮受金・前受金・前受収益

①残高の増減に異常なものや前期からの滞留分の有無を改めて確認したか。
②仮受金の内容を精査し、適正な科目への振替えを行ったか。
③内訳書とB/S残高との一致を確認したか。

C 損益計算書項目

（4） 給与手当・法定福利費・厚生費

①給与台帳は正しく記載され、継続的に保管されているか。給与の源泉所得税の集計表はあるか。この集計表の源泉所得税額と源泉所得税納付書との一致を確認したか。

（5） 法定福利費

①社会保険料及び労働保険料の会社負担額が適正に計上されている事を社会保険関係書類等で確認したか。

# (17) 受取利息・受取配当金

①会計処理

**マーク中川** 次は、受取利息の処理について確認してみましょう。普通預金や定期預金などの利息がつく預金では、利息計上が適切にされているか確認をする必要がありますよ。まずは、下の図で会計処理と必要な集計表について見てみましょう。

受取利息の集計表

| 銀行名 | 種類 | 番号 | 日付 | 受取利息 | 源泉所得税 | 利子割額 | 入金額 |
|---|---|---|---|---|---|---|---|
| 大手銀行 | 普通 | 658423 | 2010.8.15 | 66,176 | 9,926 | 3,308 | 52,942 |
| 〃 | 〃 | 〃 | 2011.2.15 | 4,376 | 656 | 218 | 3,502 |
| 大手銀行 | 定期 | 658424 | 2010.8.15 | 55,862 | 8,379 | 2,793 | 44,690 |
| 〃 | 〃 | 〃 | 2011.2.15 | 42,853 | 6,427 | 2,142 | 34,284 |
| 新宿銀行 | 普通 | 233568 | 2010.7.27 | 112,352 | 16,852 | 5,617 | 89,883 |
| 〃 | 〃 | 〃 | 2011.1.28 | 31,352 | 4,702 | 1,567 | 25,083 |
| 合計 | | | | 312,971 | 46,942 | 15,645 | 250,384 |

P/L 受取利息金額と一致

```
期中取引仕訳例
 (普 通 預 金)      52,942 ←入金額        (受 取 利 息)  66,176
 (法人税、住民
  税及び事業税)      9,926 ←源泉所得税15%
 (法人税、住民
  税及び事業税)      3,308 ←利子割額 5 %
```

→ チェックリスト C(14)①

**なし子** (面倒くさいなあ……) これは作らなきゃいけないですか？

**マーク中川** そうですね。受取利息の集計表については作成したほうがいいですね。集計表を作成することで法人税申告書別表6(1) 地方税申告書第6号様式別表4の4の作成がスムーズになりますからね。とくになし子さんはそそっかしいから、自分の作業を後で確認する上でも役に立ちま

第1章 基本編 **107**

よ。ここについては、「(24) 法人税の計算」で出てくる税額控除が関連しているので、後で併せて確認してみてください。

　また、この受取利息で漏れやすいのは役員や関係会社など、会社関係者からの利息になりますので、発生の有無の確認を忘れないようにしてくださいね。→ **チェックリストC(14)②**

②受取配当金一覧表の作成

**なし子**　あれ、仮受金を確認していたら、配当金をもらっているものがありました。この処理はどうすればいいでしょうか？

**マーク中川**　そうなると入金額を仮受金としているということですよね。仕訳を修正しないといけないですね。

**なし子**　そうなんですね。通帳に記帳されている金額しか分からないんですけど。これは何の資料を見ればいいのかしら？

**マーク中川**　配当金を受け取っている場合には、「期末受取金計算書」が送られてきているはずなんですけどね。これで、正しい受取配当金、源泉所得税の金額を把握するようにしてください。→ **チェックリストC(14)①**

**なし子**　えっ!?　そうなんですか？　ということは、空廻部長がなくしちゃったのかしら？　ちょっと探してきますね。

**なし子**　やっぱり空廻部長の机の奥にありました。

**マーク中川**　しかたがないなあ、空廻部長は。でも見つかってよかったですね。

**なし子**　この資料はどうすればいいんでしょう。一覧表に転記すればいいのかしら？

---

**決算整理仕訳**

①仮受金のうち、24,000円が、㈱中丸物産配当金であることが決算で判明した。
（仮　受　金）　　　　　　　24,000　　／　（受取配当金）　　30,000
（法人税・住民税及び事業税）　6,000

②仮受金のうち、16,000円が、㈱中丸物産配当金であることが決算で判明した。
（仮　受　金）　　　　　　　16,000　　／　（受取配当金）　　20,000
（法人税・住民税及び事業税）　4,000

③仮受金のうち、80,000円が、㈱ABC商事配当金であることが決算で判明した。
（仮　受　金）　　　　　　　80,000　　／　（受取配当金）　　100,000
（法人税・住民税及び事業税）　20,000

**配当金の源泉徴収税率**

| 株式等の種類 | 国税（源泉所得税） |
|---|---|
| 上場株式、公募証券投資信託、特定投資法人等<br>（発行済株式総数等の5％以上を有する場合を除く） | 7％ |
| 上記以外の株式等 | 20％ |

（注）法人が受ける配当には、配当割（都道府県民税）は徴収されません。

**受取配当金集計表**

| 区分 | | 銘柄 | 本店所在地 | 保有割合 | 基準日 | 月 | 所有株式数 | | | 配当金額 | 源泉徴収税額 | 差引手取額 | 配当決議日 |
|---|---|---|---|---|---|---|---|---|---|---|---|---|---|
| | | | | | | | 前・基準日 | 増減 | 基準日 | | | | |
| 当しない株式等に該 | 連結法人株式等及び関係法人株式等 | (株)中丸物産 | 東京都千代田区×× | | H22.3.31 | 6 | 20,000 | 0 | 20,000 | 30,000 | 6,000 | 24,000 | H22.6.25 |
| | | 〃 | 〃 | | H22.9.30 | 6 | 20,000 | 0 | 20,000 | 20,000 | 4,000 | 16,000 | H22.11.25 |
| | | (株)ABC商事 | 東京都千代田区×× | | H22.9.30 | 6 | 0 | 10,000 | 10,000 | 100,000 | 20,000 | 80,000 | H22.11.25 |
| | 計 | | | | | | | | | 150,000 | 30,000 | 120,000 | |
| 関係法人株式等 | | | | | | | | | | | | | |
| | | | | | | | | | | | | | |
| | | | | | | | | | | | | | |
| | 計 | | | | | | | | | | | | |
| 連結法人株式等 | | | | | | | | | | | | | |
| | | | | | | | | | | | | | |
| | | | | | | | | | | | | | |
| | 計 | | | | | | | | | | | | |
| 合計 | | | | | | | | | | | | | |

**マーク中川** よく分かってきましたね。それでは、資料を基にして仮受金勘定を修正するとともに、受取配当金一覧表を作ってみましょう。

**なし子** けっこう面倒ですね。仕訳の起票だけだったら、こんな表を作る必要はないんじゃないですか？

**マーク中川** やっぱり気づきましたか。決算のためだけであれば、配当金額、源泉徴収税額、差引手取額だけで十分なのですが、その他の情報は、法人税申告書を作るときに必要になるのですよ。

**なし子** ちゃんと意味があるんですね。

**マーク中川** はい、自分で作成するにしても、税理士に依頼するにしても資料としては必要になりますから、正確に作成してくださいね。ちなみに法人税申告書では、控除所得税額、受取配当等の益金不算入の資料として必要になります。

**なし子** そうなんですね。表の書き方で分からないところがあるんですが、

教えてもらえますか？「配当基準日」「月数」というのは、どうやって調べればいいんでしょうか？

**マーク中川** 月数というのは前回の配当基準日の翌日から今回の基準日までの月数を書いてください。「配当基準日」というのは、配当を受けるために株主となっていなければいけない日のことをいいます。上場企業の株式の場合には、会社四季報を調べると書いてありますよ。これで作成は進みそうですか？

**なし子** はい、なんとか大丈夫そうです。

**マーク中川** 受取配当金の一覧表が作成できたら、有価証券の項目で作成した有価証券一覧表と照らし合わせてみましょう。これで配当金の計上が漏れることがなくなります。➡ チェックリストC(14)③

③決算チェックリスト

C 損益計算書項目

(14) 受取利息・受取配当金

①源泉所得税・利子割の処理は適正か確認したか。

②役員、関係会社からの利息が計上漏れしていないか確認したか。

③受取配当金について、有価証券一覧表と照合したか。

# (18) 租税公課

①会計処理

**なし子** これから見ていく租税公課って要するに税金のことですよね。

**マーク中川** そうですね。税金のことです。この項目では、租税公課の会計上の処理の確認について見ていきますね。ここはそんなに難しいところではないですよ。

**なし子** 良かった。

**マーク中川** じゃ、まずは会計処理のほうを見てみましょう。

---

租税公課の会計処理方法 ➡ チェックリスト C(11)①

**会計処理**
(1) 法人税・道府県民税・市町村民税・事業税
①決算時に未払計上する。
　(法人税・住民税及び事業税) ×× ／ (未払法人税等) ××
②確定申告の納税をする。
　(未払法人税等) ×× ／ (預　　金) ××
③中間分の納税をする。
　(法人税・住民税及び事業税) ×× ／ (預　　金) ××
(2) 源泉所得税・利子割額
受取利息が入金される。
　(預　　金) ×× ／ (受取利息) ××
　(法人税・住民税及び事業税) 源泉所得税額　××
　(法人税・住民税及び事業税) 利子割額　××

(3) 延滞税や加算金を納税する
　(租　税　公　課) ×× ／ (預　　金) ××

(4) 固定資産税を支払通知書に基づいて納付した。
　(租　税　公　課) ×× ／ (預　　金) ××
※固定資産税は賦課決定の通知があった時に未払計上することも可能です。

---

**なし子** 確かにこれだけだったら、そんなに難しくないですね。ポイントは、

| | |
|---|---|
| | いつの時点で会計処理をするかということですかね。 |
| ②決算チェックリスト | C 損益計算書項目 |
| | (11) 租税公課 |
| | ①税金の経理処理方法が適正か確認したか。 |

## (19) 交際費

**①交際費と損金算入限度額**

**なし子** 交際費はうちの会社結構多いんですよね。ちょっと問題だと思っているんですよ。使っているのは特定の人たちばかりだし……。

**マーク中川** なし子さんは、社長思いで優しいですね。まずは、交際費について説明しようと思いますが、交際費の話をしたら、今度はなし子さんが社長に厳しいことを言いそうで怖いなあ。

**なし子** どうしてですか？ うちは、交際費を年間700万円位の予算を組んで、だいたい予算と同額の交際費が決算書で計上されていると思いましたけど。

**マーク中川** 交際費については、法人税の計算で関係してくるのですよ。そのため、交際費の額を後で把握しやすいように決算の時点で整理しておく必要があります。

　まず、税務でどんなものが交際費になるのか、知らないといけないですね。交際費とは、接待、慰安、贈答などで支出されたもので、相手からの見返りを期待したものが該当します。

**なし子** 飲み屋さんにお客さんを連れて行ったり、お歳暮・お中元を贈ったりしていることが交際費ってことですか？

**マーク中川** そうですね。大まかに言うとそんなところです。実際には、交際費については、法人税法において細かく決められています。交際費と似ている費用として、広告宣伝費、福利厚生費、寄付金があります。実際、仕事を進めるにあたって間違えないようにしっかり区分する必要があります。

　そもそも何で交際費になるかならないかの判別が必要になるかというと、税務上は、交際費が損金にならないからです。資本金の金額によっては、一部損金算入できる金額が発生するケースもあります。それと注意しないといけないのは、会計の勘定科目が交際費であるかどうかにかかわらず、税務上交際費に該当するものは、交際費として損金不算入になるということです。実際の決算作業を進めるに当たっては、交際費以外の勘定科目の内容について、実態として交際費に該当するものがないか確認することになります。➡ **チェックリストC(12)①**

> 交際費等の損金不算入額＝支出交際費等の額－下記の表による損金算入限度額
> （平成21年４月１日以後に終了する事業年度）
>
> | 資本金 | 損金算入限度額 |
> |---|---|
> | １億円以下<br>※資本金が５億円以上の法人等の間に完全支配関係がある法人を除きます。詳しくは「(24)法人税の計算」の「コラム　グループ法人税制」を参照ください。 | 600万円まで90％ |
> | １億円超 | 全額損金不算入 |
>
> 〈(株)金一の場合〉資本金は9,000万円
> 交際費の額　　6,392,261円
> 6,392,261円－6,000,000円×90％＝992,261円
> 992,261円が損金不算入額になります。

**なし子**　資本金が１億円超になってしまうと、交際費が全額損金不算入になっちゃうんですか!?　資本金が１億円以下でも600万円までならその10％、600万円を超えたら超えた分の全額と600万円×10％の60万円を加えた金額の所得金額が増えてしまうということですよね。交際費が多いと大変ですね。

**マーク中川**　会社が支出する交際費は、事業活動に必要なものなので、原則的には、損金性があると考えられますが、ムダを減らして、自己資本の充実をはかるといういわば政策的な見地から、交際費については、損金算入の限度額が設けられているんです。

**なし子**　マークさんが言っていた意味が分かりました。金田社長に言って、今度から交際費をもう少し減らせないか言わなくっちゃ！　うちは資本金が9,000万円だからせめて交際費の金額を600万円にして、損金不算入の金額を60万円位に抑えないといけないですね。ちょっと出かけてきます。

**マーク中川**　どこに行くの？（まさか……）

　　社長のデスクに向かっていくなし子であった。よく見ると空廻部長がなにやら金田社長と話をしている。

**金田社長**　空廻部長、困るんですよ。勝手に交際費を使われると。うちでは、交際費は全て事前に社長決裁が必要だって何度も言っているじゃないですか。後から持ってきて承認なんて認められませんよ。

空廻部長　社長がお忙しそうだったから、後でも良いかと思いまして。

金田社長　空廻部長はいつも言い訳ばかりですね。そんなことじゃ、経理部に対して示しがつかないですよ。だいたい誰を接待したんですか？

空廻部長　あ、いや、うっ……。

金田社長　とにかく、ルールは遵守してください。うちの行動規範にも書いてるでしょ。「ルールを熟知し、遵守する人」って！　あれ、なし子さん、どうしたんですか？

なし子　社長に相談があって来たんですが、少しお時間いただけますか？

金田社長　いいですよ。何の件でしょうか？

なし子　今、マークさんに教えてもらったんですけど、交際費を使いすぎるとその分税金がかかるので、予算をもう少し下げて600万円位にできないかなって思いまして。

金田社長　なるほど、良く会社のことを考えてくれていますね。実は、私も最近は交際費の申請は厳しくチェックしているし、自分でも使う場合は、よく検討した上で使っているつもりです。

なし子　ええ、今の空廻部長とのやりとりを見て、よく分かりました。厳しくチェックされていることも。（笑）

空廻部長　社長、この交際費は払っていただけるのでしょうか？

金田社長　バカもーん！　なし子さんがこんなに会社のことを考えていてくれているのに恥ずかしくないのか。しかも自分で飲み食いした分も含まれているじゃないか！　全額自己負担、以上！

なし子　すみません、私が余計なことを言ったばかりに。

足早にその場を去るなし子であった。

②交際費と周辺費用との整理

マーク中川　そうなんですね。相変わらずだね、空廻部長は。

なし子　それにしても、交際費が損金にならないなんて厳しいですね。年末にカレンダーをお客さんに配っていますが、あれってそれなりの金額ですよね。

マーク中川　接待、慰安、贈答にあたるものでも、次の項目は交際費にならないことになっています。ですからカレンダーは交際費に該当しないのです。

マーク中川　参考までに交際費と混同しやすい類似の費用について、交際費になるかどうかの判定表を作りましたので、伝票起票するときに使ってください。特に得意先への接待供応において1人当たりの金額が5,000円以

## 交際費等から除かれる費用

**福利厚生費**
専ら従業員の慰安のために行われる運動会、演芸会、旅行等のために通常要する費用（措法61の4③一）

**飲食費**
飲食その他これに類する行為のために要する費用で参加者1人当たり5,000円以下の費用（措法61の4③二、措令37の5①）（注1～5）

**少額広告宣伝費**
カレンダー、手帳、扇子、うちわ、手ぬぐいその他これに類する物品を贈与するために通常要する費用（措法61の4③三、措令37の5②一）

**会議費**
会議に関して、茶菓、弁当その他これに類する飲食物を供するために通常要する費用（措法61の4③三、措令37の5②二）

**取材費**
新聞、雑誌等の出版物又は放送番組を編集するために行われる座談会その他記事の収集のために、又は放送のための取材に要する費用（措法61の4③三、措令37の5②三）

**上記以外** 主として次に掲げるような性質を有するもの（措通61の4（1）－1）
○寄附金　○値引き、割戻し　○広告宣伝費　○福利厚生費　○給与等

## 交際費判定チャート

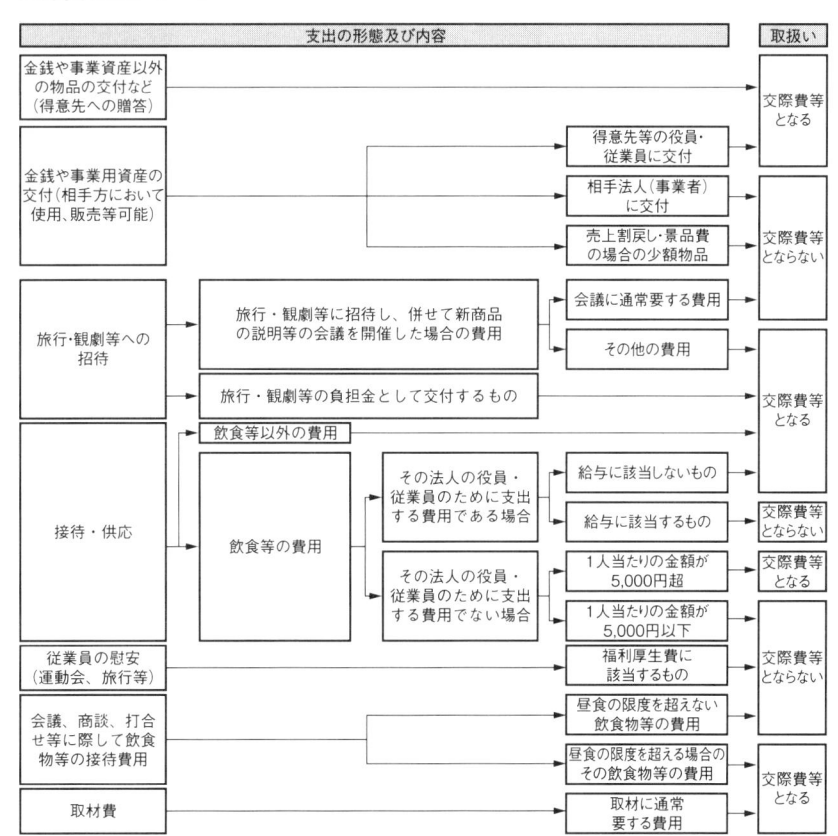

| 支出の形態及び内容 | | | 取扱い |
|---|---|---|---|
| 金銭や事業資産以外の物品の交付など（得意先への贈答） | | | 交際費等となる |
| 金銭や事業用資産の交付（相手方において使用、販売等可能） | | 得意先等の役員・従業員に交付 | 交際費等となる |
| | | 相手法人（事業者）に交付 | 交際費等とならない |
| | | 売上割戻し・景品費の場合の少額物品 | 交際費等とならない |
| 旅行・観劇等への招待 | 旅行・観劇等に招待し、併せて新商品の説明等の会議を開催した場合の費用 | 会議に通常要する費用 | 交際費等とならない |
| | | その他の費用 | 交際費等となる |
| | 旅行・観劇等の負担金として交付するもの | | 交際費等となる |
| 接待・供応 | 飲食等以外の費用 | その法人の役員・従業員のために支出する費用である場合 | 給与に該当しないもの：交際費等とならない |
| | | | 給与に該当するもの：交際費等とならない |
| | 飲食等の費用 | その法人の役員・従業員のために支出する費用でない場合 | 1人当たりの金額が5,000円超：交際費等となる |
| | | | 1人当たりの金額が5,000円以下：交際費等とならない |
| 従業員の慰安（運動会、旅行等） | | 福利厚生費に該当するもの | 交際費等とならない |
| 会議、商談、打合せ等に際して飲食物等の接待費用 | | 昼食の限度を超えない飲食物等の費用 | 交際費等とならない |
| | | 昼食の限度を超える場合のその飲食物等の費用 | 交際費等となる |
| 取材費 | | 取材に通常要する費用 | 交際費等とならない |

下の少額飲食費についてはよくチェックする必要があります。しっかり確認してくださいね。➡ **チェックリストC(12)②**

**なし子** ありがとうございます。それからマークさん、ちょっと質問なんですが。この空廻部長の交際費の精算なんですが、自分で飲み食いした分も含まれているみたいなんですよね。これって交際費に入れられるんでしょうか。

**マーク中川** それは困ったものだね……。交際費というのは業務上の使用が前提なので、そういった業務外の使用は交際費にもそもそも入らないのです。➡ **チェックリストC(12)③** それは、空廻部長の自己負担にするしかないねえ。金田社長にうまく言ってもらうしかないかな……。再度、交際費について業務外の支払いがないか確認もしておいてください。

**なし子** えーん（涙）。私が金田社長に報告するんですか……。嫌な役ですね。

③決算チェックリスト

| C 損益計算書項目 |

**(12) 交際費**

①他科目交際費について検討したか（福利厚生費、広告宣伝費、会費、販売促進費、ゴルフ会員権の年会費、売上割戻し、控除対象外消費税等）。

②少額飲食費（5,000円基準）について確認したか。

③業務外支出の有無を確認したか。

交際費は損金算入も考えてなるべく少ないと助かるな!

# (20) 寄附金

①寄附金とは

**マーク中川** 次は、寄附金について確認しましょう。寄附金についても、法人税の計算において関係してくる内容なので、寄附金の額は後で把握しやすいように決算の時点で整理しておく必要があります。寄附金のうち、一部は損金不算入になることがあります。

**なし子** 寄附金も会計処理では、通常費用になっていますよね？ どうして寄附金が損金算入できないんですか？

**マーク中川** 寄附金のすべてを税金計算上の費用として扱ってしまうと、その分だけ法人税額が減少して、結果的に国が企業の支払う寄附金を肩代わりすることになってしまいますよね。それに、寄附金は事業との関連性が低いので公益性が高い寄附金を除いては、一定限度しか損金にすることは認められていないのです。

**なし子** なるほど。そもそも税務で寄附金ってどのようなものが該当するんですか？

**マーク中川** 会社が金銭や財産または経済的利益を無償で供与した場合に寄附金が発生します。寄附金かどうかを判断する際は次の3つがポイントとなってきます。

> 寄附金の判定ポイント
> ①経理上の名義は関係ない
> ②反対の給付を伴わない
> ③事業活動に直接関係がない

**なし子** 経済的利益を無償で贈与したりってことは、お金やものをただであげる以外にも、貸し付けする際に金利を安くしてあげたり、本来の時価よりも安く売ってあげたりすることも寄附金になるってことですか？

**マーク中川** そうです。ですから、時価と乖離していないかどうかというのは、非常に重要なことで、寄附金になる金額は次のようになります。

> **寄附金の金額**
> お金をあげる……お金の額
> ものをただであげる……ものの時価
> 金利を安くする……適正な金利の額－実際の金利の額
> ものを安く売る……ものの時価－実際の売却額

**なし子** なるほど、適当な金額で取引をしちゃうと後で寄附金って言われちゃうこともあるのですね。時価を考えることがポイントですね。

※法人による完全支配関係の法人間の寄附については、寄附側の法人において全額損金不算入、寄附を受ける側の法人において全額益金不算入となります。詳しくは「(24) 法人税の計算」の「コラム グループ法人税制」を参照ください。

## ②寄附金の区分と集計

**マーク中川** そうですね。次に寄附金の損金算入限度額の計算についてお話しします。まず、寄附金を5つに区分します。区分したそれぞれについて、損金算入限度額が異なってきます。国、地方公共団体に対する寄附金や、財務大臣が指定した寄附金は全額損金算入することができますが、国外にある資本関係が50％以上の外国法人等の国外関連者に対する寄附金は全額が損金不算入となります。それ以外の寄附金はそれぞれ限度額の計算があり、限度額を超えた額は損金不算入となります。

**なし子** きちんと支出した寄附金を区分して、考えておかないと損金算入できる金額が異なってしまうのね。

### 寄附金の区分と損金算入・不算入

| 区　　分 | 取　扱　い |
|---|---|
| ①国又は地方公共団体に対する寄附金 | 全額損金算入となる |
| ②財務大臣の指定した寄附金 | |
| ③一般の寄附金のみの場合 | 支出寄附金の額－損金算入限度額＝損金不算入額<br>（④の寄附金が含まれていない場合） |
| ④一般の寄附金と特定公益増進法人、認定特定非営利活動法人に対する寄附金とがある場合 | 支出寄附金の額－（損金算入限度額＋A）＝損金不算入額<br>① 特定公益増進法人に対する寄附金の特別損金算入限度額<br>② 特定公益増進法人、認定特定非営利活動法人に対する寄附金の額<br>｝いずれか少ない金額＝A |
| ⑤国外関連者に対する寄附金 | 全額損金不算入となる |

**マーク中川** では、実際に作業を進めてみましょうか。区分ごとに寄附金の集計作業をしてから計算をしてみましょう。実際の作業においては、国等に対するものや財務大臣が指定した寄附金、特定公益増進法人に対する寄附金については証明書が発行されますので、それを見て区分すれば大丈夫ですよ。 ➡ **チェックリストC(8)①**

**なし子** なるほど、資料を見てやればいいんですね。

**マーク中川** それから、寄附金の処理に当たって大切なのは、支払内容に問題があるものがないか、内容を確認するということですね。

➡ **チェックリストC(8)②**

社長個人の負担とするべきものを支払っている場合など、そもそも会社が支払うべきものでないものが混入している可能性があります。

> **期中取引仕訳**
> 新宿西口町内会に夏祭り協力金として寄附金を100,000円支出した。
> （寄　附　金）　100,000　／　（普　通　預　金）　100,000

**寄附金の集計表**

| 支出日 | 寄附先名 | 所在地 | 告示番号 | 寄附金使途 | 金額 | 区分 |
|---|---|---|---|---|---|---|
| H 22.5.2 | 学校法人山田学園 | 東京都千代田区×× | 平20財告×号 | 校舎建設 | 100,000 | 指定 |
| H 22.8.5 | 新宿西口町内会 | 東京都新宿区×× |  | 夏祭り協力金 | 100,000 | その他 |
| H22.12.21 | 新宿神社 | 東京都新宿区×× |  | 一般寄附 | 10,000 | その他 |
| H 23.1.22 | （株）新堀出版 | 東京都新宿区×× |  | 経営支援 | 700,000 | その他 |
| 合計 |  |  |  |  | 910,000 |  |

③決算チェックリスト　　**C 損益計算書項目**

**（8）寄附金**

①「指定」、「特定公益増進法人」の証明等に基づいて寄附金の区分を行ったか。

②支払理由に問題のあるものはないか確認したか。

# (21) 給与・社会保険料

①会計処理の確認

**マーク中川** では、給与・社会保険料を見ていきましょう。

**なし子** ここはそんなに難しくなさそうですね。

**マーク中川** はい、ここでの具体的な作業としては、給与台帳と社会保険関係書類を基にして数値の確認作業をするということですね。

➡ チェックリストC(4)①、 ➡ チェックリストC(5)①

この部分は、「(16) 預り金」で説明をしているのであわせて確認してみてください。

**給与支給一覧表**

**株式会社金一　3月分**

| | 合　計 | | |
|---|---|---|---|
| 基本給 | 7,007,040 | ① | → 毎月、P/L給与に計上 |
| 職務手当 | 650,000 | | → 毎月、P/L役員報酬に計上 |
| 残業手当 | 568,200 | | |
| 通勤手当 | 269,050 | ② | → 毎月、P/L旅費交通費に計上 |
| 健康保険料 | 322,514 | ③ | → 毎月、B/S預り金に計上 納付のタイミングで残高は0 |
| 厚生年金保険 | 469,128 | | |
| 雇用保険料 | 45,102 | ④ | → 毎月、B/S預り金に計上 納付のタイミングで残高は0 |
| 所得税 | 550,900 | ⑤ | → 毎月、B/S預り金に計上 納付のタイミングで残高は0 |
| 住民税 | 350,200 | ⑥ | → 毎月、B/S預り金に計上 納付のタイミングで残高は0 |
| 総支給金額 | 8,494,290 | ①〜②の合計 | |
| 控除合計額 | 1,737,844 | ③〜⑥の合計 | |
| 差引支給額 | 6,756,446 | | |

**なし子** ここは資料がきちんと作成して、関連する書類の数値の一致を確認できれば問題なさそうですね。

**マーク中川** そうですね。給与であれば、毎月P/Lに計上されていることが大切になりますし、厚生年金、健康保険については、給与の支払時に1か月分の預り金が発生し、納付のタイミングでB/S残高はゼロになるはずです。

②役員報酬

**マーク中川** ただ、役員報酬については、気をつけて確認して欲しいですね。

**なし子** 役員に支払う給与は、従業員に支払う給与と何か違うのですか？給与手当になるのか、役員報酬になるのか、科目の差だけではないんですか？

**マーク中川** 役員報酬は、通常は毎月同額になるはずなのです。毎月変動している場合には、会計ソフトへのデータ入力が誤っている可能性が高いです。

**なし子** え!?　そうなんですか。なぜですか？　役員の方への給料は、従業員に対する給与と違いがあるんでしょうか？　同じ給与なのに違いがあるのかしら？

**マーク中川** はい。決算書を作る上では関係ないことなのですが、経理担当者としては知っていなければいけないことだし、役員報酬の取扱いについて概略を説明しておきますね。

　役員に対する報酬は、委任契約に基づくものなので、会社が勝手に支給する訳にはいかず、株主総会で決めることが必要になります。まずは、役員報酬については、株主総会で決められた範囲内での支払いになっているか確認しましょう。➡ **チェックリストC(3)①**

**なし子** うーん？　契約の種類が違うということなんですね。難しいですね。

**マーク中川** それから役員の給与は、法人の利益調整の手段になりやすいということで、法人税法上、損金算入できる役員給与の範囲が限定されています。支給時期や支給額に対する恣意性が排除されるものであれば、損金

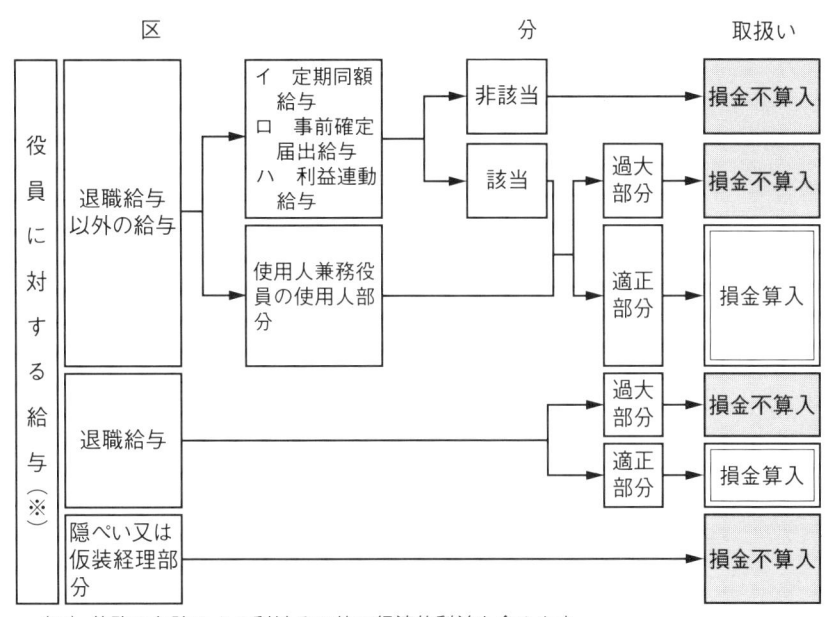

| 区 | | 分 | | 取扱い |
|---|---|---|---|---|
| 役員に対する給与(※) | 退職給与以外の給与 | イ　定期同額給与<br>ロ　事前確定届出給与<br>ハ　利益連動給与 | 非該当 | 損金不算入 |
| | | | 該当 → 過大部分 | 損金不算入 |
| | | 使用人兼務役員の使用人部分 | 適正部分 | 損金算入 |
| | 退職給与 | | 過大部分 | 損金不算入 |
| | | | 適正部分 | 損金算入 |
| | 隠ぺい又は仮装経理部分 | | | 損金不算入 |

（※）債務の免除による利益その他の経済的利益を含みます。

算入を認めるという趣旨に基づいた取扱いになっているんですよ。

**なし子** どんな形で決まっているんですか？

**マーク中川** 会社が役員に対して支給する給与のうち、（1）定期同額給与、（2）事前確定届出給与、（3）利益連動給与、（4）退職給与、使用人兼務役員の使用人分給与については、損金算入が可能になっています。ただし、（1）（2）（3）に該当しないものや、過大な部分、不正経理による給与は、損金不算入となります。判定フローチャートを見て確認をしてください。

**なし子** うーん。かなり細かい要件が決められているんですね。

**マーク中川** そうですね。結構細かく決められています。会社としては、当然役員に支払う給与は損金としたいので、先程の要件を満たすように処理を進めようとしています。

なし子さんに覚えておいて欲しいのは、さっきの要件の一つである定期同額給与ですね。事前確定届出給与は、事前に金額を決めて税務署に届出をする必要があるので使い勝手が悪く、また、利益連動給与は、上場会社しか適用できない等の事情があるため、ほとんどの会社は、役員報酬を定期同額にすることで損金算入としているのです。

具体的には、会計期間開始の日から3月を経過する日までに改訂されたもので、かつ、改訂後の各支給時期における支給額が同額であることを条件に損金算入を認めるとしています。➡ **チェックリストC(3)②** 具体的作業としては、役員報酬の毎月の推移でこの要件を確認することになります。

**なし子** 会計期間開始の日から3か月以内の改訂しか認めないのですか……。厳しいですね。でも業績が悪くなって今までの役員報酬を支払えなくなった場合にはどうするんですか？

**マーク中川** 一定の条件を満たしている場合は会計期間開始の日から3ヶ月以内でなくても、役員報酬の減額改訂ができることになっています。具体的には業績や財務状況の悪化について株主との関係上役員としての経営上の責任から役員給与の額を減額せざるを得ない場合や取引銀行との間で

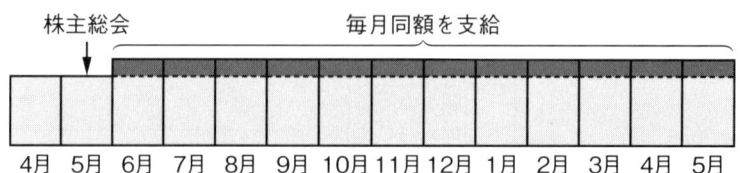

6月以降の給与を増額改訂することを5月の株主総会で決定

行われる借入金返済のリスケジュールの協議において役員給与の減額をせざるを得ない場合などが該当します。でも、会社の一時的な資金繰りの都合や業績目標値に達しなかったなどの理由では、ダメなのです。

**なし子** なるほど！ ということは、ほとんどの場合に、毎月支払われる役員報酬は一定ではないとおかしいということになる訳ですね。

**マーク中川** そうですね。中小企業では税務申告書提出の関係で、決算後2か月以内に定時株主総会を開催するケースがほとんどです。3月決算で2か月後の5月末日頃に定時株主総会を開催して、役員報酬を増額改訂したケースだとさっきの図のようになりますね。

**なし子** でも、一回決めたら次の株主総会まで変更できないなんて、余計なお世話って感じですよね。私は同じ金額であることを確認するだけなんでいいですけど。

③決算チェックリスト

C 損益計算書項目

**(3) 役員報酬**
①役員報酬は定款又は株主総会の決議により定められた報酬額の範囲内であることを議事録によって確認したか。
②定期同額給与の要件を満たしている事を確認したか。

**(4) 給与手当・法定福利費・厚生費**
①給与台帳は正しく記載され、継続的に保管されているか。給与の源泉所得税の集計表はあるか。この集計表の源泉所得税額と源泉所得税納付書との一致を確認したか。

**(5) 法定福利費**
①社会保険料及び労働保険料の会社負担額が適正に計上されている事を社会保険関係書類等で確認したか。

# （22）その他の損益計算書項目

①地代家賃

マーク中川　ここでは、今まで解説をしていなかった損益計算書の項目をまとめて見ていきますね。まずは地代家賃から説明します。地代家賃については、毎月同額で1年を通して毎月払うケースがほとんどなので、通常はそんなに難しいことはないと思います。

なし子　はい、何もなければ私でも大丈夫です。任せてください！

マーク中川　そうですよね。ちょっと難しいのは、新規契約や契約更新がある場合になります。ここで注意するのは、礼金、敷金、権利金、更新料など、契約時の名目を問わず、実態に応じて区分経理しなければいけないということになります。具体的には、建物を賃借するために支出した金額のうち、返還される部分は「敷金」として計上し、返還されない部分については「長期前払費用」として税法上の繰延資産として資産計上の上、償却を行うことになります。そのため、新規契約や契約更新時には、必ず契約書の内容を確認して処理を進めてください。　➡ **チェックリストC(7)①**

②消耗品費

なし子　消耗品費の注意点はなんですか？

マーク中川　はい、消耗品費については、固定資産に計上するべきものが混在することがあるので、金額が10万円を超えるものについては特に注意をして確認をするようにしてください。　➡ **チェックリストC(10)①**

なし子　他にはありますか。

マーク中川　消耗品費には、「（8）前渡金・前払費用・仮払金」で説明した短期前払費用に該当せずに資産計上するべきものが混入することが時々あります。例として、決算直前に事務所移転準備のために大量購入した文房具費用などがあげられます。こういった支出がある場合には、貯蔵品として資産計上する必要がありますが、計上金額が正しいかどうかしっかり確認を行ってください。　➡ **チェックリストC(10)②**

③その他のP/L科目

なし子　今まで解説で出てこなかったP/L科目について気をつけることはありますか。

マーク中川　そうですね。販売費及び一般管理費については、多額な支出や

異常な支出を抽出し、内容を確認するといいでしょう。
→ チェックリスト C(13)①

また、営業外収益項目についてですが、受取家賃など毎月発生するものについては、契約書等で正確な金額が計上できているか確認すると良いと思います。→ チェックリスト C(15)① それから、特別損益の項目については、臨時的なもののみが計上されることになるので、計上内容が適正か見るようにしてください。→ チェックリスト C(16)①

④決算チェックリスト

C 損益計算書項目

(7) 地代家賃
①地代家賃の新規契約、契約更新等があった場合、礼金、敷金、権利金、更新料等が区分経理されている事を確認したか。

(10) 消耗品費
①固定資産になるべきものの有無を確認したか。
②貯蔵品として扱うべきものについて、その計上額の正確性を確認したか。

(13) その他販売費・一般管理費
①特に多額又は異常な支出を改めて抽出し、その内容を吟味し、計上の妥当性を確認したか。

(15) その他の営業外収益
①受取家賃等、月単位で発生するものについて、その計上額の正確性を確認したか。

(16) 特別損益
①特別損益として扱うものの可否を確かめ、適正なもののみが計上されているか確認したか。

# (23) 消費税(原則課税)の計算

①消費税の考え方

**マーク中川** なし子さん、よくがんばっているね。P/Lの金額も固まったね。後は、税金の関係を確定できたら決算作業は完了ですよ。税金の計算だけど何の税金をまず計算したらよいか分かるかな?

**なし子** うーん、やっぱり、会社の税金だから法人税かしら?

**マーク中川** 法人税も計算しないといけないけれども、その前に消費税の計算を完了させなければいけないのですよ。なぜ、消費税の計算を先に行わなければならないかというと、消費税の計算の結果、P/Lの数値が変わることになって、その結果出てきた当期利益で法人税を計算しなければならないからなのです。

```
B/S、P/Lの確定    →    消費税計算         →    法人税計算
(税金を除く)          (消費税申告書作成)        (法人税申告書作成)
                     P/L、B/Sに反映            P/L、B/Sに反映
```

**なし子** なるほど、なんとなく分かったような気がします。でも、私、消費税は5%かかるってことくらいしか消費税の知識がないので、詳しく教えてください。

②消費税の仕組み

**マーク中川** 分かりました。それでは、まずは、消費税の仕組みについて考えてみよう。次の図を見てもらえますか?

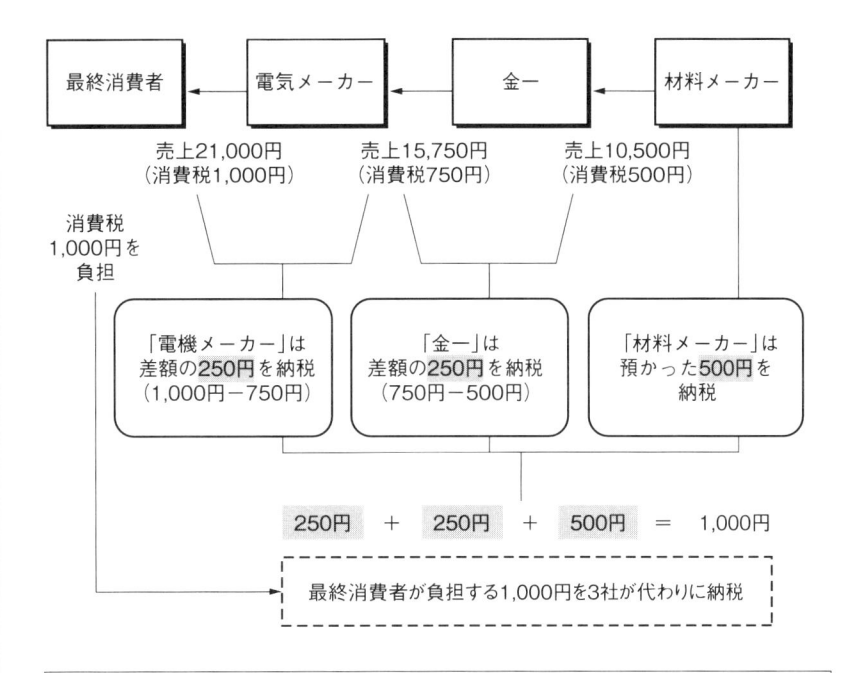

```
最終消費者 ← 電機メーカー ← 金一 ← 材料メーカー
         売上21,000円      売上15,750円    売上10,500円
         (消費税1,000円)   (消費税750円)   (消費税500円)
```

消費税1,000円を負担

「電機メーカー」は差額の250円を納税（1,000円－750円）

「金一」は差額の250円を納税（750円－500円）

「材料メーカー」は預かった500円を納税

250円 ＋ 250円 ＋ 500円 ＝ 1,000円

最終消費者が負担する1,000円を3社が代わりに納税

---

**コラム〔消費税の納税義務について〕**

　法人は、国内において行う課税資産の譲渡等（消費税が課税される物品売買やサービスの提供）について消費税を納める義務があります。

　しかしながら、その課税期間の基準期間（法人は原則として前々事業年度）における課税売上高が1,000万円以下の法人は、課税事業者となることを選択した場合を除き、原則として、その課税期間は消費税が免除されることとなっています。（事業者免税点制度）

　ただ、平成23年度税制改正では、次の期間中の課税売上高が1,000万円を超える法人については、事業者免税点制度を適用しないこととされる予定です。
○法人のその事業年度の前事業年度（7月以下のものを除く）開始の日から6月間の課税売上高
○法人がその事業年度の前事業年度が7月以下の場合で、その事業年度の前1年内に開始した前々事業年度があるときは、当該前々事業年度の開始の日から6月間の課税売上高（当該前々事業年度が5月以下の場合には、当該前々事業年度の課税売上高）
※課税売上高の金額に代えて所得税法に規定する給与等の支払額の金額を用いることができます。

---

　「金一」は、材料メーカーから部品を10,500円（税込み・うち消費税500円）で仕入れて、それを加工して、大手電機会社に15,750円（税込み・うち消費税750円）で卸していますよ。この取引しかなかったとした場合、「金一」は、材料メーカーに支払った消費税500円や大手電気会社からもらった消費税750円をどうすると思う？

**なし子** もらった750円と払った500円を相殺して250円をどこかに払わないといけないような気がしますが……。

**マーク中川** 非常によい勘ですね、なし子さん！ そのとおりなんですよ。消費税というのは、そもそも消費者の支払った消費税を会社が預かって、消費者に代わって納税する仕組みになっているのです。図では、最終消費者が1,000円の消費税を支払っているけど、その消費税をそれぞれの会社が、もらった消費税と支払った消費税を相殺して、税務署に納税するのです。このケースでは、大手電機会社は1,000円から750円を差し引いた250円を、「金一」は750円から500円を差し引いた250円を、そして材料メーカーは預かった500円をそれぞれ納税するので、納税の合計が1,000円になるのが分かりますか？

**なし子** つまり、消費者が負担する1,000円の消費税をそれぞれの会社が代わりに納税してくれているのね。

**マーク中川** そのとおりです。説明を簡単にするために5％の消費税と一言で言ってきましたけど、実際は4％分の国税と1％分の地方税に分かれていて、それぞれ消費税、地方消費税というのが正式な名称です。ただ、納税者の手間を考えて、国と地方に別々に申告や納税をするのではなくて、まとめて国、具体的には税務署に申告と納税をする仕組みになっているのです。

**なし子** 申告や納税はいつするんですか？

**マーク中川** 事業年度終了の日から2か月以内にするのです。後で法人税のところで教えますが、法人税では申告書の延長という制度があって、この制度を適用すると事業年度終了の日から3か月以内に提出すればよいけれど、消費税にはそのような制度はないから気をつけないといけないですよ。

**なし子** 決算が終わったら月末にお休みでも取ろうと思っていましたけど、申告と納税を忘れずに済ませてからでないといけないですね。

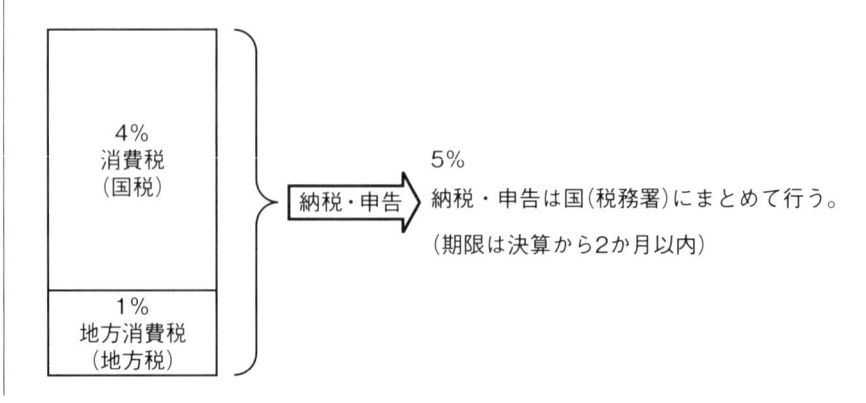

| 4％<br>消費税<br>（国税） |
|---|
| 1％<br>地方消費税<br>（地方税） |

→ 納税・申告

5％
納税・申告は国（税務署）にまとめて行う。
（期限は決算から2か月以内）

**マーク中川** なし子さんは、かなりやる気と責任感が出てきましたね。でも、決算締めの月末にお休みを取る気だったなんてまだまだかもね。

**なし子** 確かにそういわれてみると決算月の2か月後の月末って重要なイベントがあるんですね。お休みをどうするか彼と相談してみます。

**マーク中川** なし子さんって彼氏いたんだ!? そういう話題って踏み込んで聞くと、最近はセクハラとかで問題になっちゃうせいか聞いてなかったなあ。

**なし子** 空廻部長に紹介してもらった方なんです。やる気が出ているのもそのせいかもしれませんね。

**マーク中川** ……（私の教え方がうまいからじゃなくて、彼氏がいるからかぁ……）

**なし子** どうかしましたか？

**マーク中川** いやぁ、それはよかった。さぁ、次は消費税の仕組みをもう少し詳しく見ていきましょうか。消費税は、消費税がかかる取引とかからない取引に分かれます。次のフローチャートを見てもらいたいのですけど、消費税がかかる取引は、「①国内において、②事業者（会社）が事業として、③対価（金銭等）を得て行う、④資産の譲渡・役務の提供（商品の販売やサービスの提供）」という4つの全ての要件を満たした取引のことをいいます。

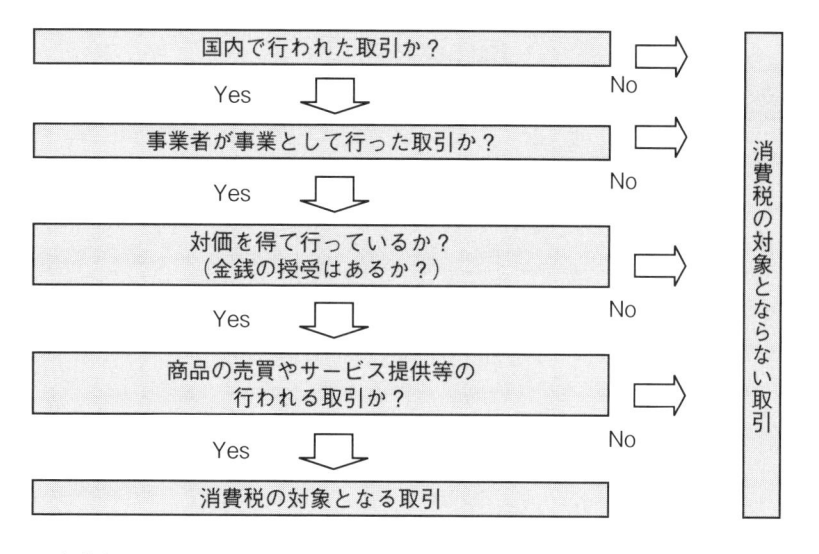

```
       国内で行われた取引か？  ──No──┐
            ↓Yes                    │
    事業者が事業として行った取引か？ ──No──┤
            ↓Yes                    │   消
        対価を得て行っているか？            費
       （金銭の授受はあるか？）   ──No──┤   税
            ↓Yes                    │   の
     商品の売買やサービス提供等の            対
        行われる取引か？       ──No──┤   象
            ↓Yes                    │   と
       消費税の対象となる取引              な
                                    │   ら
                                    │   な
                                    │   い
                                    │   取
                                    │   引
```

消費税がかかる取引は、さらに次のように非課税取引、輸出免税取引などに区分されます。取引の内容や趣旨も書いてあるから確認してみてください。

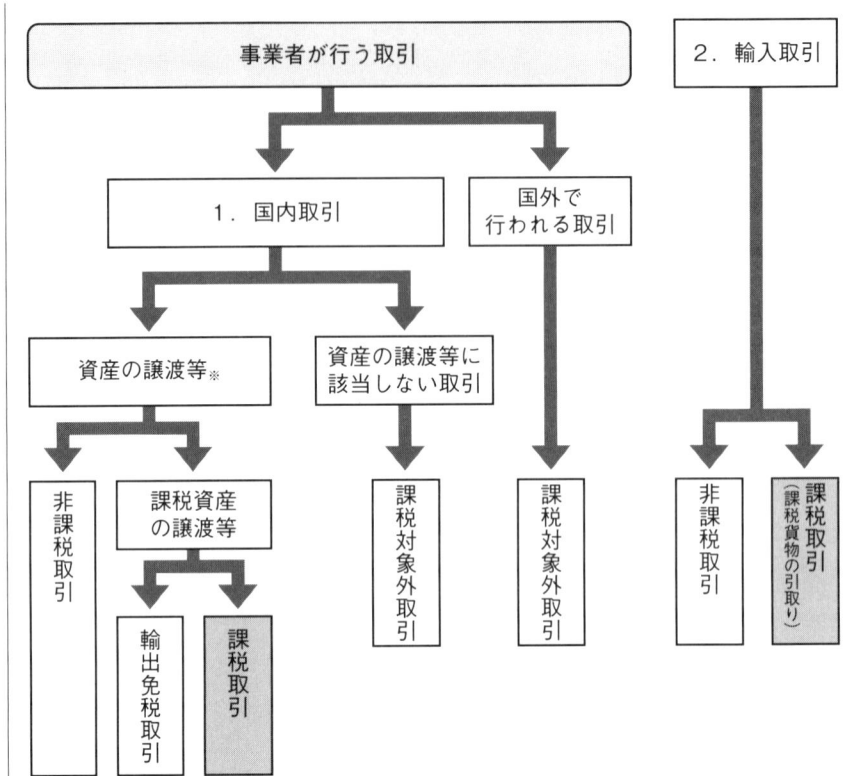

```
                    事業者が行う取引
                          │
           ┌──────────────┴──────────────┐
           │                             │
      1．国内取引                    2．輸入取引
           │
    ┌──────┴──────┬─────────────┐
    │             │             │
 資産の譲渡等※  資産の譲渡等に   国外で
           │    該当しない取引   行われる取引
    ┌──────┴─────┐
    │            │
 非課税取引   課税資産
              の譲渡等
                │
          ┌─────┴─────┐
          │           │
       輸出免税取引  課税取引
```

|  |  |  |  |
|---|---|---|---|
| 非課税取引 | 輸出免税取引 / 課税取引 | 課税対象外取引 | 課税対象外取引 | 非課税取引 | 課税取引（課税貨物の引取り） |

※資産の譲渡等とは、事業として対価を得て行われる資産の譲渡及び貸付け並びに役務の提供をいう。

【輸出免税取引】
課税の対象となった取引のうち、輸出取引については、海外で消費されるという観点から消費税が免除される。

【非課税取引】
国内取引のうち、次の15の取引は、社会政策的な理由や課税することが馴染まないという趣旨から非課税となっております。
①土地（土地の上に存する権利を含む）の譲渡及び貸付け
②社債、株式等及び支払手段の譲渡
③利子、保証料、保険料など
④郵便切手類、印紙及び証紙の譲渡
⑤物品切手等（商品券、プリペイドカード）などの譲渡
⑥国、地方公共団体等の行政手数料（住民票、戸籍謄本など）
⑦国際郵便為替、国際郵便振替、外国為替業務
⑧社会保険医療、療養、施設医療など
⑨社会福祉法に規定する社会福祉事業など
⑩医師、助産師等による助産に係る資産の譲渡など
⑪埋葬料、火葬料
⑫身体障害者用物品の譲渡、貸付けなど
⑬学校、専修学校、各種学校等の授業料

⑭教科書用図書の譲渡
⑮住宅の貸付け

**【課税取引】**
消費税の対象取引のうち、非課税取引、輸出免税取引に該当しないものが、課税取引として消費税が課されます。

**なし子** なるほど、それで伝票を入力するときに、「消費税コードを適切に区分して入力するように！」ってよく空廻部長がおっしゃっているのですね。

**マーク中川** そうですね。入力にあたっては、売上に関する取引（お金をもらう取引）については、課税取引、輸出免税取引、非課税取引、課税対象外取引の４つに区分して、仕入に関する取引（お金を払う取引）については、課税取引、課税取引以外の２つに区分する必要があり、この入力を間違えてしまうと、結果として決算の際に算出する消費税の計算を間違えてしまうから、注意しないといけないのです。

**なし子** それで、マークさんはいつも伝票をチェックして消費税コードを修正されているんですね。

**マーク中川** ここだけの話、空廻部長が入力した伝票はよく間違えているから、真剣にチェックしないと大変なんですよ。修正しておかないと税務調査の時に間違いがたくさんあって納税が増えたりしたら大変だからね。

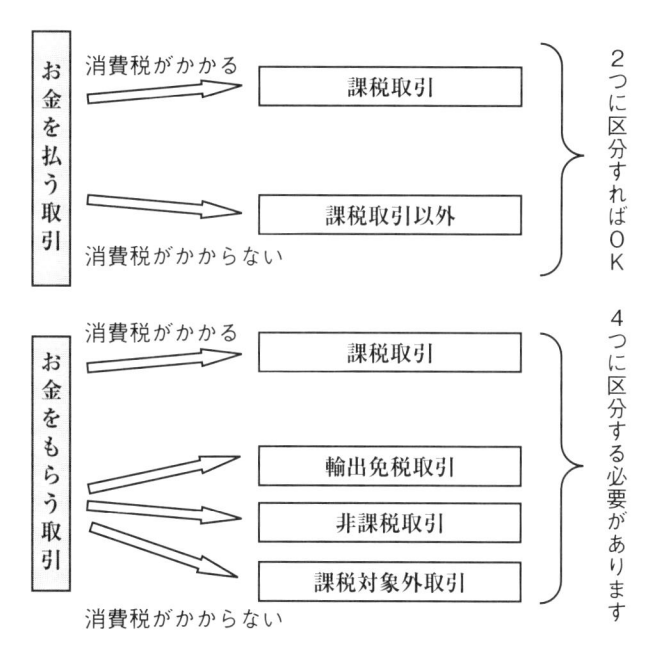

```
                消費税がかかる
お金を払う取引  ─────────→  課税取引         ┐
                                               ├ ２つに区分すればOK
                ─────────→  課税取引以外     ┘
                消費税がかからない

                消費税がかかる
                ─────────→  課税取引         ┐
お金をもらう取引 ─────────→  輸出免税取引     │ ４つに区分する必要があります
                ─────────→  非課税取引       │
                ─────────→  課税対象外取引   ┘
                消費税がかからない
```

③勘定科目別の課税取引金額集計表の作成

**マーク中川** それでは、なし子さん消費税の仕組みが分かったところで、具体的な決算作業をしましょうか。消費税に関する決算作業は次のようなステップで行います。

消費税関連作業の段取り

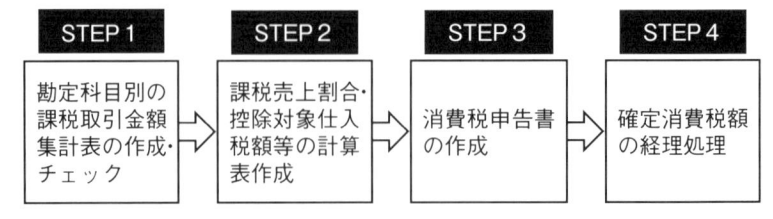

| STEP 1 | STEP 2 | STEP 3 | STEP 4 |
|---|---|---|---|
| 勘定科目別の課税取引金額集計表の作成・チェック | 課税売上割合・控除対象仕入税額等の計算表作成 | 消費税申告書の作成 | 確定消費税額の経理処理 |

さっそく、勘定科目別の課税取引金額集計表を見てみましょう。

**課税取引金額集計表** 株式会社金一
集計期間　平成22年4月1日～平成23年3月31日(決算整理仕訳を含む)

| | 勘定科目 | 残高 | 非課税 | 対象外 | 課税 |
|---|---|---|---|---|---|
| 資産の譲渡等 | 売上高 | 582,218,385 | | | 582,218,385 |
| | 受取利息 | 312,971 | | | |
| | 受取配当金 | 150,000 | | | |
| | 雑収入 | 3,717,727 | | | 3,264,603 |
| | 投資証券 | 16,300,000 | | | |
| | 投資証券売却損 | 1,880,000 | | | |
| | 合計 | …… | 1,023,971 | 643,500 | 585,482,988 |
| 仕入税額控除 | 貸倒損失 | 1,600,000 | | | 1,000,000 |
| | 仕入高 | 190,781,867 | | | 190,781,867 |
| | 商品評価損 | 180,000 | | 180,000 | |
| | 役員報酬 | 34,200,000 | | 34,200,000 | |
| | 給料手当 | 76,048,980 | | 76,048,980 | |
| | 賞与 | 15,570,000 | | 15,570,000 | |
| | 法定福利費 | 12,389,655 | | 12,389,655 | |
| | 厚生費 | | | | 56,849 |
| | 包装材料費 | 74,8… | | | 74,864,810 |
| | 交際費 | 6,392,261 | | 30,000 | 6,362,261 |
| | 合計 | …… | 31,767,613 | …… | 456,254,292 |

仮受消費税勘定(消費税精算前)
　課税売上分　29,274,110
▲ 貸倒損失分　79,999
　　　　　　29,194,111
585,482,988+29,274,110=614,757,098
614,757,098×100/105=585,482,950
付表2①へ

付表⑥へ

仮払消費税勘定(消費税精算前)　22,812,474
456,254,292+22,812,774=479,067,066円　付表2⑧へ

**なし子** これってどうやって作ったんですか？　いつ作っていたんですか？

**マーク中川** 実は、このような集計表は、通常の会計ソフトであれば、名称の違いはあるけど、自動的に作成されますよ。一つひとつの伝票で科目ごとに区分して消費税コードを登録しておくと、科目ごとにどの消費税コードがいくらあるかといったことが集計できる機能があるから便利ですよね。私が社会人になって仕事を始めた頃に、消費税が導入されたのだけど、その当時はこのような機能はなかったから、毎月元帳からデータを落として集計をかけたりして、非常に手のかかる作業だったので、大変でしたよ。

**なし子** 勘定科目別の課税取引金額集計表を打ち出した後はどうしたらいい

**マーク中川** よい質問ですね。集計表が正しければ、後は、ステップ２の計算表に転記をしていけばよいのですが、その前に正しいかどうかチェックをすることが重要です。

**なし子** どこをどうチェックしたらいいのかしら？

**マーク中川** 通常、勘定科目ごとに、消費税コードのどのコードがつくのか決まっているので、明らかにおかしなコードがついていないかどうかを科目ごとに俯瞰的に見ていくのです。一つひとつの伝票を正しく入れて、この段階でおかしなものが出てこないように、日々の入力時に確認したり、あるいは毎月この集計表をチェックしたりして、おかしなコードがついていないかどうか確認するのが一般的でしょうか。実際、空廻部長が入力していた時は、この集計表から間違いを私が見つけていましたよ。なし子さんは、間違えないように一般的な勘定科目別の課否判定表を渡しますので、参考にしてください。

**なし子** はい、がんばります！

## ◆課税取引判定表

| 科目 | 内容 | 課税 | 非課税 | 免税 | 不課税 |
|---|---|---|---|---|---|
| 売上 | 商品売上 | ○ | | | |
| | 輸出売上 | | | ○ | |
| | 住宅家賃・土地の地代収入 | | ○ | | |
| | 社保収入、国保収入（医師） | | ○ | | |
| | 自由診療収入（医師） | ○ | | | |
| 期首棚卸高 | | | | | ○ |
| 当期仕入 | | ○ | | | |
| 期末棚卸高 | | | | | ○ |
| 外注費 | 実質的にパートなどと変わらない場合は不課税 | ○ | | | |
| 広告宣伝費 | テレホンカードは非課税 | ○ | | | |
| 荷造運賃 | 国際運賃は不課税 | ○ | | | |
| 役員報酬 | | | | | ○ |
| 給料手当 | | | | | ○ |
| 賞与 | | | | | ○ |
| 退職金 | | | | | ○ |
| 雑給 | | | | | ○ |
| 法定福利費 | 社会保険料等は非課税 | | ○ | | |
| 福利厚生費 | | ○ | | | |
| 減価償却費 | | | | | ○ |
| 賃借料 | 店舗、事務所、工場等 | ○ | | | |
| | ガレージ代 | ○ | | | |
| | 土地、住宅（居住用） | | ○ | | |

| 科　　目 | 内　　　容 | 課税 | 非課税 | 免税 | 不課税 |
|---|---|---|---|---|---|
| 修　繕　費 | | ○ | | | |
| 事務用品費 | | ○ | | | |
| 消　耗　品　費 | | ○ | | | |
| 水　道　光　熱　費 | | ○ | | | |
| 旅　費　交　通　費 | 海外渡航費は不課税又は免税 | ○ | | | |
| 手　数　料 | 行政手数料、クレジット手数料（利益）は非課税 | ○ | | | |
| 租　税　公　課 | | | | | ○ |
| 接　待　交　際　費 | 現金で渡す慶弔費関係は不課税（ゴルフ場利用税は不課税） | ○ | | | |
| 保　険　料 | | | ○ | | |
| 通　信　費 | 国際電話、国際郵便は不課税 | ○ | | | |
| 諸　経　費 | 同業者団体の通常会費、町内会費は不課税 | ○ | | | |
| 燃　料　費 | 軽油取引税は不課税 | ○ | | | |
| 新　聞　図　書　費 | | ○ | | | |
| 貸倒引当金繰入 | 貸倒損失は課税（損失の対象債権が課税売上により発生の場合） | | | | ○ |
| リ　ー　ス　料 | 3％と5％の混在の可能性あり | ○ | | | |
| 雑　　　費 | 中身を見て判断 | | | | |
| 受　取　利　息 | | | ○ | | |
| 受　取　配　当　金 | | | | | ○ |
| 支　払　利　息 | 割引料、保証料も非課税 | | ○ | | |
| 雑　　収　　入 | 中身を見て判断 | | | | |
| 固定資産売却損益 | 売却額が課税になるので注意（土地の売却額は非課税） | | | | ○ |

④課税売上割合・控除対象仕入税額等の計算表作成

**マーク中川**　次に、課税売上割合・控除対象仕入税額等の計算表作成を作ります。通常、付表2と言っています。付表2の作成の手順は、まとめておいたので確認してみてください。

## 付表2　課税売上割合・控除対象仕入税額等の計算表

一般

| 課税期間 | 22・4・1～23・3・31 | 氏名又は名称 | 株式会社金一 |

| 項　目 | | 金　額 |
|---|---|---|
| 課　税　売　上　額（税抜き） | ① | 585,482,950 円 |
| 免　税　売　上　額 | ② | |
| 非課税資産の輸出等の金額、海外支店等へ移送した資産の価額 | ③ | |
| 課税資産の譲渡等の対価の額（①+②+③） | ④ | ※申告書の(15)欄へ　585,482,950 |
| 課税資産の譲渡等の対価の額（④の金額） | ⑤ | 585,482,950 |
| 非　課　税　売　上　額 | ⑥ | 1,023,971 |
| 資産の譲渡等の対価の額（⑤+⑥） | ⑦ | ※申告書の(16)欄へ　586,506,921 |
| 課　税　売　上　割　合　（④/⑦） | | 〔 99.8 %〕※端数切捨て |
| 課税仕入れに係る支払対価の額（税込み） | ⑧ | ※注2参照　479,067,066 |
| 課税仕入れに係る消費税額（⑧×4/105） | ⑨ | ※注3参照　18,250,173 |
| 課税貨物に係る消費税額 | ⑩ | |
| 納税義務の免除を受けない（受ける）こととなった場合における消費税額の調整（加算又は減算）額 | ⑪ | |
| 課税仕入れ等の税額の合計額（⑨+⑩±⑪） | ⑫ | 18,250,173 |
| 課税売上割合が95％以上の場合（⑫の金額） | ⑬ | 18,250,173 |
| 課税売上割合が95％未満の場合　個別対応方式　⑫のうち、課税売上げにのみ要するもの | ⑭ | |
| 　⑫のうち、課税売上げと非課税売上げに共通して要するもの | ⑮ | |
| 　個別対応方式により控除する課税仕入れ等の税額〔⑭+⑮×④/⑦〕 | ⑯ | |
| 一括比例配分方式により控除する課税仕入れ等の税額〔⑫×④/⑦〕 | ⑰ | |
| 控除税額の調整　課税売上割合変動時の調整対象固定資産に係る消費税額の調整（加算又は減算）額 | ⑱ | |
| 　調整対象固定資産を課税業務用（非課税業務用）に転用した場合の調整（加算又は減算）額 | ⑲ | |
| 差引　控　除　対　象　仕　入　税　額〔（⑬,⑯又は⑰の金額）±⑱±⑲〕がプラスのとき | ⑳ | ※申告書の④欄へ　18,250,173 |
| 　控　除　過　大　調　整　税　額〔（⑬,⑯又は⑰の金額）±⑱±⑲〕がマイナスのとき | ㉑ | ※申告書の③欄へ |
| 貸　倒　回　収　に　係　る　消　費　税　額 | ㉒ | ※申告書の③欄へ |

注意 1 金額の計算においては、1円未満の端数を切り捨てる。
2 ⑧欄には、値引き、割戻し、割引きなど仕入対価の返還等の金額がある場合（仕入対価の返還等の金額を仕入金額から直接減額している場合を除く。）には、その金額を控除した後の金額を記入する。
3 上記2に該当する場合には、⑨欄には次の算式により計算した金額を記入する。

$$\left[\text{課税仕入れに係る支払対価の額（仕入対価の返還等の金額を控除する前の税込金額）} \times \frac{4}{105}\right] - \left[\text{仕入対価の返還等の金額（税込み）} \times \frac{4}{105}\right]$$

4 ㉑欄と㉒欄のいずれにも記載がある場合は、その合計金額を申告書③欄に記入する。

---

【付表2の作成手順】
（1）「課税売上額（税抜き）①」欄
　（課税売上分）（仮受消費税勘定）（貸倒損失分）
　585,482,988円＋29,194,111円＋79,999円＝614,757,098円
　614,757,098×100/105＝585,482,950円

課税取引金額集計表を参照し、課税売上高合計（税抜き）に仮受消費税分を加算することにより税込みの課税売上高を算出し（※）、これに100/105を乗じることにより税抜きの課税売上高を計算します。

※貸倒損失がある場合には、その貸倒損失に係わる消費税の分を加算して税込みの課税売上高を算出します。

### (2)「免税売上額②」欄

課税資産の譲渡等のうち、消費税が免除される課税資産の譲渡等の対価の額を記載します。

(注) 国内で譲渡すれば非課税売上げとなる資産を輸出した場合や、海外で自ら使用又は譲渡するために資産を輸出した場合の輸出取引等に係る金額は、課税売上割合の計算上は免税売上額として取り扱われますから、その金額を「非課税資産の輸出等の金額、海外支店等へ移送した資産の価額③」欄に記載します。

### (3)「非課税売上額⑥」欄

非課税資産の譲渡等の対価の額で課税売上割合の分母に算入すべき金額を⑥欄に記載します。課税取引金額集計表より、非課税売上高1,023,971円を記載します。

### (4)「課税売上割合（④／⑦）」欄

585,482,950円（課税売上額（税抜き））÷(585,482,950円＋1,023,971円（非課税売上高））＝99.8％≧95％

### (5)「課税仕入れに係る支払対価の額（税込み）⑧」欄

課税期間中の課税仕入れに係る支払対価の額から課税仕入れに係る対価の返還等の金額を控除した後の金額を記載します。また、課税仕入れに係る対価の返還等の金額を直接仕入高から減額する方法で経理している場合は、減額後の金額（税込み）を記載します。

課税取引金額集計表の課税仕入高合計（税抜き）に仮払消費税分を加算した金額（456,254,292円＋22,812,774円＝479,067,066円）になります。

### (6)「課税仕入れに係る消費税額⑨」欄

次の算式により計算した金額を記載します。

| 課税仕入れに係る支払対価の額（仕入対価の返還等の金額を控除する前の税込金額） | × | $\dfrac{4}{105}$ | － | 仕入対価の返還等の金額（税込み） | × | $\dfrac{4}{105}$ | ＝ | 課税仕入れに係る消費税額 |
|---|---|---|---|---|---|---|---|---|

〔金一の場合〕

479,067,066円×4/105＝18,250,173円

### (7)「課税売上割合が95％以上の場合⑬」及び「課税売上割合が95％未満の場合⑭〜⑰」欄

課税売上割合が95％以上の場合は、課税仕入れ等の税額の合計額が全額控除対象となりますから、⑫欄の金額をそのまま⑬欄に記載します。

金一の場合、課税売上割合が99.8…％ですので全額控除対象

→18,250,173円

平成23年度税制改正により、平成24年4月1日以後開始課税期間については、課税売上割合が95％以上の場合に課税仕入れ等の税額の全額を仕入税額控除できる消費税の制度については、その課税期間の課税売上高が5億円以

下の事業者に限り適用することとされる予定です。
　　課税売上割合が95％未満の場合は、適用する控除方式に応じて記載します。
　　イ　個別対応方式の場合は、課税仕入れ等の税額を区分の上⑭欄及び⑮欄に記載し、⑯欄の計算式に従って計算した金額を同欄に記載します。
　　ロ　一括比例配分方式の場合は、⑰欄の計算式に従って計算した金額を同欄に記載します。
（8）「差引・控除対象仕入税額⑳」欄
　　表示の計算式に従って控除対象仕入税額を計算します。
（注）⑳欄の計算式による計算結果がマイナスの場合には、その金額を「差引・控除過大調整税額㉑」欄に記載します。
（9）「貸倒回収に係る消費税額㉒」欄
　　前課税期間までに貸倒処理した課税売上げに係る債権を回収した場合、その回収金額に含まれる消費税額を記載します。

**マーク中川**　この付表の中で課税売上割合、個別対応方式、一括比例配分方式という用語がでてきたので、説明しておきますね。課税売上割合というのは、消費税の対象取引（非課税取引、輸出免税取引、課税取引）のうちに課税対象取引（輸出免税取引、課税取引）が占める割合をいいます。この割合が、95％以上であれば、お金を支払った取引（仕入取引）に関する消費税は、全額預かった消費税と相殺できます。この仕入取引に関する消費税を相殺することを仕入税額控除といいますが、課税売上割合が95％未満の場合は、仕入税額控除を支払った消費税相当の全額を行うことができずに、個別対応方式あるいは一括比例配分方式のいずれかの有利な方法で計算することになります。ところで、平成23年度の税制改正で課税売上高が5億円超の会社は課税売上割合が95％以上でも全額控除はできないように変わる予定なので注意が必要です。

> 課税売上割合とは、消費税の対象取引（非課税取引＋免税取引＋課税取引）のうちに課税対象取引（免税取引＋課税取引）の占める割合のことをいいます。
>
> $$課税売上割合 = \frac{\boxed{課税売上} + \boxed{輸出免税売上}}{\boxed{課税売上} + \boxed{輸出免税売上} + \boxed{非課税売上}}$$

**なし子**　ということは非課税取引の売上が多い場合は、個別対応方式、一括比例配分方式という方法を使うんですね？

**マーク中川**　そのとおりです。それぞれの方法をまとめておきましたけど、

　　　　　　　　　　個別対応方式を採用する場合は、お金を支払った取引のうちの課税取引、いわゆる課税仕入れ取引をさらに3つに区分しなければなりません。

**なし子**　そうしたら、面倒だから一括比例配分方式をとればいいですね。

**マーク中川**　事務作業を考えれば、そうなのですけど、実際の納税額が有利になるのは、個別対応方式の方が多いので、実務上は個別対応方式を採用しているケースが多いと思います。面倒がらずに、1円でも多く会社にお金を残すという観点をもたないと優れた経理スタッフとは言えませんよ。

**なし子**　はい、分かりました。

**マーク中川**　ついでに、一括比例配分方式を採用した場合は、最低2年間は継続しなければならないので、安易に採用しないように翌年の見込を考えてどちらを採用するか考えるようにしましょう。

**なし子**　ますます大変そうですが、金田社長から「頼れる経理部」といわれるように、実践します！

## ⑤消費税申告書（原則課税）の作成

**マーク中川**　いよいよ消費税申告書を作成する段階ですね。

**なし子**　そうですね。でも、さっきから気になっていたのですが、マークさんがボタンを押したら申告書がさっと打ち出されてきているようですが、マークさんが計算しているのではなくて、これも自動計算されるんですか？

**マーク中川**　正直に言ってしまえばそういうことになりますね。まるで、私が役に立っていないような感じだけど、さっきから言っているように消費税は一つひとつの取引を適切に入力しなければ、正しく集計されないのです。さらに言えば、勘定科目ごとに入力時にミスが起きにくいように勘定科目のマスタを正しく設定することが非常に重要なのです。

**なし子**　当社の勘定科目マスタはマークさんが設定されたんですか？

**マーク中川**　そうですよ。

**なし子**　だから、最近はミスが少ないのですね。

**マーク中川**　（はにかみながら）そうかもね。（なかなか、なし子さんもおだてが上手になったなぁ、彼氏ができたっていってたしな）いずれにしても、自動計算されるとは言え、申告書の作成手順をまとめたので、確認しておきましょう。

## 第1章 基本編

第27-(1)号様式

| | | |
|---|---|---|
| 平成　年　月　日 | 新宿 税務署長殿 | ※税務署処理欄 一連番号 整理番号 0 1 2 3 4 5 6 7 |
| 納税地 | 東京都新宿西新宿1-25-1新宿センタービル30階 （電話番号 03 －5908 －3421 ） | 申告年月日　平成　年　月　日 申告区分　指導等　庁指定　局指定 |
| （フリガナ）名称又は屋号 | カブシキガイシャカネイチ 株式会社金一 | 通信日付印　確認印　省略年月日 年　月　日　　　年　月　日 |
| （フリガナ）代表者氏名又は氏名 | カネダ イチロウ 金田　一郎　印 | 指導　年　月　日　相談　区分1 区分2 区分3 平成 |
| 経理担当者氏名 | 矢留木　なし子 | |

自 平成22年　4月　1日
至 平成23年　3月 31日

課税期間分の消費税及び地方消費税の（　確定　）申告書

中間申告の場合の対象期間　自 平成　年　月　日　至 平成　年　月　日

### この申告書による消費税の税額の計算

| | | 十兆千百十億千百十万千百十一円 | |
|---|---|---:|---|
| 課税標準額 | ① | 585482000 | 03 |
| 消費税額 | ② | 23419280 | 06 |
| 控除過大調整税額 | ③ | | 07 |
| 控除対象仕入税額 | ④ | 18250173 | 08 |
| 返還等対価に係る税額 | ⑤ | | 09 |
| 貸倒れに係る税額 | ⑥ | 63999 | 10 |
| 控除税額小計 ④+⑤+⑥ | ⑦ | 18314172 | |
| 控除不足還付税額 ⑦-②-③ | ⑧ | | 13 |
| 差引税額 ②+③-⑦ | ⑨ | 5105100 | 15 |
| 中間納付税額 | ⑩ | 1943700 | 16 |
| 納付税額 ⑨-⑩ | ⑪ | 3161400 | 17 |
| 中間納付還付税額 ⑩-⑨ | ⑫ | 00 | 18 |
| この申告書が修正申告である場合 既確定税額 | ⑬ | | 19 |
| 差引納付税額 | ⑭ | 00 | 20 |
| 課税売上割合 課税資産の譲渡等の対価の額 | ⑮ | 585482950 | 21 |
| 資産の譲渡等の対価の額 | ⑯ | 586506921 | 22 |

### この申告書による地方消費税の税額の計算

| | | | |
|---|---|---:|---|
| 地方消費税の課税標準となる消費税額 控除不足還付税額⑧ | ⑰ | | 51 |
| 差引税額⑨ | ⑱ | 5105100 | 52 |
| 譲渡割額 還付額 ⑰×25% | ⑲ | | 53 |
| 納税額 ⑱×25% | ⑳ | 1276200 | 54 |
| 中間納付譲渡割額 | ㉑ | 485900 | 55 |
| 納付譲渡割額 ⑳-㉑ | ㉒ | 790300 | 56 |
| 中間納付還付譲渡割額 ㉑-⑳ | ㉓ | 00 | 57 |
| この申告書が修正申告である場合 既確定譲渡割額 | ㉔ | | 58 |
| 差引納付譲渡割額 | ㉕ | 00 | 59 |
| 消費税及び地方消費税の合計（納付又は還付）税額 | ㉖ | 3951700 | 60 |

### 付記事項・参考事項

| | | |
|---|---|---|
| 割賦基準の適用 | 有 ○　無 | 31 |
| 延払基準等の適用 | 有 ○　無 | 32 |
| 工事進行基準等の適用 | 有 ○　無 | 33 |
| 現金主義会計の適用 | 有 ○　無 | 34 |
| 課税標準額に対する消費税額の計算の特例の適用 | 有 ○　無 | 35 |
| 控除税額の計算方法　課税売上割合95%未満 95%以上 | 個別対応方式　一括比例配分方式　全額控除 | 41 |

| | ①課税標準額の内訳 | ②消費税額の内訳 |
|---|---|---|
| 4%分 | 585,482千円 | 23,419,280円 |
| 旧税率3%分 | 千円 | 円 |

基準期間の課税売上高　565,754,830円

還付を受けようとする金融機関等　　銀行　預金　口座番号
ゆうちょ銀行の貯金記号番号　　－
郵便局名等

※税務署整理欄

| 税理士署名押印 | マーク中川　印 （電話番号 03－ 5325 －3323 ） |
|---|---|
| ○ | 税理士法第30条の書面提出有 |
| | 税理士法第33条の2の書面提出有 |

---

### 消費税申告書の記載方法

「この申告書による消費税の税額の計算」欄の記載

**（1）「課税標準額①」欄**

　課税売上割合（税込み）に100/105を掛けて、千円未満の端数を切り捨てた金額を記載します。

　614,757,098円（課税売上高（税込み））×100/105＝585,482,950円

→585,482,000円（千円未満切捨て）
(注) 売上金額から売上対価の返還等の金額を直接減額する方法で経理している場合は、減額した後の金額を基に課税標準額を計算します。

（２）「消費税額②」欄1で算出した課税標準額に4%を掛けて消費税額を計算します。
585,482,000円（課税標準額）×4％＝23,419,280円

（３）付表２から次の項目の転記を行います。

| 転記元項目 | 転記先項目 |
|---|---|
| 付表２の④欄の金額 → | 申告書の⑮欄 |
| 付表２の⑦欄の金額 → | 申告書の⑯欄 |
| 付表２の⑳欄の金額 → | 申告書の④欄 |
| 付表２の㉑㉒欄の合計金額 → | 申告書の③欄 |

（４）「返還等対価に係る税額⑤」欄
課税売上げに係る対価の返還等の金額がある場合に、その金額に含まれる税額を記載します。
(注) 売上対価の返還等の金額を売上金額から直接減額している場合は、この欄に記載する必要はありません。

（５）「貸倒れに係る税額⑥」欄
課税売上げに係る売掛金等のうち、貸倒れとなった金額がある場合に、その金額に含まれる税額を記載します。
1,679,999円（貸倒金額）×4/105＝63,999円（１円未満切捨て）

（６）「差引税額⑨」又は「控除不足還付税額⑧」欄
表示の計算式により消費税の差引税額又は控除不足還付税額を計算します。

（７）「中間納付税額⑩」欄
中間申告した税額がある場合に、その金額の合計額を記入します。

（８）「納付税額⑪」欄又は「中間納付還付税額⑫」欄
表示の計算式により納付税額又は中間納付還付税額を計算します。

⑥会計処理

**マーク中川** それでは、消費税の項目の最後です。作成した申告書を使って経理処理を行ってこのパートは終わりです。

**なし子** 確定した消費税の金額に基づいて決算伝票を作成するということですね？

**マーク中川** そのとおり。さっき説明した消費税申告書の一番下の行に、「消費税及び地方消費税の合計（納付又は還付）税額」という項目があって、3,951,700円と記載されていますよね。この金額が、今回の決算で確定した納付すべき消費税額となるので、その金額を未払計上します。ちなみに、税額の欄に記載された金額がマイナスの場合は、消費税の還付税額となりますので、未収計上します。

**なし子** 仕訳にするとどうなるんでしょうか？

**マーク中川** 税抜経理方式って知っていますか？

**なし子** 税抜経理方式？ ですか？

**マーク中川** 消費税の経理処理方法には税抜経理方式と税込経理方式の2種類があって、会社が任意に選択できます。それぞれの方法の内容はまとめておいたので、確認してください。ちなみに、上場企業をはじめ会社の経営実態を正確に表すことに重きを置く会社では、税抜経理方式が採用されています。

---

税抜経理方式…消費税の金額と売上、仕入などの取引の対価の金額とを区分して経理する方式。売上にかかる消費税は、「仮受消費税」、仕入にかかる消費税は、「仮払消費税」とします。

仕訳
売上時 （本体金額　10,000、消費税　500）
　　　（預　　　　金）　10,500　　（売　　　　上）　10,000
　　　　　　　　　　　　　　　　　（仮 受 消 費 税）　　　500
仕入時 （本体金額　8,000、消費税400）
　　　（仕　　　　入）　 8,000　　（預　　　　金）　 8,400
　　　（仮 払 消 費 税）　　400

---

**なし子** うちの会社の決算の場合は、どのように処理したらいいんでしょうか？

**マーク中川** 「金一」の場合は、税抜経理方式を採用しているので、消費税の精算仕訳を行う前に、試算表に計上されている仮払消費税と仮受消費税を相殺した上で、さらに中間納付を行った金額を控除します。また、先程説明したように確定した消費税額を未払計上しますが、貸借に計上した金額は通常若干の差異が生じます。この誤差は、雑損あるいは雑収入で処理するのですけど、通常数十円程度なので、差異が大きいときは個々の取引で間違った処理がなされている可能性が高いので、面倒くさがらずに、原因を突き止めてください。

---

決算整理仕訳
　　（仮 受 消 費 税）　29,194,111　　（仮 払 消 費 税）　22,812,774
　　　　　　　　　　　　　　　　　　（仮 払 税 金）　 2,429,600
　　　　　　　　　　　　　　　　　　　　←中間納付額
　　　　　　　　　　　　　　　　　　（未 払 消 費 税）　 3,951,700
　　　　　　　　　　　　　　　　　　　　←申告書の金額と一致
　　　　　　　　　　　　　　　　　　（雑　　収　　入）　　　　 37
　　　　　　　　　　　　　　　　　　　　←貸借差額

---

**マーク中川** 最後になりますが巻末に消費税のチェックリストを掲載してお

きました。作業を行うときはこちらで確認をしてみてください。

> **消費税計算の重要ポイントのまとめ**
> ・取引内容に基づき、課税区分を明確に区分して経理しているかどうか、課税区分別残高の内容を見て確認しましょう。
> ・納付すべき消費税額（還付を受ける消費税額）は、税抜経理方式の場合は、仮払消費税と仮受消費税の精算処理を通じて当期の計算に含めてください。税込経理方式の場合には、租税公課勘定に含めて未払（還付の場合には未収）経理をしましょう。

# (24) 法人税の計算

①法人税の仕組み

**マーク中川** 消費税の金額が確定すると、いよいよ法人税の金額を確定して決算数値が決まります。

**なし子** やっと、終わりが見えてきた感じということですね。

**マーク中川** まずは、法人税の計算の仕組みを学ぶところから始めましょう。まず、法人税は大雑把にどのように計算するか分かりますか？

**なし子** そうですね。儲けた利益に対して掛けられてくるものではないでしょうか？

**マーク中川** そのとおりですね。儲けに対して課税がされるので、税金を計算するにあたっては、この「儲け」の金額を計算することが重要です。

**なし子** 「儲け」の金額を計算するって改めて何か計算する必要があるんですか？「儲け」の金額って損益計算書で記載されている利益とは違うんですか？

**マーク中川** 残念ながら損益計算書の金額とは違うのです。でも、改めて税金の計算のためだけに、ゼロから計算することは、非常に手間ですので、税金計算をするために必要な「儲け」を計算する際は、損益計算書の利益を活用します。

**なし子** なんかせっかくここまで利益を計算してきたのに、また別に計算するなんて大変ですね。

**マーク中川** まあ、そうは言わず、損益計算書を使える分だけ少しは楽だと思ってください。

**なし子** それにしても、何で損益計算書の利益と税金計算するときに使う「儲け」は違うんですか？

**マーク中川** 一言で言うと、会計と税務とでは目的が違うからです。会計では、1年間の損益計算を正しく行うことが主たる目的ですが、税務では、課税を公平に行うことを目的としているのです。ですから、同じ儲けでも会計と税務とでは金額が異なってくることになります。

**なし子** 目的が違えば数値が異なるというのは何となく分かりますが……。それでは、具体的にどのように税金計算上の「儲け」を算出したらいいんですか？

**マーク中川** 法人税の計算では、会計上の儲けである当期利益をもとに、会計と税務とで違うところを調整して、「税務上の儲け」を算出します。この「税務上の儲け」のことを「所得金額」と呼んでいます。

**なし子** 会計では利益というのに、税務では所得っていうんですね。

**マーク中川** それと、会計と税務の相違を調整することを「申告調整」といいます。所得金額と申告調整という用語は、よく出てきますので、覚えておいた方が良いですよ。

**なし子** はい、分かりました。

**マーク中川** それと、あと2つ良く出てくる用語があるので、教えておきますね。加算と減算です。

**なし子** 「かさん？」と「げんさん？」ですか???

**マーク中川** 加えると減らすで、加算と減算です。加算というのは、申告調整上、会計の当期利益を増加させる調整のことをいって、減算というのは、申告調整で会計の当期利益を減少させる調整のことをいいます。

**なし子** つまり、当期利益に加算または減算という申告調整をすることによって所得金額を算定していくということですね。

**マーク中川** そのとおりです！　よく理解できていますね。

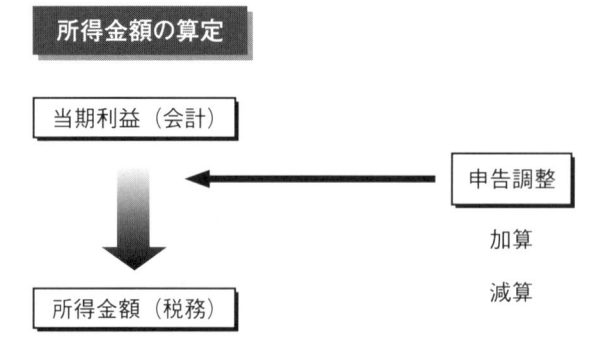

```
        所得金額の算定

     ┌──────────┐
     │ 当期利益（会計）│
     └──────────┘
            │            ┌──────┐
            ▼  ◀─────── │ 申告調整 │
     ┌──────────┐      └──────┘
     │ 所得金額（税務）│         加算
     └──────────┘         減算
```

**マーク中川** 次に、所得金額が算定されると、税金の金額を算定する段階となります。簡単に言ってしまうと、所得金額に法人税の税率を掛けて、そこから控除する項目をマイナスした金額が納付する法人税になります。控除する項目としては、税金の減免等が認められる税額控除、それと期の途中に支払った中間法人税などがあります。

**なし子** 控除する話の方が少し難しく感じちゃいます。

**マーク中川** そうですね、後で控除項目については、もう少し詳しく説明しますね。ここでは、まずいったん次のイメージ図で法人税額の算定の仕組みを理解してもらえれば大丈夫です。

> **法人税額の算定**
>
> ①所得金額×税率
> ②各種特別控除の算定
> ③留保金課税の算定（同族会社のみ）
> ④各種税額控除の算定
> ⑤中間申告税額
> ⑥確定法人税額（①－②＋③－④－⑤）

②申告調整

**マーク中川** 上の図を見てもらえると分かるとおり、法人税を計算するには、所得金額を算出しなければならないので、所得金額を算定するための申告調整について、もう少し理解しておきましょうか。

**なし子** 当期利益に加算と減算をして所得金額を算出するプロセスですよね。

**マーク中川** そうです。そのプロセスの中で、良く出てくる用語をまた覚えていただきたいのです。

**なし子** またまた用語ですね。でも、マークさんは、小出しに教えてくれるから私でも覚えられそうです。所得金額、申告調整、それに加算に減算ですよね。

**マーク中川** 今度の用語は、益金、損金というのがあって、それに、少しアレンジを加えた益金算入、益金不算入、損金算入、損金不算入です。

**なし子** そしたら、まずは、益金と損金をマスターしなくっちゃですね。

**マーク中川** なし子さんは、会計での儲けを出すときは、何から何を引いたら出せるか知っているよね？

**なし子** 収益から費用ですよね？　それくらいは、分かりますよ。

**マーク中川** そうですよね。会計で利益を出すときは、収益から費用を引いて算出するのですけど、税金計算上の儲け、つまり所得金額を算出するにあたっては、益金から損金を差し引いて計算するのです。

**なし子** なるほど、だから会計と税務とでは名称が異なっているんですね。益金が収益と同じようなもので、損金が費用と同じようなものってことかしら？

**マーク中川** 「同じようなものって」言い方が、いいですね。さっき言ったように会計と税務とでは目的が違うので、結果として算出される儲けが違っていますよね。それは、収益と益金がイコールでなくて、損金も費用とイコールではないからなのですよ。似て非なるものなのです。だから、なし子さんの「同じようなものって」表現はうまく言い当てているなって

感じです。

**なし子** たまたま言っただけで、そんな意識なかったんですけど……。でも、ほめられちゃったから、またやる気が出てきました。

**マーク中川** なし子さんは、ほめて伸びるタイプというよりか、叱って伸びるタイプかと思っていました。

**なし子** そんなことないですよ。今までは、いっぱい間違えてはたくさん怒られて、そのたびにがんばろうって思ってきましたけど、やっぱりほめられたときの方が気分が良くてがんばれそうです。

**マーク中川** 最近は、なし子さんはすごく飲み込みも早いし仕事もできてきているから、たくさんほめてもらって、良いスパイラルに入っていけそうですね。

**なし子** あまりほめられすぎると調子に乗りそうなので、次に進んでください。算入と不算入のアレンジが入った用語について教えてください。

**マーク中川** まず、益金算入というのは、会計では、収益にならないけど、税務では益金になるものという意味です。

**なし子** そうか、益金の計算に入れなさい、つまり、その分だけ所得金額が増えるんですよね。

**マーク中川** そのとおり。そうしたら、他の用語も分かるかな？

**なし子** 益金不算入は、会計では収益になるけど、税務では益金に入れなくていいってこと、その結果、所得金額は減るのかしら？

**マーク中川** うん、うん、いい理解だね。

**なし子** 損金算入は、会計では費用にはならないけど、税務では損金に入れていいことで、損金不算入は、会計では費用になるけど、税務では損金に入れてはいけないってことね。

**マーク中川** そう、だから損金算入だと所得金額が減ることになるけど、損金不算入だと所得金額が増えてしまうのです。

**なし子** さっき、教えてもらった加算、減算の考えと関連がありそうですね。

**マーク中川** ご名答！　益金算入と損金不算入は、所得金額を増やす効果があるので、加算項目で、益金不算入と損金算入は、所得金額を減らす効果があるので、減算項目ということになります。

---

**所得金額の算出**
　所得金額＝益金－損金
　　　　　＝収益－費用＋（益金算入＋損金不算入）－（益金不算入＋損金算入）
　　　　　　　利益　　　　　　　加算　　　　　　　　　　減算

◆申告調整

| （減　算）<br>益金不算入<br>損金算入 | 会計上の儲け（当期利益） | （加　算）<br>益金算入<br>損金不算入 |
|---|---|---|
| | 会計の利益と税法の所得金額との共通部分 | |
| | 税務上の儲け（所得金額） | |

（加　算）

| 益金算入 | …企業会計上の収益ではないが、法人税では益金となるもの

| 損金不算入 | …企業会計上の費用だが、法人税では損金とならないもの

（減　算）

| 益金不算入 | …企業会計上は収益だが、法人税では益金とならないもの

| 損金算入 | …企業会計上の費用ではないが、法人税では損金となるもの

**マーク中川**　今まで話してきた申告調整を、実際は申告書の上で行います。別表4という申告書上で行うのですが、見てもらうと分かるとおり、スタートは損益計算書の当期利益になっていて、そこから加算と減算を行って、最後に所得金額を算出するという流れになっています。

別表四（簡易様式） 平二十二・四・一以後終了事業年度分

所得の金額の計算に関する明細書（簡易様式）

事業年度　22・4・1～23・3・31
法人名　株式会社金一

会計上の儲け（当期利益）

| 区　分 | | 総　額 ① | 処　分 | |
|---|---|---|---|---|
| | | | 留　保 ② | 社外流出 ③ |
| 当期利益又は当期欠損の額 | 1 | 31,103,144 円 | 31,103,144 円 | 配当　円<br>その他 |
| 加算 | 損金の額に算入した法人税（附帯税を除く。） | 2 | 2,086,500 | 2,086,500 | |
| | 損金の額に算入した道府県民税（利子割額を除く。）及び市町村民税 | 3 | 392,000 | 392,000 | |
| | 損金の額に算入した道府県民税利子割額 | 4 | 15,645 | 15,645 | |
| | 損金の額に算入した納税充当金 | 5 | 19,602,000 | 19,602,000 | |
| | 損金の額に算入した附帯税（利子税を除く。）、加算金、延滞金（延納分を除く。）及び過怠税 | 6 | | | その他 |
| | 減価償却の償却超過額 | 7 | | | |
| | 役員給与の損金不算入額 | 8 | | | その他 |
| | 交際費等の損金不算入額 | 9 | 992,261 | | その他　992,261 |
| | 賞与引当金繰入額否認 | 10 | 6,300,000 | 6,300,000 | |
| | 賞与引当金法定福利費否認 | 11 | 806,400 | 806,400 | |
| | | 12 | | | |
| | 小　計 | 13 | 30,194,806 | 29,202,545 | 992,261 |
| 減算 | 減価償却超過額の当期認容額 | 14 | | | |
| | 納税充当金から支出した事業税等の金額 | 15 | 1,653,300 | 1,653,300 | |
| | 受取配当等の益金不算入額（別表八(一)「14」又は「29」） | 16 | 48,622 | | ※　48,622 |
| | 外国子会社から受ける剰余金の配当等の益金不算入額（別表八(二)「13」） | 17 | | | ※ |
| | 受贈益の益金不算入額 | 18 | | | ※ |
| | 適格現物分配に係る益金不算入額 | 19 | | | ※ |
| | 法人税等の中間納付額及び過誤納に係る還付金額 | 20 | | | |
| | 所得税額等及び欠損金の繰戻しによる還付金額等 | 21 | | | ※ |
| | 賞与引当金繰入額否認容 | 22 | 6,100,000 | 6,100,000 | |
| | 賞与引当金法定福利費認容 | 23 | 780,800 | 780,800 | |
| | | 24 | | | |
| | 小　計 | 25 | 8,582,722 | 8,534,100 | 外※　48,622<br>0 |
| 仮　計 (1)+(13)-(25) | | 26 | 52,715,228 | 51,771,589 | 外※　△48,622<br>992,261 |
| 寄附金の損金不算入額（別表十四(二)「24」又は「40」） | | 27 | 27,185 | | その他　27,185 |
| 法人税額から控除される所得税額（別表六(一)「6の③」） | | 29 | 66,942 | | その他　66,942 |
| 税額控除の対象となる外国法人税の額等（別表六(二の二)「10」・別表十七(二の二)「29の計」） | | 30 | | | その他 |
| 合　計 (26)+(27)+(29)+(30) | | 32 | 52,809,355 | 51,771,589 | 外※　△48,622<br>1,086,388 |
| 新鉱床探鉱費又は海外新鉱床探鉱費の特別控除額（別表十(二)「42」） | | 33 | △ | | △ |
| 総　計 (32)+(33) | | | 52,809,355 | 51,771,589 | 外※　△48,622<br>1,086,388 |
| 契約者配当の益金算入額（別表九(一)） | | | | | |
| 非適格合併又は残余財産の全部分配等による移転資産等の譲渡利益額又は譲渡損失額 | | | | | ※ |
| 差　引　計 (35)+(36)+(40) | | 41 | 52,809,355 | 51,771,589 | 外※　△48,622<br>1,086,388 |
| 欠損金又は災害損失金等の当期控除額（別表七(一)「4の計」・別表七(二)「9」若しくは「21」又は別表七(三)「10」） | | 42 | △ | | ※　△ |
| 残余財産の確定の日の属する事業年度に係る事業税の損金算入額 | | | △ | △ | |
| 所得金額又は欠損金額 | | 44 | 52,809,355 | 51,771,589 | 外※　△48,622<br>1,086,388 |

加算　減算　税務上の儲け（所得金額）

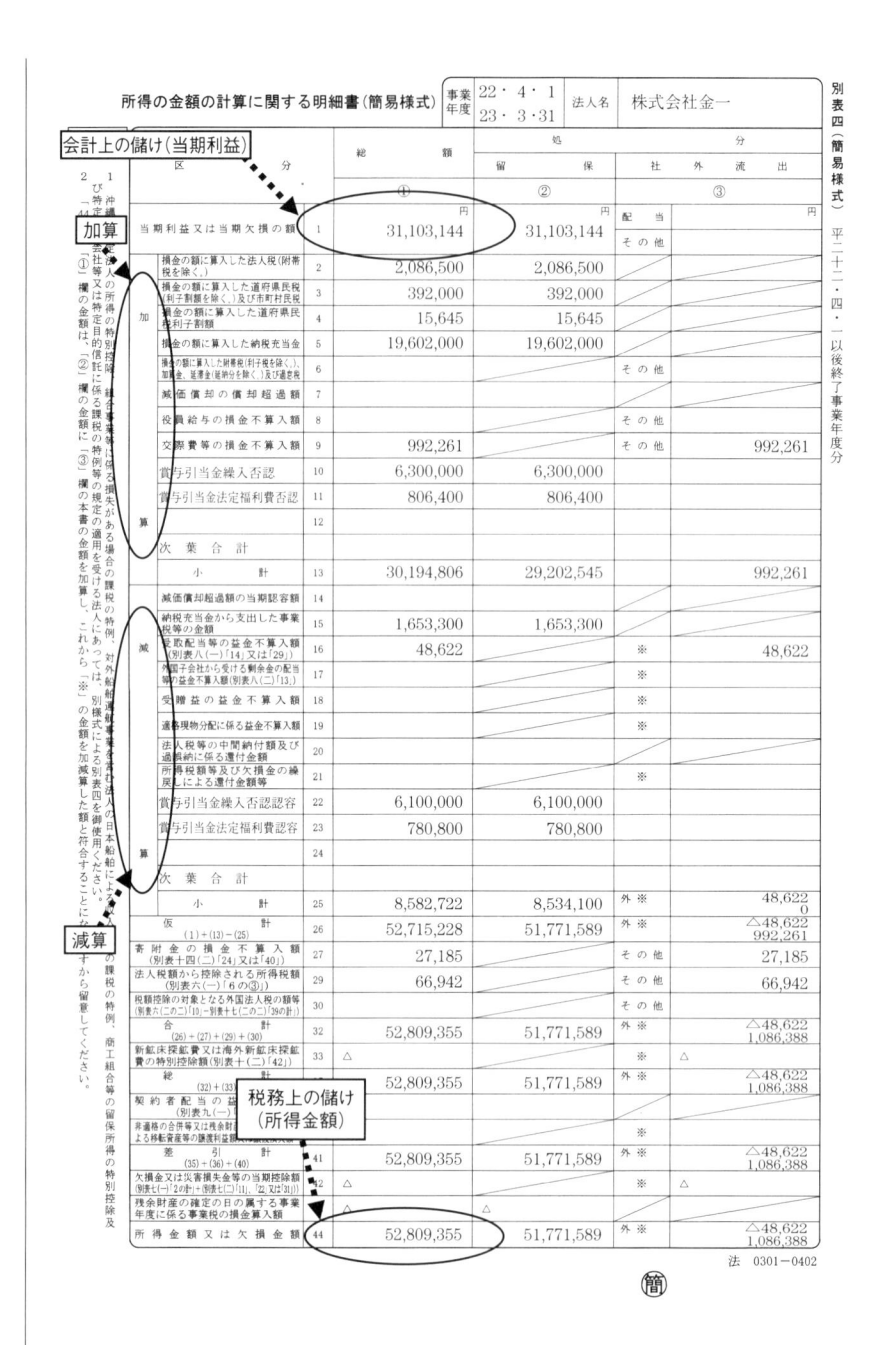

法　0301-0402
㊞

**マーク中川**　別表4の中で、加算や減算の欄に金額が計上されていますよね。

**なし子**　「損金の額に算入した法人税」とか「交際費等の損金不算入額」、「納税充当金から支出した事業税等の金額」とかのことですか？

**マーク中川**　そうです。ここに記載されているものが、さっきまで話をしていた申告調整の項目なんです。

**なし子**　つまり、会計の収益・費用と税務の益金・損金とで異なるところを

調整しているってことですね。

**マーク中川** 関係が分かってきたみたいですね。

**なし子** よく見ると、どちらかというと加算項目の方がよく出てくる感じですね。交際費、寄付金、租税公課なんかは損金不算入項目ですものね。そしたら、その分だけ所得金額が増えて、税金が増えることになっちゃうから会社にとっては、不利な話ですね。

**マーク中川** まあ、そういうことなのですが、税金計算の目的は公平な課税というところにあるので、多少その点を理解してあげてください。

**なし子** はい、別にマークさんに文句を言ってる訳じゃないですからね。社長が決算になると納税のために銀行に交渉して、借入をしているので、少しでも金田社長が楽になってくれたらいいなあって思って……。

**マーク中川** （こんな風に思っている社員がいるなんて、金田社長の人徳だなぁ。この先も金一は安泰かな）なし子さんは、社長思いで優しいですね。別表4を見ていただくと、交際費、減価償却費、寄付金などすでに学習したものがほとんどだと思いますので、ここでは、まだ説明していない繰越欠損金の控除についても、解説しますね。

**なし子** 別表4の下から3行目の「欠損金又は災害損失金の当期控除額」と書いている部分でしょうか？

**マーク中川** そうですね。同じ箇所に「別表7」と書いてありますよね。繰越欠損金の控除をするときは、この別表7を作って、その数値を別表4に転記します。

**なし子** なるほど、申告書ってつながりがある部分は、分かりやすく書かれているのですね。

③繰越欠損金の控除

**マーク中川** それでは繰越欠損金の控除について説明していきますね。さっき説明したように法人税を計算するときは、所得金額を算出する必要がありますが、この所得金額は、原則としてあくまでも事業年度ごとに算出します。

**なし子** 事業年度ごとだから、前後の年度の分は相殺しないっていうことかしら？

**マーク中川** いい点をついていますね。そう、原則的にはその年、その年の所得金額分だけで税金を計算するのですが、赤字つまり欠損金が発生した場合、そのマイナスを将来発生するプラスと相殺できないと会社の資本の維持に影響が出てきてしまいます。そこで、青色申告書を提出した事業年度の欠損金に限って、翌期以降7年以内の事業年度への繰越を認めている

**なし子** 7年間は、赤字を相殺できるということですね。ということは、7年経っても赤字が残ってしまっていたら、もうその赤字は使えないってことなんですか？

**マーク中川** 残念ながらそういうことになってしまいます。そんなに赤字が残るような会社の赤字までは面倒見ませんよってことです。

**なし子** 結構冷たいんですね。

**マーク中川** 国の財源の問題もあるから無尽蔵に権利を与えることができないのだと思いますよ。欠損金の控除にも、今から説明する青色欠損金の繰越控除以外に災害が発生した場合の災害損失金の繰越控除や会社更生等による債務免除等があった場合の欠損金の繰越控除がありますが、通常良く出てくるのは青色欠損金の繰越控除です。

**なし子** でも、「金一」の場合は、赤字が出ていないから関係ないですね。

**マーク中川** そうなのですよ。それは素晴らしいことですよ。きちんと税金を払っている会社ということですから、誇りに思ってください。ただ、知っておいて損な話ではないので、是非この機会に学んでください。

**なし子** ええ、教えてください。まず、「青色」って言葉が出てきましたけど、そこからお願いします。

**マーク中川** そうか、青色申告について、説明していなかったですね。青色申告という制度は、帳簿の備え付けと日々の取引を正確に記帳することを奨励し、適正な申告納税を促進するねらいで設けられた制度なのです。要件を満たせば、会社は青色申告法人になることができ、いくつかの特典を享受できます。

**なし子** 青色申告法人になるのって難しいんですか？

**マーク中川** これは、そんなに難しいことではないですよ。次にまとめておきましたけど、2つの要件を満たせば青色申告法人になることができます。

### ●青色申告の要件

①法定の帳簿書類を備え付けて取引を記帳し、かつ保存すること
②納税地の税務署長に「青色申告の承認申請書」を提出して、承認を得る

**なし子** 青色申告法人でないと何色になるんですか？

**マーク中川** 白色です。白色申告になるのです。あくまでも原則は白色申告で、青色申告は届出等をしてはじめてなれるものですが、ほとんどの会社は青色申告法人になっています。

**なし子** 白色申告と青色申告とでは、何が違うんですか？

**マーク中川** 青色申告法人になるときちんと帳簿を作成しなければなりませんが、その見返りとして次のような特典が与えられます。その中に、今回学習する繰越欠損金の控除があるのです。

### ●青色申告の特典

- 欠損金の繰越控除
- 各種特別償却等
- 各種準備金等の積立
- 増加試験研究費の特別控除その他の特別控除
- 推計による更正の制限
- 更正の理由の付記

など

**なし子** 「金一」は、「青色申告の承認申請書」を税務署に提出していますか？

**マーク中川** もちろん提出していますよ。ですから、あまり喜ばしいこととは言えないですが、もしも「金一」が赤字になっても、7年間はその赤字は欠損金の繰越控除として活用できます。

**なし子** 分かりました。でも、欠損金の繰越控除を活用することを考えるよりも、やっぱり黒字で税金を支払っている会社でいられるように、ますます金田社長にがんばってもらわないと！

**マーク中川** 青色申告のことが分かったところで、本題の青色欠損金の繰越控除について、もう少し見ていきましょう。理解すべきポイントは、繰越控除の対象となる欠損金が何であるかということと繰越控除の順番です。

---

繰越控除の対象となる欠損金
① 青色申告書を提出した事業年度の税務上の欠損金であること
② 当事業年度開始の日前7年以内に開始した事業年度に生じた欠損金であること
③ 欠損金の生じた事業年度に青色申告書である、確定申告書を提出し、その後の事業年度に連続して確定申告書を提出していること

---

**なし子** 繰越控除の順番ってどういうことですか？

**マーク中川** 赤字が複数の事業年度で発生した場合に、いつの欠損金から相

殺するのかということです。昔に発生した欠損金から控除するのか、最近発生した欠損金から控除するのかといったように。

**なし子** 最近発生した欠損金から控除されたら、昔の欠損金の繰越期間が7年を超えてしまい、使えずじまいになってしまったらかわいそうじゃないかしら？

**マーク中川** そのとおりですね。こういった点については、通常、納税者が有利となるように条文が作成されていて、欠損金の繰越控除については、最も古い事業年度に生じた欠損金から控除することになります。

**なし子** いつの時点で欠損金の繰越ができなくなるのか管理しておかないといけなそうですね。

**マーク中川** はい、発生した事業年度別に欠損金の繰越がいつまで可能かを管理して、欠損金が切り捨てられないように心がけることが重要です。

### ●繰越控除の順序

具体例で考えてみましょう。

| 事業年度 | 所得または欠損金 |
|---|---|
| 第1期 | △100 |
| 第2期 | 10 |
| 第3期 | 20 |
| 第4期 | 20 |
| 第5期 | △80 |
| 第6期 | △60 |
| 第7期 | 30 |
| 第8期 | 40 |

#### 第1期

欠損金△100ですので税金はかかりません。
なお、翌期に△100繰り越します。

　　欠　損　金　　　　△100
　　繰越欠損金　　　　100（第1期分）

#### 第2期

第2期の10と第1期の欠損金100のうち10を通算して所得金額はゼロとなります。
この結果、法人税は発生しません。

第1期の欠損金のうち90を翌期に繰り越します。

　　所 得 金 額　　　　ゼロ
　　繰 越 欠 損 金　　　90（第1期分）

### 第3期

第3期の20と繰越欠損金90のうち20を通算して所得金額はゼロとなります。

この結果法人税は発生しません。

第1期の欠損金のうち70を翌期に繰り越します。

　　所 得 金 額　　　　ゼロ
　　繰 越 欠 損 金　　　70（第1期分）

### 第4期

第4期の20と繰越欠損金70のうち20を通算して所得金額はゼロとなります。

この結果法人税は発生しません。

第1期の欠損金のうち50を翌期に繰り越します。

　　所 得 金 額　　　　ゼロ
　　繰 越 欠 損 金　　　50（第1期分）

### 第5期、第6期

いずれの期も欠損金が生じていますので、法人税はかかりません。
欠損金の80と60は翌期に繰り越すことになります。

　　繰 越 欠 損 金　　　50（第1期分）
　　　　　　　　　　　　80（第5期分）
　　　　　　　　　　　　60（第6期分）
　　　　　　　　　　　―――――――
　　　　　　　　　　　　190（合計）

### 第7期

所得が30生じていますので、過去の欠損金で通算する必要がありますが、古い時期の欠損金から通算します。

所得30を第1期分の50のうち30で通算します。この結果、所得はゼロとなり、法人税は発生しません。

|繰越欠損金|20（第1期分）|
|80（第5期分）|
|60（第6期分）|
|160（合計）|

### 第8期

所得が40生じていますので、過去の欠損金で通算する必要がありますが、古い時期の欠損金から通算します。

所得40をまず、第1期分の20で通算します。この結果、所得は20となります。

次に第5期の欠損金80のうち20を通算します。

この結果、所得はゼロとなり、繰越欠損金は120となります。

|繰越欠損金|60（第5期分）|
|60（第6期分）|
|120（合計）|

なお、第1期の繰越欠損金は、たとえ第8期で通算できなかったとしても7年目となりますので、翌期に繰り越すことはできません。

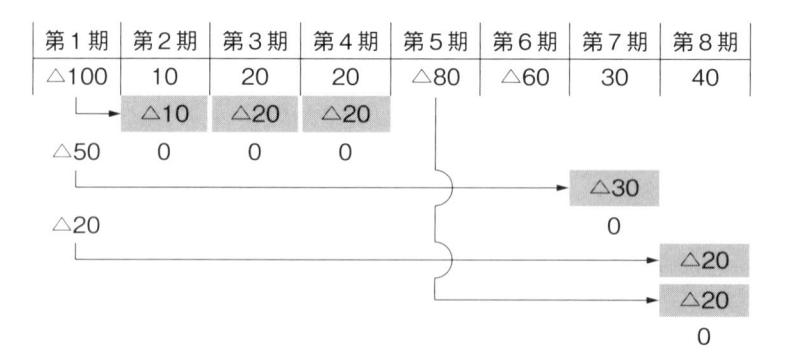

| 第1期 | 第2期 | 第3期 | 第4期 | 第5期 | 第6期 | 第7期 | 第8期 |
|---|---|---|---|---|---|---|---|
| △100 | 10 | 20 | 20 | △80 | △60 | 30 | 40 |
|  | △10 | △20 | △20 |  |  |  |  |
| △50 | 0 | 0 | 0 |  |  |  |  |
|  |  |  |  |  |  | △30 |  |
| △20 |  |  |  |  |  | 0 |  |
|  |  |  |  |  |  |  | △20 |
|  |  |  |  |  |  |  | △20 |
|  |  |  |  |  |  |  | 0 |

**なし子** あとは、申告書の書き方が分かればいいんでしょうか？

**マーク中川** 申告書は別表7を作成します。この別表が完成したら、別表4の欠損金の当期控除欄に転記します。ただ、繰越欠損金の制度については、平成23年度税制改正により、平成23年4月1日以後開始事業年度については、青色欠損金の繰越期間が現行の7年から9年に延長されると共に、大法人については、通算できる繰越欠損金が所得の80％に制限される予定になっています。

また、資本金が5億円以上の法人等の間に完全支配関係がある法人は大

法人と同様に通算できる繰越欠損金が所得の80％に制限される予定ですので注意してください。

（別表七(一) 欠損金又は災害損失金の損金算入に関する明細書）

④法人税の計算

マーク中川　所得金額が確定したら、いよいよ税金の計算となります。

なし子　いよいよ大詰めですね。

マーク中川　はい。法人税額は、所得金額に税率を乗じて算定しますが、税率は原則として30％（平成23年度税制改正で25.5％へ引き下げ予定）です。ただし、資本金が1億円以下の会社は所得金額が800万円以下の所得金額については、18％（平成23年度税制改正で15％へ引き下げ予定）の軽減税率が適用されます（ただし、資本金が5億円以上の法人等の間に完全支配関係がある法人を除きます。詳しくは「(24) 法人税の計算」の「コラム

グループ法人税制」を参照ください）。

**なし子**　小さな会社には少し恩典を与えましょうということですね。

**マーク中川**　次に、法人税額の特別控除を計算します。特別控除には、情報通信機器等を取得した場合等の特別控除をはじめとしていくつかの種類がありますが、いずれも政策的な見地から定められています。

**なし子**　別表1の3の欄に記載するものですね。

**マーク中川**　そうです。まず、34，35の欄で所得金額に税率を掛けて算出した税金を別表1の2の欄に転記をして、特別控除がある場合は、3の欄に金額を記載します。

　次は、別表1の8，9欄の留保金についてですが、計算をした結果、留保金に対する税金がある場合は加算します。この留保金課税の計算については、後ほど詳しく説明します。さらに、別表1の12欄で税額控除の金額を記載して、14欄で中間申告分の法人税額を記載したら、12，14欄の金額をさきほど計算した税金からマイナスして差し引きの法人税を算出します。税額控除についても、後ほど説明しますので、ここでは、別表1の15欄までに行われる加減算について理解してください。

**なし子**　分かりました。ところで中間申告ってありますけど、どんな制度なんでしょうか？

**マーク中川**　事業年度が6か月を超える会社は、期首から6か月を経過した日から2か月以内に中間申告を行わなければならないのです。

**なし子**　今まで、中間で申告書を提出した記憶がないけど、まさか空廻部長ったら忘れていたのかしら？

**マーク中川**　いやぁ、そのあたりは私も管理していますから大丈夫ですよ。
　まあ、確かに空廻部長はよく中間申告のことは忘れていましたが……。

**なし子**　どういうことですか？　提出したことはないのに、大丈夫って？？？

**マーク中川**　中間申告の方法は、前年実績に基づく予定申告というのと仮決算による中間申告という2つの方法があって、どちらかを会社が選択できるのです。そのうち、申告書の提出期限までに申告書を提出しなかった場合は、予定申告書が提出されたものとみなされて、予定申告の納税額を納付さえしていれば、問題はないのです。

**なし子**　そうか、そしたら「金一」は、申告書は提出していないので、予定申告を選択していたことになるのね。納税だけしていたから、提出していなくても大丈夫ってことですね。

**マーク中川**　そのとおりです。でも、過去に1度ミスがあったんですけどね……。

**なし子** 当てましょうか。空廻部長が納付を忘れた！

**マーク中川** ピンポーン！ あのときは、本当にびっくりしました。納付書を事前に渡しておいたのに、空廻部長はすっかり納付することを忘れちゃったみたいです。後で、帳簿を見ていたら納付している形跡がなかったから確認したら、空廻部長の机の引き出しから納付書が出てきたんです。

**なし子** それでどうなったんですか？

**マーク中川** 空廻部長がうやむやにすまそうとしたけど、後で延滞税が発生するので、事前に金田社長に報告しておかないといけませんから、社長に報告しておきました。

**なし子** 空廻部長はきちんと謝っていましたか？

**マーク中川** いつもの通り言い訳から始まっていたけど、まったく理由にならないから金田社長に一喝されていましたよ。金田社長は、空廻部長にはさんざん悩まされていましたよ。なし子さんは、同じミスはしないように気をつけてくださいね。

**なし子** はい、気をつけます。ところで、延滞税っていくらくらい発生するんですか？

**マーク中川** 納める税金に納付期限の翌日から納付日までの日数と利率を掛けて算出します。延滞税の利率は、前年11月末日の公定歩合＋4％です。

**なし子** 年利で4.5％位ってことですか。結構高いですね。さらに、これって損金にならないんですよね。

**マーク中川** そうなのです。だから絶対に納付もれだけは避けないといけないですよ。中間申告と確定申告の提出期限等についてまとめておきましたので、確認してください。

## ●申告・納付

| 区分 | | 申告の内容 | 申告期限 | 納期限 |
|---|---|---|---|---|
| 中間申告 | 前期の実績による申告（予定申告） | 事業年度開始の日以後6か月経過した日の前日までに確定した前事業年度分の法人税額を前事業年度の月数で除し、これに6を乗じて計算した金額に相当する法人税額を申告する | 事業年度開始の日以後6か月を経過した日から2か月以内 ただし、申告期限内に申告書の提出がない場合には、その申告期限に申告があったものとみなされる | 申告期限に同じ |
| | 仮決算をした場合の申告（中間申告） | 事業年度開始の日から6か月を1事業年度とみなして仮決算を行い、これにより計算した所得金額及び法人税額を申告する ※平成23年度税制改正により仮決算による中間税額が前事業年度の確定法人税額の12分の6を超える場合には、仮決算による中間申告書を提出できないこととされる予定です。 | 事業年度開始の日以後6か月を経過した日から2か月以内 | |
| 確定申告 | | 確定した決算に基づく所得金額及び法人税額を申告する | 事業年度終了の日の翌日から2か月以内 | 申告期限に同じ |

**マーク中川** 以下に、別表1を記載しましたので、見ておいてくださいね。

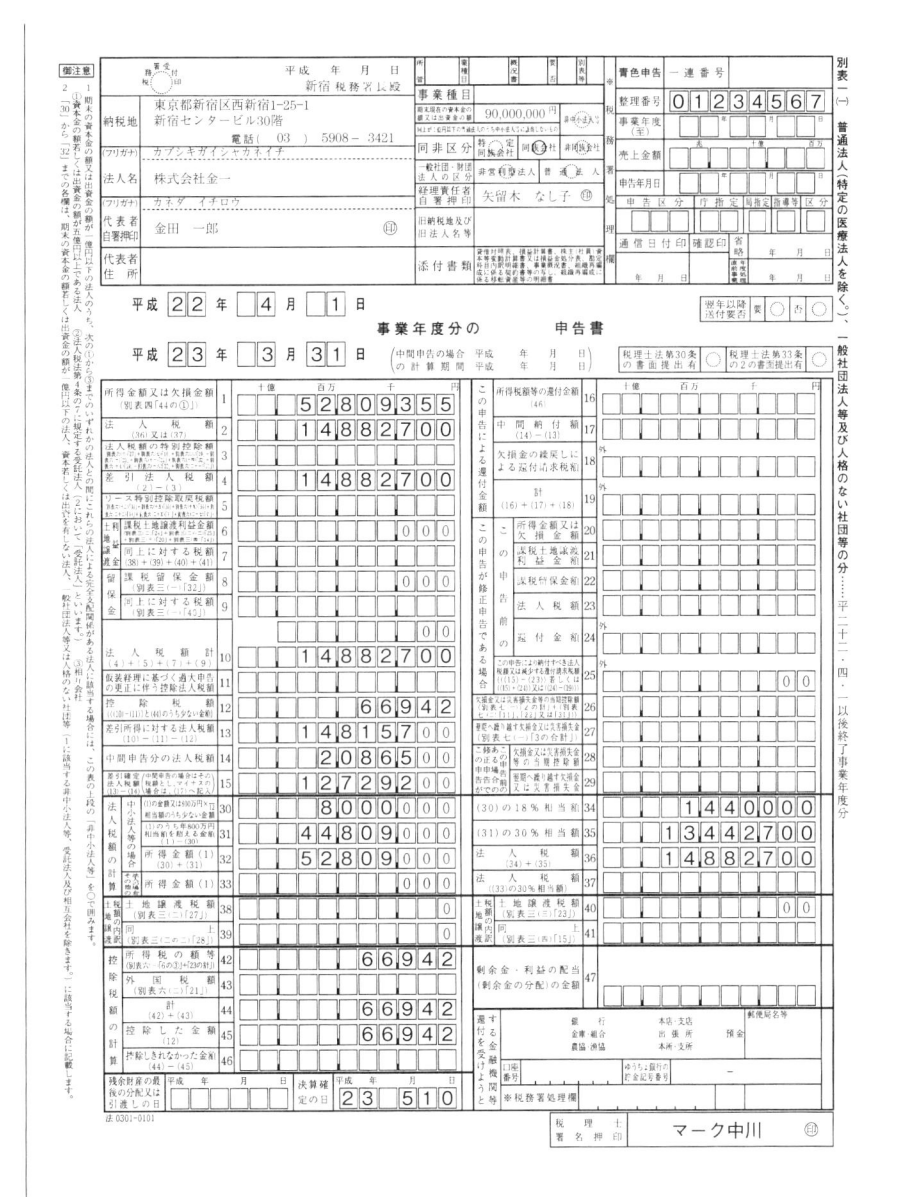

⑤会計処理

**マーク中川** 決算上は、別表1の15欄で算出された差引法人税額を未払計上します。なし子さん、伝票を起票してくれますか？

**なし子** はい、別表1の15欄の金額が12,729,200円ですから、次のような仕訳でしょうか？

**マーク中川** そうですね。法人税の申告書以外に地方税の申告書も作成しますが、そこで作成された申告書の差引納税額も法人税と同様に未払計上します。

> 別表1の15欄と合致します

```
決算整理仕訳
法人税の未払計上
 (法人税・住民税及び事業税) 12,729,200 / (未払法人税等) 12,729,200
都道府県民税の未払計上
 (法人税・住民税及び事業税) 1,926,000 / (未払法人税等) 1,926,000
事業税、地方法人特別税の未払計上
 (法人税・住民税及び事業税) 4,230,500 / (未払法人税等) 4,230,500
※外形標準課税適用法人の法人事業税の付加価値割及び資本割については、販売費及び一般管理費で表示します。
市町村民税の未払計上
 (法人税・住民税及び事業税) 716,300 / (未払法人税等) 716,300
```

※上記の未払税金の合計額（19,602,000円）は、B/S 未払法人税等に一致します。➡ **チェックリストB(8)①**

⑥留保金課税

**マーク中川** それでは、さきほど後回しにした留保金課税と税額控除について説明します。まずは、留保金課税からです。留保金課税は「金一」にとって関わりのある項目ですから、流さずに聞いてくださいね。

**なし子** 流してなんか聞いていませんよ。もう、マークさんったら。

**マーク中川** そしたら、まず先に重要用語が出るので、注意してくださいね。

留保金課税は、同族会社のうち特定同族会社にだけ適用される規定です。同族会社と特定同族会社の定義をまとめると次のとおりです。

---

**同族会社と特定同族会社の定義**
○同族会社とは、株主等の3人以下並びにこれらの同族関係者が有する株式等の合計額がその会社の発行済株式総数又は出資金額の総額（自己の有する株式及び出資を除きます）の50％超の会社をいいます。
○同族会社のうち1株主グループの持株保有割合50％超である資本金の額が1億円超の会社を「特定同族会社」といい、留保金課税が適用されます。
※資本金の額が1億円以下の会社であっても資本金が5億円以上の法人等の間に完全支配関係がある法人については留保金課税が適用されます。詳しくは「(24) 法人税の計算」の「コラム　グループ法人税制」を参照ください。

---

**なし子** 「金一」は、株主は金田一族で100％占めているけど、資本金が

9,000万円なので、特定同族会社に該当しないので、留保金課税は発生しないのですね。

**マーク中川** そうですね。次に、留保金課税の計算の方法について教えますが、そもそも何でこんな制度があると思いますか？

**なし子** うーん、儲かった分だけ税金を払ったのだから、もうこれ以上は税金をかけないでって気持ちでいっぱいですけど。

**マーク中川** そういった意見も多いので、留保金課税をなくすべきという議論があるのも事実ですが、一方で個人の所得税が累進課税になっていることから、所得を必要以上に会社に留保して、本来であれば会社が配当して個人に課税される所得税を、同族会社の場合は恣意的に減らすことができるので、必要以上に内部留保した場合には、通常の法人税とは別に追加課税を課せるべきという理由から留保金課税はなくなっておりません。

**なし子** なるほど、頭のいい人はそうやって税金を減らそうとして、そうやって税金を減らした人を取り締まろうとして留保金課税があるのね。いたちごっこのような気もするけど、これも課税の公平性という観点から致し方ないのかしら。

**マーク中川** 具体的な留保金課税の計算をするにあたっては、当期留保金額から留保控除額を差し引いて、それに税率を掛けます。当期留保金額、留保控除額、税率の考え方をまとめたので、理解してください。

### ●計算方法

留保金課税は次の算式に基づいて計算します。

> （当期留保金額－留保控除額）×税率＝留保金に係る税金
> 　　課税留保金額

#### （1）当期留保金額

当期留保金額は、次の算式に基づいて計算します。

> 別表4所得金額＋課税外収入－社外流出項目－配当金・法人税・
> 　　　　　　　　　　　　　住民税＝当期留保金額

当期留保金額とは当期の所得金額のうち留保した金額をいいますが、キャッシュベースでどのくらい残っているかがポイントになります。

課税外収入とは所得の計算上、益金不算入または損金算入した項目をいい、現金支出を伴っていないため内部留保されているので計算に含めます。

社外流出項目とは所得の計算上、損金不算入した項目のうち、社外流出したもので、現金支出を伴っているため、内部留保されていないので計算から控除します。配当金や当期の法人税・住民税は、短期的に資金が社外流出する予定の項目ですので、計算から控除します。

### (2) 留保控除額

留保控除額とは、ここまでだったら内部留保してもさしつかえないという内部留保の限度額です。具体的には、次の3つの基準のうち最も多い金額になります。

① 所得基準額

$$\text{所得等の金額} \times 40\%$$

② 定額基準額

$$2,000万円 \times \frac{\text{当期の月数}}{12}$$

② 積立基準額

$$\text{期末資本金額} \times 25\% - \text{期首利益積立金額}$$

### (3) 税率

当期留保金額から留保控除額を控除した金額を、課税留保金額といい、これに対して税率を乗じることにより留保金課税の追加税額が算定されます。

適用される税率は、次のとおりです。

| 課税留保金額 | 税率 |
|---|---|
| 年3,000万円以下の部分 | 10% |
| 年3,000万円を超え1億円以下の部分 | 15% |
| 年1億円を超える部分 | 20% |

## 第1章 基本編

### 別表三(一) 特定同族会社の留保金額に対する税額の計算に関する明細書

事業年度 22・4・1 ～ 23・3・31　法人名 株式会社金一

平二十二・四・一以後終了事業年度分

（様式省略：留保所得金額・当期留保金額の計算、積立金基準額の計算、所得基準額の計算、留保金額に対する税額の計算の各欄から成る別表三(一)）

### ⑦税額控除

**マーク中川** 続いて、税額控除について説明しますが、税額控除には、二重課税を排除するために設けられている所得税額控除や外国税額控除、粉飾決算に伴う税額控除、特定の政策目的のために設けられている諸々の特別控除がありますが、ここでは、頻出の所得税額控除について解説します。

**なし子** 所得税を税金計算上控除してくれるってことですか？

**マーク中川** そうですね。所得税額控除の所得税とは、預貯金の利子や利益の配当等に課税される所得税のことをいいます。利子をもらうときに税金

を控除されているのをなし子さんは知っていますか？

**なし子** 20％控除されている分のことですか？ 確か国税分として15％、地方税分として5％控除されていると教えてもらったことがあります。

**マーク中川** そうです。預貯金の場合は、15％分が所得税、5％分が住民税（道府県民税）利子割です。配当（上場会社以外）の場合は、20％分全てが、所得税です。利子や配当にかかる所得税は、法人税の前払いと考えるのです。

**なし子** 前払いなので、法人税を計算する際に、差し引いて考えるんですね。

**マーク中川** この所得税を税額控除するか、税額控除しないで、控除された分を損金として処理するかは会社の任意です。少しややこしいですが、税額控除することを選択した場合、所得税に相当する金額は、所得金額を算出する上で、損金には算入されません。これは、所得税相当額を控除する前の総額に所得を戻した上で、税額を算定し、その上で、前払い分の所得税を控除するという趣旨です。

---

**前提条件**

・未上場会社の配当10,000円をもらえることになった。
（保有期間は1年以上）
・配当に係る源泉所得税2,000円を控除され、8,000円を受領した。

（仕訳）
（借方）現金預金　8,000　　　（借方）受取配当金　10,000
　　　　租税公課　2,000

---

**税額控除を選択すると……**

・租税公課2,000円が損金とならない
　⇒ 加算して所得が増加
・税額計算後2,000円を控除

租税公課を加味する前の所得が10,000円で法人税率が30％の場合

10,000円 ＋ 2,000円 ＝ 12,000円
　　　　　加算

12,000円 × 30％ ＝ 3,600円
3,600円 － 2,000円 ＝ 1,600円
　　　　　　　　税額控除

---

**損金経理を選択すると……**

・租税公課2,000円が損金となる

租税公課を加味する前の所得が10,000円で法人税率が30％の場合

10,000円 － 2,000円 ＝ 8,000円
　　　　　損金算入

8,000円 × 30％ ＝ 2,400円

**なし子** 税額控除を選択した方が、損金で処理するよりも有利な気がしますが。

**マーク中川** 通常は税額控除が有利なので税額控除を選択しております。なお、利子割については、住民税（道府県民税）の前払いとして同様に扱います。

**なし子** 所得税額控除の対象となるものは、預貯金の利子や配当に関するもの以外にどんなものがありますか？

**マーク中川** それ以外には、公社債の利子、証券投資信託の収益分配金、みなし配当（会社法上では剰余金の配当に当たらないものでも、税法上は配当とみなして課税対象となるもの）などがあります。

**マーク中川** 次に控除できる所得税の計算という問題があります。

**なし子** 課税されている15％相当額そのものではないのですか？

**マーク中川** 預貯金の利子やみなし配当については、課税されている税金の全額が税額控除の対象となりますが、公社債の利子・利益の配当・証券投資信託の収益分配金などについては、元本の所有期間に対応する所得税額のみが控除対象になります。この元本の所有期間対応分の所得税の計算方法には、個別法と銘柄別簡便法の２つがあって、算式は次のとおりです。ちなみに、どちらの方法を選択するかは任意で、毎期、元本を公社債、株式出資、証券投資信託の受益権の３つに区分し、それぞれでいずれかを選択できます。

### ①個別法（原則法）

元本の銘柄ごと、所有期間の異なるものごとに次の算式により計算する方法です。

$$\text{利子配当等にかかる所得税額} \times \frac{\text{分母のうち元本所有期間の月数}}{\text{利子配当等の計算基礎期間の月数}}$$

（分数式は、小数点以下３位未満切上げ）

### ②銘柄別簡便法

元本の銘柄ごとに次の算式により計算する方法で、期中取得分を計算期間の1/2の間所有していたものと仮定します。

$$\text{利子配当等にかかる所得税額} \times \frac{A+(B-A)\times 1/2}{B}$$

（分数式は、小数点以下３位未満切上げ）

A：利子配当等の計算期間の開始時に所有する元本数

B：利子配当等の計算期間の終了時に所有する元本数

利子配当等の計算期間が1年を超える場合には、1/2ではなく1/12を適用します。

公社債については、算式中、元本数とあるのは額面金額と読み替えます。

分数式は、1が上限です。

**マーク中川** 具体例を載せてみたので、確認してください。

## ●所得税額控除

### ■具体例

> 当社はA社株式を10,000株保有している。A社は3月決算であり、決算配当100,000円（源泉所得税20,000円控除前）を期中に収受している。A社の計算期間は4月1日から3月31日であり、当社は4月1日時点で、A社株式を1,000株保有しており、6月に4,000株、12月に5,000株追加取得している。

| （借方） | | （貸方） | |
|---|---|---|---|
| 現金預金 | 80,000円 | 受取配当金 | 100,000円 |
| 租税公課 | 20,000円 | | |

#### ①個別法

20,000円×1,000株/10,000株×12/12(1.0)
　＋20,000円×4,000株/10,000株×10/12(0.834)
　　＋20,000円×5,000株/10,000株×4/12(0.334)
　　　＝12,012円

#### ②簡便法

20,000円×{1,000株＋(10,000株－1,000株)
　×1/2}/10,000株(0.55)
　　＝11,000円

①＞②　∴12,012円（申告調整により加算するとともに、法人税額から控除）

**マーク中川** 所得税額控除の法人税の別表は6（1）です。具体例を載せるので、確認してください。別表1で行っている税額控除の金額が別表6（1）の6③欄の金額と一致しているのが分かると思います。それと、同じく別表6（1）の6③の金額が別表4の29欄の金額と一致しているのも合わせて

確認してください。6③の欄を別表4で加算することで、税額控除を選択した場合の所得金額の総額への戻し計算がなされているのです。

**なし子** なるほど、理屈に合うように申告書がつながっているのですね。

---

所得税額の控除及びみなし配当金額の一部の控除に関する明細書　事業年度 22・4・1〜23・3・31　法人名 株式会社金一　別表六(一) 平二十二・四・一以後終了事業年度分

### I 所得税額の控除に関する明細書

| 区　分 | 収入金額① | ①について課される所得税額② | ②のうち控除を受ける所得税額③ |
|---|---|---|---|
| 預貯金の利子及び合同運用信託の収益の分配　1 | 312,971 | 46,942 | 46,942 |
| 公社債の利子等　2 | | | |
| 剰余金の配当、利益の配当及び剰余金の分配（みなし配当等を除く。）　3 | 150,000 | 30,000 | 20,000 |
| 集団投資信託（合同運用信託を除く。）の収益の分配　4 | | | |
| その他　5 | | | |
| 計　6 | 462,971 | 76,942 | 66,942 |

公社債の利子等、剰余金の配当、利益の配当及び剰余金の分配又は集団投資信託（合同運用信託を除く。）の収益の分配に係る控除を受ける所得税額の計算

**個別法による場合**

| 銘柄 | 収入金額 7 | 所得税額 8 | 利子配当等の計算基礎期間 9 | ⑨のうち元本所有期間 10 | 所有期間割合⑩/⑨（小数点以下3位未満切上げ）11 | 控除を受ける所得税額 ⑧×⑪ 12 |
|---|---|---|---|---|---|---|
| | 円 | 円 | 月 | 月 | | 円 |

**銘柄別簡便法による場合**

| 銘柄 | 収入金額 13 | 所得税額 14 | 利子配当等の計算期末の所有元本数等 15 | 利子配当等の計算期首の所有元本数等 16 | (15)−(16) 2又は12(負数の場合は零とする。) 17 | 所有元本割合(16)+(17)/(15) 18 | 控除を受ける所得税額 ⑭×⑱ 19 |
|---|---|---|---|---|---|---|---|
| 中丸物産 | 30,000 円 | 6,000 円 | 20,000 | 20,000 | | 1.000 | 6,000 円 |
| 中丸物産 | 20,000 | 4,000 | 20,000 | 20,000 | | 1.000 | 4,000 |
| ABC商事 | 100,000 | 20,000 | 10,000 | 0 | 5,000 | 0.500 | 10,000 |

その他に係る控除を受ける所得税額の明細

| 支払者の氏名又は法人名 | 支払者の住所又は所在地 | 支払を受けた年月日 | 収入金額 20 | 控除を受ける所得税額 21 | 参考 |
|---|---|---|---|---|---|
| | | 平・・ | 円 | 円 | |
| | | 平・・ | | | |
| | | 平・・ | | | |
| | | 平・・ | | | |
| | | 平・・ | | | |
| 計 | | | | | |

### II みなし配当金額の一部の控除に関する明細書

| 法人名 | 解散の年月日 | みなし配当金額 22 | ㉒の25％相当額 23 |
|---|---|---|---|
| | 昭・・ | 円 | 円 |
| | 昭・・ | | |
| 計 | | | |

法 0301-0601

---

⑧決算チェックリスト

**B 負債勘定**

**（8）未払法人税等**

①当期末の未払法人税等計上額が正確な金額である事を申告書別、税目別に

確認したか。

---

### コラム〔グループ法人税制〕

　平成22年10月1日からグループ法人税制が導入され、完全支配関係のある法人については課税上も一体的運営をしているものとして取り扱うこととなりました。グループ法人税制は、連結納税制度のような選択税制ではなく、一定の要件を満たした法人間の取引に対して強制的に適用される税制であるため、影響は広範囲に及びます。

#### 1．対象

　グループ法人税制は、100％グループ内、つまり完全支配関係のある法人を対象としています。

　完全支配関係とは、一の者（法人、個人）が法人の発行済株式等の全部を直接若しくは間接に保有する関係（当事者間の完全支配の関係）、または一つの者との間に当事者間の完全支配の関係がある法人相互の関係をいいます。

当事者間の完全支配の関係

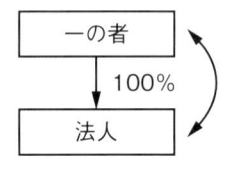

```
┌─────┐
│ 一の者 │
└─────┘
   ↓↑ 100％
┌─────┐
│ 法人  │
└─────┘
```

一の者との間に当事者間の
完全支配の関係がある法人相互の関係

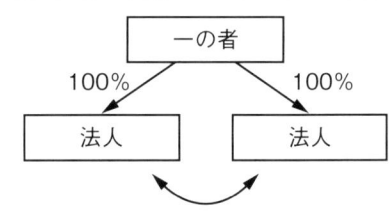

```
        ┌─────┐
        │ 一の者 │
        └─────┘
     100％↙    ↘100％
┌─────┐      ┌─────┐
│ 法人  │ ←→  │ 法人  │
└─────┘      └─────┘
```

#### 2．100％グループ内法人間における一定の資産の譲渡損益の繰延

　グループ法人間の一定の資産の譲渡については譲渡損益を繰り延べることとされ、当該資産をグループ外へ移転等（譲渡、償却、評価換え、除却、グループ離脱等）するときに、譲渡側の法人において譲渡損益を認識することとされました。

　これにより、100％グループ内の譲渡による譲渡損益の計上ができなくなりましたが、一方でグループ法人間での設備等の資産の移転について課税を生じることなく行えることができるようになりました。

#### 3．100％グループ内法人間における寄附

　グループ法人税制では、寄附側の法人においては全額損金不算入、寄附を受ける側の法人において全額益金不算入とされるため、結果的にグループ法人全体では課税の問題は生じないこととなりました。（法人による完全支配関係に限ります）

　そのため、グループ全体では課税の問題が生じないことになるため、完全支配関係にある法人間では資金の移転がしやすくなりました。

#### 4．中小企業向け特例措置の適用範囲の変更

　これまでは、中小企業向け特例措置の適用可否は、その企業の資本金が1

億円以下か否かで行っていました。グループ法人税制の導入により、自らの資本金等の規模に加えて、親会社の資本金等の規模も判定に用いられるようになりました。

　資本金が1億円以下の法人に係る次の制度については、資本金が5億円以上の法人との間にこれらの法人による完全支配関係がある法人には適用しないこととなっています。
①軽減税率
②特定同族会社の特別税率（留保金課税）の不適用
③貸倒引当金の法定繰入率
④交際費等の損金不算入制度における定額控除制度
⑤欠損金の繰り戻しによる還付制度
⑥欠損金等の繰越控除の使用制限の不適用（平成23年度税制改正により追加予定）
⑦貸倒引当金の損金算入（平成23年度税制改正により追加予定）

## (25) 財務諸表の作成

**マーク中川** さあ、最後の税金計算も終わって、未払税金の計上もしたので、これ以上伝票を入れる必要はありませんよ。

**なし子** 本当ですね。それじゃ、作業完了ってことですね。

**マーク中川** あと、最後にまとめとして、財務諸表を作成するというプロセスが残っています。これで最後ですので、がんばってください。

**なし子** だまし、だましここまで連れてきていただいた感じですが、ここまでくるとがんばれそうです。財務諸表の作成について、教えてください。

**マーク中川** まず、財務諸表といっても具体的に何を作成するかですが、作成するものは、貸借対照表、損益計算書、株主資本等変動計算書、個別注記表です。

**なし子** 貸借対照表、損益計算書は聞いたことがありますが、それ以外の2つは聞いたことがないです。

①貸借対照表の作成

**マーク中川** まず、貸借対照表は、会社の一定時点での資産、負債、純資産の状態を表したもので、会社の利害関係者に経営状態の情報を提供している書類です。

**なし子** 利害関係者って誰のことですか？

**マーク中川** 利害関係者としては、会社の株主やお金を貸してくれる銀行、取引先などの債権者があげられます。

**なし子** 会社の経営状態をチェックする必要があるような人たちのことですね。

**マーク中川** はい。それと、貸借対照表のひな型を見ていただきたいのですが、まず、大きくは3つの区分に分かれるのを確認してください。

**なし子** 資産の部、負債の部、純資産の部ですね。

**マーク中川** そうです。純資産の部という名称は、商法から会社法に法律が変わった際に名称が変更となり、純資産の部の内訳は、株主資本、評価・換算差額等、新株予約権に区分されます。さらに、株主資本は、資本金、新株式申込証拠金、資本剰余金、利益剰余金、自己株式、自己株式申込証拠金に区分され、評価・換算差額等は、その他有価証券評価差額金、繰延

ヘッジ損益、土地再評価差額金に区分されます。

| 純資産の部の内訳 | |
|---|---|
| Ⅰ．株主資本 | 資本金 |
| | 新株式申込証拠金 |
| | 資本剰余金 |
| | 　　資本準備金 |
| | 　　その他資本剰余金 |
| | 利益剰余金 |
| | 　　利益準備金 |
| | 　　その他利益剰余金 |
| | 自己株式 |
| | 自己株式申込証拠金 |
| Ⅱ．評価・換算差額等 | その他有価証券評価差額金 |
| | 繰延ヘッジ損益 |
| | 土地再評価差額金 |
| Ⅲ．新株予約権 | |

## 貸 借 対 照 表

平成23年3月31日 現在

株式会社金一 　　　　　　　　　　　　　　　　　　　　　　　　　　　　　　（単位： 円）

### 資産の部

【流動資産】

|  |  |  |
|---|---:|---:|
| 現　金　・　預　金 | 255,137,002 | |
| 受　取　手　形 | 11,423,927 | |
| 売　掛　金 | 96,883,814 | |
| 商　品 | 11,417,938 | |
| 前　渡　金 | 2,115,000 | |
| 預　け　金 | 36,720 | |
| 前　払　費　用 | 2,887,500 | |
| 仮　払　金 | 200,000 | |
| 貸　倒　引　当　金 | －2,500,847 | |
| 流　動　資　産　合　計 | | 377,601,054 |

【固定資産】

【有形固定資産】

|  |  |  |
|---|---:|---:|
| 建　　物 | 436,386,437 | |
| 建　物　付　属　設　備 | 213,569,880 | |
| 構　築　物 | 13,731,068 | |
| 機　械　装　置 | 12,731,456 | |
| 車　両　運　搬　具 | 1,340,693 | |
| 工　具　器　具　備　品 | 17,896,069 | |
| リ　ー　ス　資　産 | 2,208,000 | |
| 建　設　仮　勘　定 | 322,500,000 | |
| 土　　地 | 91,152,483 | |
| 有　形　固　定　資　産　合　計 | 1,111,516,086 | |

【無形固定資産】

|  |  |  |
|---|---:|---:|
| 電　話　加　入　権 | 475,000 | |
| 無　形　固　定　資　産　合　計 | 475,000 | |

【投資その他の資産】

|  |  |  |
|---|---:|---:|
| 投　資　有　価　証　券 | 7,770,000 | |
| 敷　金 | 2,290,000 | |
| 保　険　積　立　金 | 37,379,066 | |
| 長　期　前　払　費　用 | 245,716 | |
| 投　資　そ　の　他　の　資　産　合　計 | 47,684,782 | |
| 固　定　資　産　合　計 | | 1,159,675,868 |
| 資　産　の　部　合　計 | | 1,537,276,922 |

負債の部

【流動負債】

| 支払手形 | 22,121,920 | |
|---|---|---|
| 買掛金 | 10,736,971 | |
| 一年以内返済長期借入金 | 115,732,999 | |
| 未払金 | 21,987,897 | |
| 未払法人税等 | 19,602,000 | |
| 未払消費税等 | 3,951,700 | |
| 未払費用 | 21,691,788 | |
| 前受金 | 5,495,000 | |
| 預り金 | 340,740 | |
| 賞与引当金 | 6,300,000 | |
| 流動負債合計 | | 227,961,015 |

【固定負債】

| 長期借入金 | 530,773,740 | |
|---|---|---|
| 長期預り金 | 40,000,000 | |
| リース債務 | 2,318,400 | |
| 固定負債合計 | | 573,092,140 |
| 負債の部合計 | | 801,053,155 |

純資産の部

【株主資本】

| 資本金 | | 90,000,000 | |
|---|---|---|---|
| 利益剰余金 | | | |
| その他利益剰余金 | | | |
| 別途積立金 | | 290,000,000 | |
| 繰越利益剰余金 | | 356,423,767 | |
| その他利益剰余金合計 | | 646,423,767 | |
| 利益剰余金合計 | | 646,423,767 | |
| 株主資本合計 | | | 736,423,767 |

【評価・換算差額等】

| その他有価証券評価差額金 | −200,000 | |
|---|---|---|
| 評価・換算差額等合計 | | −200,000 |
| 純資産の部合計 | | 736,223,767 |
| 負債及び純資産合計 | | 1,537,276,922 |

**マーク中川** それと、資産の部と、負債の部を見てもらいたいのですが、並び順に一定のルールがあるのです。

**なし子** 流動と固定っていう区分になっているみたいですけど。

**マーク中川** そうなのです。換金可能性が高いもの、通常会計では、「流動

性」って言っているのですが、流動性の高いものから低いものの順で並んでいるのです。そのため、資産の部なら、「流動資産」が上に来て、その下に「固定資産」が並んでいるのです。流動資産の中でも、換金された結果としての現金や預金は一番上に配列されて、その下には換金性の高い売掛金が来て、だんだん換金性が低いものが並ぶようになっていますよね。

**なし子** 流動と固定の区分は何かルールがあるんでしょうか？

**マーク中川** 通常1年以内に現金化されたり、費用化されるものが流動の区分にきます。ただし、材料→仕掛品→製品→売上債権といった正常な営業循環過程にある場合は、必ずしも1年以内でなくても、流動資産あるいは流動負債に区分されます。このように流動性の高いものから低いものへと記載する方法を「流動性配列法」と呼んでいるのです。

## ②損益計算書の作成

**マーク中川** 次に損益計算書です。

**なし子** これは、儲けが分かる資料ですよね。

**マーク中川** そうですね。会社の各事業年度における収益から費用を引いた利益や損失の状態を利害関係者に情報提供するものです。

**なし子** さきほどの貸借対照表のように何か区分のルールとかはあるんですか？

**マーク中川** 後で掲載している損益計算書を見ていただきたいのですが、損益計算書の構成は、売上高、売上原価、販売費及び一般管理費、営業外収益、営業外費用、特別利益、特別損失、法人税等、法人税等調整額に区分されています。

**なし子** それぞれの段階ごとに利益も表示されるんですね。

**マーク中川** そうです。売上総利益、営業利益、経常利益、税引前当期純利益、当期純利益のそれぞれの利益が段階ごとに表示されます。それと、以前は、当期純利益以降で前期繰越損益、中間配当金、中間配当にかかる利益準備金の積立額、利益準備金の取崩額等を加減算して当期未処分利益を計算していましたが、会社法への移行に伴って、損益計算書では、当期純利益までの表示となりました。

**なし子** 当期未処分利益までの計算はしなくて良いということですか？

**マーク中川** それについては、今からお話する株主資本等変動計算書の中で計算して、記載されることになったのです。

## 損 益 計 算 書

自 平成22年4月1日
至 平成23年3月31日

株式会社金一 (単位： 円)

| | | |
|---|---:|---:|
| 【売上高】 | | |
| 　売　　上　　高 | 582,218,385 | |
| 　　売　上　高　合　計 | | 582,218,385 |
| 【売上原価】 | | |
| 　期　首　商　品　棚　卸　高 | 9,972,688 | |
| 　当　期　商　品　仕　入　高 | 190,781,867 | |
| 　　合　　　　　計 | 200,754,555 | |
| 　期　末　商　品　棚　卸　高 | 11,597,938 | |
| 　商　品　評　価　損 | －180,000 | |
| 　　商　品　売　上　原　価 | 189,336,617 | |
| 　　売　　上　　原　　価 | | 189,336,617 |
| 　　　売　上　総　利　益　金　額 | | 392,881,768 |
| 【販売費及び一般管理費】 | | |
| 　販売費及び一般管理費合計 | | 334,811,944 |
| 　　　営　業　利　益　金　額 | | 58,069,824 |
| 【営業外収益】 | | |
| 　受　　取　　利　　息 | 312,971 | |
| 　受　　取　　配　　当　　金 | 150,000 | |
| 　雑　　　収　　　入 | 3,717,764 | |
| 　営　業　外　収　益　合　計 | | 4,180,735 |
| 【営業外費用】 | | |
| 　支　　払　　利　　息 | 6,295,270 | |
| 　手　　形　　売　　却　　損 | 2,958 | |
| 　為　　替　　差　　損 | 46,000 | |
| 　投　資　有　価　証　券　売　却　損 | 1,880,000 | |
| 　営　業　外　費　用　合　計 | | 8,224,228 |
| 　　　経　常　利　益　金　額 | | 54,026,331 |
| 【特別損失】 | | |
| 　固　定　資　産　除　却　損 | 62,500 | |
| 　　特　別　損　失　合　計 | | 62,500 |
| 　　税引前当期純利益金額 | | 53,963,831 |
| 　　法人税、住民税及び事業税 | | 22,860,687 |
| 　　　当　期　純　利　益　金　額 | | 31,103,144 |

## 販売費及び一般管理費内訳書

自　平成22年４月１日
至　平成23年３月31日

株式会社金一　　　　　　　　　　　　　　　　　　　　　　　　　（単位：　円）

|  |  |
|---|---:|
| 役員報酬 | 34,200,000 |
| 給料手当 | 76,048,980 |
| 賞与 | 15,570,000 |
| 法定福利費 | 12,389,655 |
| 厚生費 | 56,849 |
| 賞与引当金繰入額 | 200,000 |
| 包装材料費 | 74,864,810 |
| 交際費 | 6,392,261 |
| 車両関係費 | 432,877 |
| 燃料費 | 643,295 |
| 旅費交通費 | 2,973,566 |
| 運賃 | 536,145 |
| 通信費 | 1,235,549 |
| 消耗品費 | 6,025,319 |
| 修繕費 | 77,468 |
| 水道光熱費 | 4,024,836 |
| 諸会費 | 51,205 |
| 支払手数料 | 2,365,761 |
| 支払保険料 | 16,399,385 |
| 顧問料 | 1,970,000 |
| 寄付金 | 910,000 |
| 減価償却費 | 25,326,522 |
| 地代家賃 | 7,239,516 |
| 賃借料 | 31,774,167 |
| 租税公課 | 5,281,600 |
| 長期前払費用償却 | 68,571 |
| 貸倒引当金繰入額 | 1,285,088 |
| 雑費 | 6,468,519 |
| 販売費及び一般管理費合計 | 334,811,944 |

③株主資本等変動計算書の作成

**なし子**　株主資本等変動計算書って何が記載されるんですか？

**マーク中川**　株主資本等変動計算書では、貸借対照表の純資産の部の変動を表します。後で記載している具体例を見ていただきたいのですが、貸借対照表の純資産の部の内訳である株主資本、評価・換算差額等、新株予約権に区分して、前期末残高、当期中の変動額、当期末残高を表示します。さ

らに、当期中の変動額については、変動内容を明示しなければなりません。

→ **チェックリスト D(1)①**

**なし子** ということは、株主資本等変動計算書の区分ごとに期末残高と貸借対照表の純資産の部の区分ごとの期末残高とは、一致するんですね。

→ **チェックリスト D(1)②**

**マーク中川** そのとおりです。それと、様式についてですが、今回記載した様式では純資産の各項目を横に並べていますが、各項目を縦に並べる様式もありますので、その点も知っておくと、縦型の様式を見てもびっくりしないと思いますよ。

**株主資本等変動計算書**

自　平成22年4月1日
至　平成23年3月31日

株式会社金一　　　　　　　　　　　　　　　　　　　　　　　　　　　　（単位：円）

| | 株主資本 | | | | | | | | | | |
|---|---|---|---|---|---|---|---|---|---|---|---|
| | 資本金 | 新株式申込証拠金 | 資本剰余金 | | | 利益剰余金 | | | | 自己株式 | 自己株式申込証拠金 | 株主資本合計 |
| | | | 資本準備金 | その他資本剰余金 | 資本剰余金合計 | 利益準備金 | その他利益剰余金 | | 利益剰余金合計 | | | |
| | | | | | | | 別途積立金 | 繰越利益剰余金 | | | | |
| 前期末残高 | 90,000,000 | 0 | 0 | 0 | 0 | 0 | 290,000,000 | 325,320,623 | 615,320,623 | 0 | 0 | 705,320,623 |
| 当期変動額 | | | | | | | | | | | | |
| 当期純利益金額 | | | | | | | | 31,103,144 | 31,103,144 | | | 31,103,144 |
| 当期変動額合計 | ― | ― | ― | ― | ― | ― | ― | 31,103,144 | 31,103,144 | ― | ― | 31,103,144 |
| 当期末残高 | 90,000,000 | 0 | 0 | 0 | 0 | 0 | 290,000,000 | 356,423,767 | 646,423,767 | 0 | 0 | 736,423,767 |

| | 評価・換算差額等 | | | | 新株予約権 | 純資産合計 |
|---|---|---|---|---|---|---|
| | その他有価証券評価差額金 | 繰延ヘッジ損益 | 土地再評価差額金 | 評価・換算差額等合計 | | |
| 前期末残高 | 0 | 0 | 0 | 0 | 0 | 705,320,623 |
| 当期変動額 | | | | | | |
| 株主資本以外の項目の当期変動額（純額） | −200,000 | | | −200,000 | | |
| 当期変動額合計 | −200,000 | ― | | −200,000 | ― | 30,903,144 |
| 当期末残高 | −200,000 | 0 | 0 | −200,000 | 0 | 736,223,767 |

### ④個別注記表の作成

**マーク中川** 続いて作成するのは、個別注記表です。個別注記表は、貸借対照表、損益計算書及び株主資本等変動計算書に関する注記事項をまとめたものです。

**なし子** 個別注記表に記載しなければならない項目ってどんなものがあるんですか？

**マーク中川** 会社の種類によって違う部分もありますが、個別注記表に記載

すべき項目は次のとおりです。 ➡ **チェックリスト D(2)①**

| | 会計監査人設置会社以外の会社（公開会社を除く）の個別注記表 | 会計監査人設置会社以外の公開会社の個別注記表 | 会計監査人設置会社（大会社で有価証券報告書を提出しなければならない会社を除く）の個別注記表 | 会計監査人設置会社のうち大会社で有価証券報告書を提出しなければならない会社の個別注記表 |
|---|---|---|---|---|
| 継続企業の前提に関する注記 | | | ○ | ○ |
| 重要な会計方針に係る事項に関する注記 | ○ | ○ | ○ | ○ |
| 貸借対照表に関する注記 | | ○ | ○ | ○ |
| 損益計算書に関する注記 | | ○ | ○ | ○ |
| 株主資本等変動計算書に関する注記 | ○ | ○ | ○ | ○ |
| 税効果会計に関する注記 | | ○ | ○ | ○ |
| リースにより使用する固定資産に関する注記 | | ○ | ○ | ○ |
| 金融商品に関する注記 | | ○ | ○ | ○ |
| 賃貸等不動産に関する注記 | | ○ | ○ | ○ |
| 持分法損益等に関する注記 | | | | ○ |
| 関連当事者との取引に関する注記 | | ○ | ○ | ○ |
| 1株当たりの情報に関する注記 | | ○ | ○ | ○ |
| 重要な後発事象に関する注記 | | ○ | ○ | ○ |
| 連結配当規制適用会社に関する注記 | | | ○ | ○ |
| その他の注記 | ○ | ○ | ○ | ○ |

**マーク中川** それぞれの記載事項の内容や留意点をまとめると次のようになります。

> **継続企業の前提に関する注記**
> 　事業年度の末日において、当該株式会社が将来にわたって事業を継続するとの前提に重要な疑義を生じさせるような事象又は状況が存在する場合であって、当該事象又は状況を解消し、又は改善させるための対応をしてもなお継続企業の前提に関する重要な不確実性が認められるとき（当該事業年度の末日に当該重要な不確実性が認められなくなった場合を除く）における次に掲げる事項とする。
> ・当該事象又は状況が存在する旨及びその内容
> ・当該事象又は状況を解消し、又は改善するための対応策
> ・当該重要な不確実性が認められる旨及びその理由
> ・当該重要な不確実性の影響を計算書類（連結注記表にあっては、連結計算書類）に反映しているか否かの別
>
> **重要な会計方針に係る事項に関する注記**
> 　財務諸表の作成のために採用している会計処理の原則及び手続並びに表示方法その他財務諸表作成のための基本となる以下の事項について記載をする。

- 有価証券の評価基準及び評価方法
- デリバティブ等の評価基準及び評価方法
- 棚卸資産の評価基準及び評価方法
- 固定資産の減価償却の方法
- 繰延資産の処理方法
- 外貨建資産負債の換算基準
- 引当金の計上基準
- 収益及び費用の計上基準
- ヘッジ会計の方法
- その他財務諸表作成のための基本となる重要な事項(消費税の処理方法など)

**会計方針の変更に関する注記**

会計方針を変更した場合は、「その旨」、「変更の理由」及び「変更による増減額」を記載しなければならない。

**貸借対照表に関する注記**

貸借対照表に関する注記として、以下の事項を記載する。
- 担保提供資産
- 貸倒引当金等の表示
- 減価償却累計額の表示
- 減損損失累計額の表示
- 保証債務等
- 関係会社金銭債権・債務
- 取締役・監査役及び執行役に対する金銭債権・債務
- 親会社株式

**損益計算書に関する注記**

損益計算書に関する注記として、以下の事項を記載する。
- 関係会社との取引高

**株主資本等変動計算書に関する注記**

株主資本等変動計算書に関する注記として、以下の事項を記載する。
- 事業年度末日における発行済株式数
- 事業年度末日における自己株式数
- 事業年度中に行った剰余金の配当に関する次の事項
    ①配当財産が金銭である場合、当該金銭の総額
    ②配当財産が金銭以外の財産である場合における当該財産の帳簿価額の総額
- 事業年度末日において発行している新株予約権の目的となる会社の株式数

**税効果会計に関する注記**

税効果会計に関する注記として、以下についての発生の主な原因別内訳の注記をする。
- 繰延税金資産
- 繰延税金負債

**リースにより使用する固定資産に関する注記**
　具体的な注記内容は、以下の項目である。
・事業年度末における取得原価相当額
・事業年度末における減価償却累計額相当額
・事業年度末における未経過リース料相当額
・上記3項目以外のリース物件にかかる重要な事項

**金融商品に関する注記**
　以下の項目について注記が必要である。
・金融商品の状況に関する事項
・金融商品の時価等に関する事項

**賃貸等不動産に関する注記**
　以下の項目について注記が必要である。
・賃貸等不動産の状況に関する事項
・賃貸等不動産の時価に関する事項

**持分法損益等に関する事項**
　関連会社がある場合には次に掲げる事項
・関連会社に対する投資の金額
・当該投資に対して持分法を適用した場合の投資の金額
・投資利益又は投資損失の金額

　開示対象特別目的会社がある場合には次に掲げる事項
　・開示対象特別目的会社の概要
　・開示対象特別目的会社との取引の概要及び取引金額
　・その他の重要な事項

**関連当事者との取引に関する注記**
・関連当事者が会社等であるときは、次に掲げる事項
　　①名称
　　②関連当事者の総株主等の議決権の総数に占める議決権の数の割合
　　③株式会社の総株主の議決権の総数に占める関連当事者が有する議決権の数の割合
・関連当事者が個人であるときは、次に掲げる事項
　　①氏名
　　②株式会社の総株主の議決権の総数に占める関連当事者が有する議決権の数の割合
・株式会社と関連当事者との関係
・取引の内容
・取引の種類別の取引金額
・取引条件及び取引条件の決定方針
・取引により発生した債権・債務に係る主な科目別の事業年度末における残高
・取引条件の変更があった場合には、その旨、変更の内容および当該変更が計算書類に与えている影響の内容

> **1株当たり情報に関する注記**
> 　以下の項目について注記が必要である。
> ・1株当たり純資産価額
> ・1株当たり当期純利益金額または当期純損失金額
>
> **重要な後発事象に関する注記**
> 　事業年度末以後において、会社の翌事業年度以降の財産または損益に重要な影響を及ぼす事象が発生した場合に注記が必要となる。

**なし子**　いろんなことを書かないといけないんですね。でも、これを見たら利害関係者の人たちは、会社のことをよく理解できそうですね。

**マーク中川**　「金一」の個別注記表を作っておいたので、よく見ておいてください。

---

**個別注記表**

1．重要な会計方針
（1）有価証券の評価基準及び評価方法
その他有価証券
市場価値のあるもの……期末日の市場価格等に基づく時価法（評価差額は全部純資産直入法により処理し、売却原価は移動平均法により算定）
市場価格のないもの……移動平均法による原価法

（2）棚卸資産の評価基準及び評価方法
商品……先入先出法による低価法

（3）固定資産の減価償却の方法
　次の方法により償却しております。
①有形固定資産
　　建物…………イ　平成19年3月31日以前に取得したもの　旧定額法
　　　　　　　　ロ　平成19年4月1日以降に取得したもの　定額法
　　建物以外……イ　平成19年3月31日以前に取得したもの　旧定率法
　　　　　　　　ロ　平成19年4月1日以降に取得したもの　定率法
②無形固定資産　　定額法

（4）引当金の計上基準
①貸倒引当金の計上基準
　債権の貸倒れによる損失に備えるため、一般債権については貸倒実績率により、貸倒懸念債権等特定の債権については個別に回収可能性を検討し、回収不能見込額を計上しております。

（5）その他計算書類の作成のための基本となる重要事項
①消費税等の会計処理
　消費税等の会計処理は、税抜方式によっています。

2．貸借対照表に関する注記
①有形固定資産の減価償却累計額　　　250,147,682円
②受取手形割引高　　　　　　　　　　　1,500,000円
③受取手形裏書譲渡高　　　　　　　　　　870,000円

3．株主資本等変動計算書に関する注記
①当該事業年度の末日における発行済株式の数
普通株式　　　　　　　　　　　　　　1,800,000株
②当該事業年度の末日における自己株式の数
普通株式　　　　　　　　　　　　　　1,800,000株

4．1株当たり情報に関する注記
①1株当たりの純資産額　　　　　　　　　409.01円
②1株当たりの当期純利益金額　　　　　　　17.28円

**マーク中川**　そして、これにて今回の決算業務は終了です。どうでした？

**なし子**　はじめは、本当にさえない対応も多くてマークさんにあきれられたと思いましたけど、最後まで粘り強く教えてくださってありがとうございます。次回は、マークさんに見ていただく段階では、「完璧！」って言われるように、もう一度マニュアルをよく読んで復習します。本当にありがとうございました。

**マーク中川**　ほんと、はじめはどうなることかと思ったけど、後半からはすごくやる気も出てきて、感心しました。次回の決算では、完璧なお仕事をするなし子さんに会えるのを楽しみにしています。それと、近いうちに今回教えられなかったテーマについては機会を作って教えますので、もう少しがんばってね。

マーク中川による、なし子への熱心な指導はこうして幕を閉じたのである。

⑤決算チェックリスト

**D 財務諸表**

**（1）株主資本等変動計算書**
①期中における異動を変動事由に応じて反映させているか。
②株主資本等変動計算書の区分ごとの期末残高が、純資産の部の区分ごとの期末残高とそれぞれ一致しているか確認したか。

**（2）個別注記表**
①会社区分に応じて、必要な注記が記載されているか確認したか。

# 第2章

# 個 別 編

# （1） 賞与引当金

　　マーク中川の真剣かつ強烈な指導のもと、なし子はなんとか決算業務を無事に終わらせることができ、仕事にやりがいを感じ、充実した日々を送っていた。噂によると私生活も充実しているらしい。そんな決算が一段落した中、今日は大きなイベントが2つあるらしい。

　　1つは、今回の決算業務の中で比較的難易度が高いという理由で、なし子が携わらなかった項目について、マーク中川が、終日なし子に指導をすることになっている。

　　そして、もう1つは、金田社長が、日頃お世話になっているマーク中川と、今回の決算でめざましい進歩を遂げたなし子に決算業務の慰労をかねて食事会が催されることになっている。金田社長によれば、5名で予約をしているらしい。ということは、あと2名……。はて、誰なのか？

**マーク中川**　なし子さん、お久しぶり！　元気そうですね。先月は、決算業務お疲れ様でした。金田社長が、なし子さんは、最近はすごく前向きに仕事をしているって喜んでいましたよ。

**なし子**　その節は、本当にお世話になりました。おかげで仕事がおもしろくなってきました。マークさんのおかげです。

**マーク中川**　こちらこそ、やる気のある人と仕事して、楽しかったです。でも、ついつい熱くなってしまって、申し訳なかったけど、本当に成長しましたね。あれっ、薬指に指輪しているけど……。

**なし子**　マークさんって目ざといですね。実は、私、婚約したんです。いつかお話しした空廻部長が紹介して下さった方と。結婚したら「三須」に姓が変わることになると思います。名前負けしないように、がんばりますから、今後も厳しくご指導ください。今日は、終日、難しい論点を学べるということで楽しみにしていたんです。

**マーク中川**　そうなんですか。おめでとうございます。空廻部長は、お節介な面もあるけど、あれで結構面倒見がいいところあるから。今度、フィアンセにお会いさせてくださいよ。

**なし子**　はい。そんなことより、早く今日のテーマについて教えてください。

**マーク中川**　話をはぐらかされた感じですが、おしゃべりしていると空廻部

第2章 個別編 185

長が聞き耳を立てていて、社長に報告されちゃいそうだからね。今日は、賞与引当金、退職給付引当金、税効果会計、消費税のうち簡易課税について説明しますね。

①賞与引当金とは

**マーク中川** まずは、賞与引当金について説明しますね。なし子さんも賞与を夏と冬にもらっていますよね。「金一」の賞与って、どんな基準で支給されているか知っていますか？

**なし子** 金田社長が査定していると思いますが、基準はあまり読んでないので気にしていませんでした。一応私の場合は、だいたい給料の1.5か月分位が支給されていたと思います。

**マーク中川** まあ、査定の基準は各社各様なので、その考え方の善し悪しについてはいったんおいておくとして、決算上計上している賞与引当金を考える際は、支給基準を知っておくことは重要です。ここで、支給基準とは、①支給日はいつで、②いつからいつまでを支給対象期間とするか、③対象者は誰か、④支給金額の枠をどのように算定するかといったことをいいますが、これらをもとに決算で計上する賞与引当金を算定するのです。

**なし子** ①②③は給与規定に書いていたような気がしましたが、④については明確なルールはなかったような気がします。

**マーク中川** そうですね。「金一」の場合は、①②③は給与規定に明記されていますが、④については、明確な基準はなく、目安として1.5か月分程度を夏、冬にそれぞれ支給するというのが慣行になっていますよね。

②賞与引当金の計算と会計処理

**なし子** 会計では、賞与引当金はどういった定義のものなのですか？

**マーク中川** 賞与引当金というのは、会社が従業員等に将来賞与を支給するのに備えて見積もったもので、その賞与支給額のうち当期の労働の対価に相当する部分のことを言い、この金額を決算時に見積計上します。

**なし子** 見積もって金額を算出するのですね。

**マーク中川** そうなのです。給与規定で、対象者、支給時期、支給対象期間については定められているので、それらに加えて過去の支給実績等から将来の支給見込額を算出して引当金の金額を算出します。そのため、規定の内容を確認して計算するようにしてくださいね。➡ **チェックリスト B⑹①②**
あまりいい加減に予想を立てると実際の支給金額と大幅に数値が異なることになってしまい、翌期の損益に影響が出てしまうので、面倒がらずに算出してくださいね。

**なし子** 出ましたね。マークさん得意のめんどくさがり嫌い。分かっていま

すよ、「使える経理部」を目指していますから！

**マーク中川** それでは、具体的に計算してみましょうか。

**賞与引当金明細の作成**

賞与の支給見込額及びその支給対象期間の割合に基づき、賞与引当金を計算します。

〈前提条件〉
- 夏季賞与見込額…月額給与の2か月分
- 支給対象期間……12/1～5/31（6か月）
- 引当対象期間……12/1～3/31（4か月）

※支給対象期間のうち、決算日（3/31日）までの分が引当金の計算対象期間となります。

したがって、上記の場合12/1～3/31までの分が引当対象期間となります。

〈計算例〉 A社員の賞与引当金

$$\frac{300,000}{(夏季賞与見込)} \div \frac{4か月（引当対象期間）}{6か月（支給対象期間）} = \frac{200,000}{(賞与引当金)}$$

| | 社員氏名 | 月額給与 | 夏季賞与見込 | 支給対象期間の割合 | 賞与引当金 |
|---|---|---|---|---|---|
| 1 | A社員 | 150,000 | 300,000 | 4か月／6か月 | 200,000 |
| 2 | B社員 | 225,000 | 450,000 | 4か月／6か月 | 300,000 |
| 3 | C社員 | 300,000 | 600,000 | 4か月／6か月 | 400,000 |
| | 合　計 | | | | 6,300,000 |

**決算整理仕訳**

賞与引当金6,300,000円を決算において計上を行った。

（賞与引当金繰入額）　6,300,000　／　（賞与引当金）　6,300,000

賞与引当金6,300,000円に対応する社会保険料806,400円について未払計上を行った。

（法定福利費）　806,400　／　（未払費用）　806,400

**なし子** なるほど、分かりました。それと賞与引当金に相当する法定福利費も未払計上するのですよね。

③税務調整　　　　マーク中川　だんだん飲み込みが早くなってきましたね。少し税務のことについても触れておきましょうか。ここで計上した賞与引当金並びに賞与引当金に対応する法定福利費については、税務上損金になりません。ですから法人税の申告書で加算処理する必要があります。

　　　　　　　　なし子　加算する分、税金計算上の利益、え〜っと、所得ですね、所得が増えるので税負担が増えちゃうんですよね。

　　　　　　　　マーク中川　良く覚えていましたね。来年は法人税申告書も作りましょうか。

④決算賞与　　　　なし子　そういえば、「金一」ってここ数年、事業年度末の翌月に決算業績賞与を支払っているんですよ。事業年度末には、各人に支給予定金額の通知書を渡しているだけで、支払いは1か月後なんですよ。この金額も別途決算で未払計上していたと思いますが、夏や冬の賞与よりも金額が大きい年もあるから、事業年度末までに支払って損金になるようにした方が良いですよね。

　　　　　　　　マーク中川　決算業績賞与については、確かに決算上未払計上していますね。税務上決算賞与については特例があって、次の要件を満たす場合は、決算日までに未払いであっても、損金とすることが認められています。金田社長が税金のこともお考えになられて、今のように支給をして、結果として未払計上額が損金として認められているのですよ。

> 決算賞与
> 損金として認められる要件
> （1）決算日までに決算賞与の支給額を各人別に受給者全員に通知していること
> （2）決算日後1か月以内に受給者全員に支払っていること
> （3）決算で未払賞与を計上していること

> 決算整理仕訳
> 　3月の決算において、決算賞与として15,570,000円を支給することを決定した。なお、決算賞与の損金算入要件は満たしている。
> 　（賞　　　　与）　15,570,000　／　（未　払　費　用）　15,570,000

　　　　　　　　なし子　さすが、金田社長っていつも研究ばかりしていて、他のことは何も考えていないようだけど、よく考えているんですね。

　　　　　　　　　自分が決算賞与を税務上有利に処理する方法を金田社長に提案したことを主張したいところであったが、自慢しちゃいけないと、ぐっとこらえる

マーク中川であった。それでも、自分の努力に気付いてくれないなんて、もう少しまわりを見て欲しいと願っていたりした。そして、そんななし子が婚約者とうまくやっていけるのか、少し不安に思うマーク中川であった。

⑤決算チェックリスト

B負債勘定

**（6）賞与引当金**

①賞与規定の変更はないか確認したか。

②賞与引当金の計算にあたり出向者、パート等の取扱いを確認したか。

# （2） 退職給付引当金

①退職給付引当金とは

**マーク中川** 次は、退職給付引当金について学びましょう。「金一」にも退職金制度がありますよね。退職金とは会社を退職したときに支給される金銭をいいますが、法律上、退職金の支給は強制されていませんので会社が労働協約又は就業規則において退職金規定を設けている場合に支給されるものであり、退職金規定には「何年以上勤務したものについて支給する」等の要件が定められており、勤続年数が長いほど支給額も多くなるのが一般的です。

**なし子** 私は、まだ入って間もないので、あまり考えたこともなかったんですけど、長く勤めたら結構いただけるのかしら？

**マーク中川** 今の制度のままいったら結構期待できるのではないですかね。ここでは、退職金の制度があると会社の経費負担が増えることになるということを理解してもらいます。はじめに、退職金はいつもらえると思いますか？

**なし子** それは、退職した時じゃないですか？

**マーク中川** そうですね。会社が労働協約や就業規則において退職金規定を設けている場合には、従業員の退職時に退職金を支給することとなりますよね。それでは、退職して支払った時にまとめて費用計上するのは妥当な会計処理だと思いますか？

**なし子** そうしたら、退職者が多い年は、多額の費用が計上されて大変そうですね。

**マーク中川** 退職金は長年の勤務の積み重ねによって発生したものであると考えるべきものであるため、退職時に退職金全額を費用として計上するのではなく、将来の退職金支給額のうち各決算時までに発生したと認められる部分について認識するのが、適正な期間損益計算という観点から適切な会計処理なのです。このように、将来の退職金の支出額のうち決算時までに発生している金額で会社が費用として認識しなければならない部分について引当計上したものを退職給付引当金といいます。

**なし子** なるほど。正しく損益を把握するために将来のことも考えて引当計上するのね。

②退職給付制度

**マーク中川** 次に、退職金を支給する仕組みを退職給付制度といいますが、どのような制度があるか分かりますか？

**なし子** 「金一」の制度は、会社から退職時に一時金を支給する制度よね。あとは、どんな制度があるのかしら？

**マーク中川** 退職給付制度には、まず大きく確定拠出制度と確定給付制度の2つがあります。

---
**確定拠出制度と確定給付制度**
確定拠出制度
　事前に企業が保険会社等に支払う拠出だけが決まっていて、退職者への給付額は資金運用の巧拙に依存する制度、つまりリスクは退職金の受給者が負うことになる
確定給付制度
　退職者が受け取る給付額が、一定の算式で決まっている制度、つまり、リスクを会社が負うことになる

---

**マーク中川** つまり、確定拠出制度の場合は、運用の結果の巧拙によって受け取る個人の退職金が増減するので、会社は掛金の支払い以上に追加で経費が発生しないのです。だから、確定拠出制度を採用している場合は、掛金を費用として計上すればいいだけです。

**なし子** 簡単ですね。会社としては、確定拠出制度がいいですね。でも、従業員としては、リスクを自分で負うことになるからなかなか導入が難しいのかしら？

**マーク中川** そのとおりですね。一方の確定給付制度については、さらに財源の準備の方法という観点から2つの種類に分かれます。1つは、会社が財源を内部で準備する内部積立方式で、もう1つは、会社が企業年金制度を利用して金融機関等に掛金を拠出することによって外部に積み立てる外部積立方式です。

**なし子** うちは、掛金を外部に支払っていないから内部積立方式ってことね。

**マーク中川** そうですね。さらに、支給方法という観点からすると「金一」のように退職金を退職時に一括して支払う方法を退職一時金制度といい、退職後一定期間にわたって給付する制度を退職年金制度といいます。

　会社がどのような退職金制度を採用しているかによって計算の仕方が変わってくるので、下の図を参考にして確認してくださいね。

→ チェックリストB(7)①

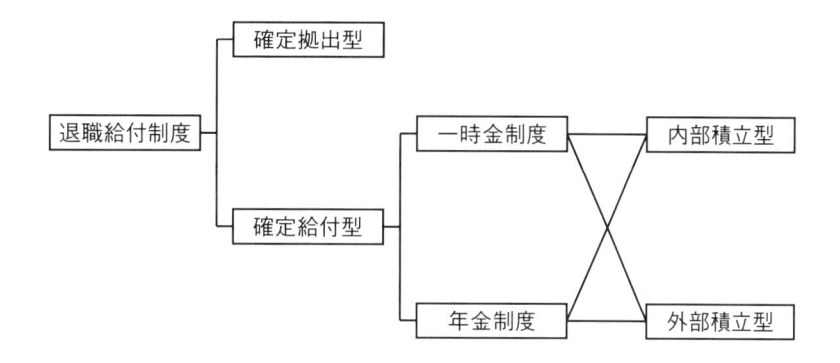

```
退職給付制度 ─┬─ 確定拠出型
              └─ 確定給付型 ─┬─ 一時金制度 ─┬─ 内部積立型
                              └─ 年金制度   ─┴─ 外部積立型
```
(一時金制度と年金制度、内部積立型と外部積立型はそれぞれ交差で結ばれている)

**マーク中川** 退職給付会計を適用すると、貸借対照表に退職給付引当金が計上され、損益計算書に退職給付費用が計上されます。まず、はじめは退職給付引当金について、考えてみましょう。

③退職給付引当金の計算方法

**なし子** 退職給付引当金は、将来会社が負担を負う債務ってことですよね。どのように算定するのかしら？

**マーク中川** そうですね。退職給付引当金の金額は、退職給付債務から年金資産を差し引いた金額として算出されます。退職給付債務とは、退職給付に関して事業年度末に生じていると認識される負債で、年金資産はさきほど外部積立方式という話の中で出てきましたが、外部に積み立てられている財源です。

- 退職給付引当金
  退職給付引当金＝ 退職給付債務 － 年金資産
- 退職給付債務
  一定の期間にわたり労働を提供したこと等の事由に基づいて、退職以後に従業員に支給される給付（以下「退職給付」という）のうち認識時点までに発生していると認められるものをいい、割引計算により測定される。
- 年金資産
  企業年金制度に基づき退職給付に充てるために積み立てられている資産をいう。

**なし子** 退職給付債務と年金資産をそれぞれ求める必要がありますね。

**マーク中川** まず、退職給付債務を算出するのですが、次のようなステップで算出します。

**退職給付債務の算出**

**STEP 1** 退職給付見込額の計算 → **STEP 2** 退職時までの各期間への配分計算（期間定額基準）→ **STEP 3** 期末時点の価値への割引現在価値計算

**なし子** 難しくなってきたわ。順番に教えてください。

**マーク中川** はい。まず、はじめの退職給付見込額の計算ですが、これは、将来の退職金の支出額について従業員の昇給率、退職率、死亡率等の予測数値を用いて計算します。つまり、将来の退職や死亡の確率をも加味して、退職金の見込額を算出するのです。→ **チェックリストB(7)②**

**なし子** 将来の変動要因を考える必要があるってことですね。

**マーク中川** 次に、そこで計算された見込額を予想退職時期までの各期間に配分計算する必要があります。通常は、退職時期までの期間に均等額ずつ配分する「期間定額基準」という方式が採用されます。

**なし子** なるほど、全期間にわたって負担する合計額をまず算出して、それを各期間に配分して、損益計算が適正になるようにしているのね。次の割引現在価値計算って何かしら？

**マーク中川** 割引現在価値計算を考える前に、なし子さんは、来年支払う10,000円と今支払う10,000円の負担は同じだと思いますか？

**なし子** う〜ん。どうなのかしら……。

**マーク中川** 例えば銀行に預けている預金は、時の経過により利率分だけ価値が上昇します。利率が5％の場合、現在の10,000円は1年後には10,500円になります。では、1年後の10,000円は現在いくらの価値があるでしょうか？ 答えは10,000円÷1.05≒9,523円となります。というのは、今9,523円あれば5％で運用したら1年後には10,000円になるからです。このように将来のキャッシュが、現在ではいくらの価値があるかを評価した

| 9,523円 | → ← | 10,000円 |
|---|---|---|
| 現在 | | 1年後 |

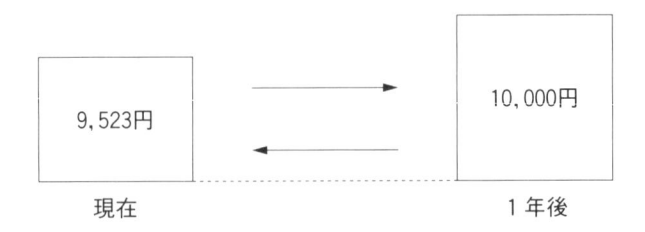

- 現在の9,523円を5％で運用したら1年後には10,000円になる。
- 1年後の10,000円の支払いには、今の9,523円を5％で運用すればよい。

**なし子** そうすると10年後に10,000円支払うのであれば、今10,000円÷1.05……÷1.05（割り算を10回繰り返す）の6,139円あれば良いということね。

> **割引率とは**
> 　割引率とは、予想退職時期ごとの退職給付見込額のうち、期末までに発生していると認められる額を、現在価値に割り引く際に使用する率をいいます。平成21年4月1日以後開始する事業年度の年度末に係る財務諸表については、「期末日における長期の国債、政府機関債及び優良社債の利回り」を適用することとされています。→ **チェックリストB(7)③**

**マーク中川** このように退職給付債務の算出は、期末時点での負債の時価評価をしているのです。

**なし子** 次は、控除される年金資産の方ですね。

**マーク中川** はい、年金資産とは、企業年金制度に基づき退職給付に充てるために積み立てられている資産をいいます。退職給付債務から控除すると退職給付引当金が算出されます。

> **年金資産とは**
> 　企業年金制度に基づき退職給付に充てるために積み立てられている資産が、年金資産です。
> 　厚生年金基金制度及び適格退職年金制度において保有する資産は年金資産となります。なお、特定の退職給付制度のために、その制度について会社と従業員との契約（退職金規程等）に基づき、以下のすべての要件を満たした特定の資産は年金資産とみなされます。
>
> 要件1　退職給付以外に使用できない
> 要件2　会社及び会社の債権者から法的に分離されている
> 要件3　積立超過分を除き、会社への返還、会社からの解約・目的外の払出し等、会社の受給者等に対する詐害的行為が禁止されている
> 要件4　資産を会社の資産と交換できない

**なし子** まあ、簡単にいうと退職金のために積み立てしている資産ということですよね。

**マーク中川** はい、そうですね。これに期待運用収益を加えたものが年金資産の額となります。期待運用収益は、期首の年金資産の額×合理的に予測される収益率（期待運用収益率）で計算されます。

**なし子** これで年金資産の簿価が出そうですね。具体的には、期末年金資産（簿価）＝期首年金資産＋期待運用収益＋年金拠出額－年金給付額になるのでしょうか。

**マーク中川** そのとおりです。ただ、年金資産については、期末時点での公

正な評価額（時価）として算出されたものである必要があります。

→ **チェックリストB(7)④**

**なし子** え？　そうなると簿価と時価の差額はどうするんですか？

**マーク中川** 簿価と時価を把握して差額を「数理計算上の差異」として、発生年度あるいは発生年度の翌年度から、平均残存勤務期間にわたって償却することになります。

年金資産

| 期首年金資産（前期末時価） | 年金給付額 | | |
|---|---|---|---|
| 期待運用収益 | 期末年金資産（簿価） | 時価と比較 ⇔ | 期末年金資産（時価） |
| 年金拠出額 | | | 数理計算上の差異 |

↓ 平均残存勤務期間で償却

**④退職給付費用の計算方法**

**マーク中川** 次は、損益計算書に出てくる退職給付費用についてです。退職給付費用の算出方法は、基本的に次の算式で計算できます。

> 退職給付費用
> 退職給付費用＝勤務費用＋利息費用－期待運用収益相当額

**マーク中川** まず、勤務費用についてです。退職給付債務には、将来の労働の対価に相当するものは含まれておらず、あくまでも期末時点までの労働に対応するもののみです。つまり、毎期労働を重ねる度にそれに対応する費用が、退職給付債務に加算されていくのです。この毎期増加する費用が勤務費用です。

**なし子** なるほど、勤務費用は退職給付債務として毎期追加発生している労働にかかる分なのですね。

**マーク中川** そうです。ですから、さきほど退職給付債務を計算したときに割引現在価値計算をしたのと同様に、勤務費用を計算する際は、対象となる期間に対応する金額を割引計算します。

**なし子** ここでも、割引現在価値計算が出てくるのですね。

**マーク中川** 次に利息費用ですが、これは、さきほど退職給付債務の割引計算をしたのと反対に、期首における退職給付債務が支払われずに繰り越されているために、その時の経過に伴う負担の増加を認識するという考え方

で、具体的には、期首の退職給付債務に割引率を掛けて計算します。

**なし子** ここで使う割引率というのは、退職給付債務を計算するときに使った割引率と同じなのですか？

**マーク中川** そうです。同じ割引率を使います。そうすることで、退職給付債務の計算と整合性がとれます。最後に期待運用収益相当額についてですが、これは外部積立方式を採用して、年金資産がある場合に、その年金資産の運用に伴って獲得できる収益を意味します。

**なし子** 退職給付費用を算出する際にマイナスするということは、運用がうまくいって年金資産が増えれば、その分会社が負担する分が少なくなるということでしょうか？

**マーク中川** そうです。退職給付費用の一部を期待運用収益相当額でまかなっていると考えていただければ良いと思います。退職給付費用の算出要素についてまとめておきましたので、確認しておいてください。

---

**退職給付費用の計算要素**

勤務費用
　従業員ごとの予想退職時期の退職給付見込額のうち、当期に発生すると認められる額を一定の割引率を用いて残存勤務期間にわたって現在価値に割り引いた金額の合計額をいう。

利息費用
　割引計算により算定された期首時点における退職給付債務について期末時までに発生する計算上の利息をいい、期首退職給付債務に割引率を乗じて計算する。

$$利息費用＝期首退職給付債務×割引率$$

期待運用収益
　企業年金制度における年金資産の運用により生ずると期待される収益をいい、退職給付費用の計算上控除される。なお、期待運用収益は期首年金資産に期待運用収益率を乗じて計算する。

$$期待運用収益＝期首年金資産×期待運用収益率$$

---

**マーク中川** ここで、少し複雑なのですが、さきほどまでお話ししていた退職給付引当金、退職給付費用の計算をするにあたって、追加で生じる計算要素についてお話しします。

**なし子** さっきの計算式にさらに、追加があるのですか？　なかなか複雑ですね……。

**マーク中川** 退職給付債務を計算するにあたっては、死亡率や退職率等の仮定、割引現在価値を算出する際は、割引率の仮定、年金資産の運用を考え

るときは、資産運用収益率の仮定など様々な仮定が適用されます。ですから、仮定と実績値が異なれば当然差異が生じますし、また、退職金の制度自体を変更すれば、追加で負担を強いられることもあります。前者のような、仮定と実績値との間で生じる差異のことを「数理計算上の差異」といいます。そして、後者のような、従前の給付水準に基づく計算との差異のことを「過去勤務債務」といいます。

**なし子** それらの差異の分を調整しなければならないってことですね？

**マーク中川** これらの差異については、1事業年度で調整すると影響が大きくなるので少しずつ費用計上することが認められています。一気に処理せずに、徐々に処理されるので、「遅延処理項目」といわれています。それと、初めて退職給付会計を導入する際に生じる積立不足も遅延処理項目となっており、「会計基準変更時差異」と呼ばれています。

---

**遅延処理項目**

数理計算上の差異
　年金資産の期待運用収益と実際の運用成果との差異、退職給付債務の数理計算に用いた見積数値と実績数値との差異及び見積数値の変更等により発生した差異をいう。

過去勤務債務
　退職給付規程の改訂等により発生した退職給付債務の増減額であり、改訂前の退職給付債務と改訂後の退職給付債務の改訂時における差額をいう。

会計基準変更時差異
　退職給付会計適用初年度の期首における退職給付会計基準による退職給付債務から年金資産を差し引いた金額と従来の会計基準により計上された退職給与引当金との差額をいう。

---

**なし子** 遅延処理項目の3つについては、徐々に処理できるとのことですが、費用化するにあたってのルールはあるのですか？

➡ **チェックリストB(7)⑤**

**マーク中川** 3つの項目ごとに償却年数等についてまとめておきました。

|  | 償却開始時期 | 償却方法 | 償却年数 |
|---|---|---|---|
| 会計基準変更時差異 | 適用初年度 | 定額法<br>初年度一括償却も可 | 15年以内 |
| 数理計算上の差異 | 原則：発生年度<br>例外：翌年度 | 定額法又は定率法<br>発生年度一括償却も可 | 平均残存<br>勤務期間内 |
| 過去勤務債務 | 発生年度 | 定額法又は定率法<br>発生年度一括償却も可 | 平均残存<br>勤務期間内 |

**マーク中川** このような遅延処理項目があるということは、未だに費用処理されていない項目があるということです。その費用処理されていない未認識差異については、いわばいったん簿外として考えるので、結果として、それらの未認識差異を考慮すると退職給付引当金、退職給付費用はそれぞれ、次のような計算式に変わります。

退職給付引当金

退職給付引当金は次の算式で計算されます。

退職給付引当金＝退職給付債務－（年金資産＋未認識差異）

| 年金資産 | 退職給付債務 |
|---|---|
| 未認識差異 | |
| 退職給付引当金 | |

退職給付費用とは

退職給付費用は次の算式で計算されます。

退職給付費用＝勤務費用＋利息費用＋未認識差異の償却額－期待運用収益

| 勤　務　費　用 | 期待運用収益 |
|---|---|
| 利　息　費　用 | 退職給付費用 |
| 未認識差異の償却額 | |

**なし子** なるほど、よく分かりました。

**マーク中川** それと、税務申告との関係ですが、法人税では、退職給付引当金の計上が認められていないため、退職給付引当金を計上した場合は、全

額加算調整をする必要があります。

### 退職給付会計の会計処理

退職給付会計においては取引に応じて次のような会計処理を行います。

```
期首
　（退職給付費用）　×××　／　（退職給付引当金）　×××
```

退職給付費用の算定には、様々な構成要素の計算が必要となりますから、通常期首時点での予測数値によって計算するため期首に計上します。

```
退職一時金支給時
　（退職給付引当金）　×××　／　（現金預金）　×××
```

退職一時金の支給により退職給付債務が減少し、退職給付引当金も同額減少します。

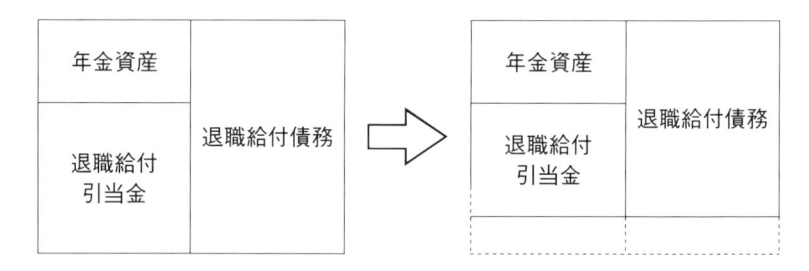

```
退職年金支給時
　仕訳なし
```

退職年金の支給により退職給付債務が減少し、年金資産も同額減額します。

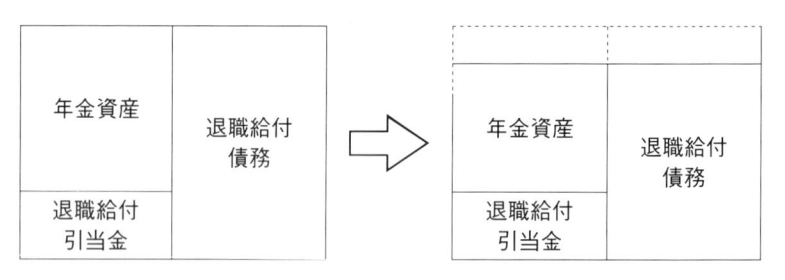

```
年金掛金支払時
　（退職給付引当金）　×××　／　（現金預金）　×××
```

年金掛金の支払いにより年金資産が増加し、退職給付引当金は減少します。

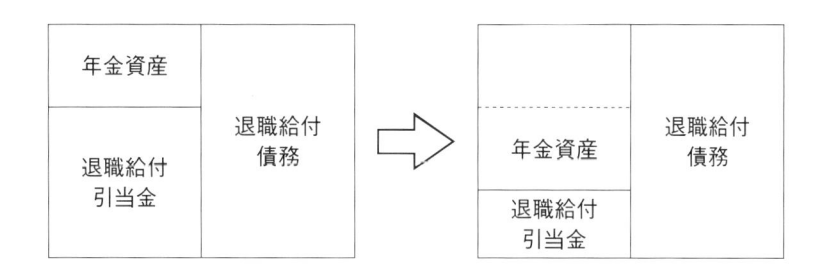

| | |
|---|---|
| ⑤決算チェックリスト | B負債勘定<br>**（7）退職給付引当金**<br>①採用している退職金制度について確認したか。<br>②退職給付見込額の計算が適正か確認したか。<br>③退職給付債務の割引率は適正か確認したか。<br>④年金資産の評価は第三者により適正に時価評価を行っているか。<br>⑤積立不足額の償却は適切に行われているか確認したか。 |

# （3） 税効果会計

①税効果会計とは

**マーク中川** あと2項目を残すばかりです。最後から2番目は税効果会計です。

**なし子** 税効果会計ですか、私あこがれていたんです。なんか格好いいし、経理してるって感じじゃないですか。

**マーク中川** そんなものでしょうかね？（意外となし子さんってミーハーだったりするのかな？）

**なし子** そんな目で見ないで下さいよ。まるで私がミーハーみたいな。

**マーク中川** うっ！（なんて、するどい、空気読み過ぎ！）

**なし子** 私、プロフェッショナルになりたいんです。彼からもいろんな刺激を受けて、今度税理士試験を受験しようかと思っているんです。

**マーク中川** そうなんだ。すごいね。がんばってね、なし子さん。（彼氏の影響で勉強か、そんな影響力ある彼を紹介してもらったんだぁ。「矢留木なし子（やる気なし）」から「三須なし子（ミスなし）」だもんなぁ）じゃあ、税効果会計について教えていくけど、会計上の収益・費用と、税法上の益金・損金は一致するかどうか覚えてる？

**なし子** 必ずしも一致しないですよね。

**マーク中川** そうすると、税額は所得の金額に税率を乗じて計算しますけど、

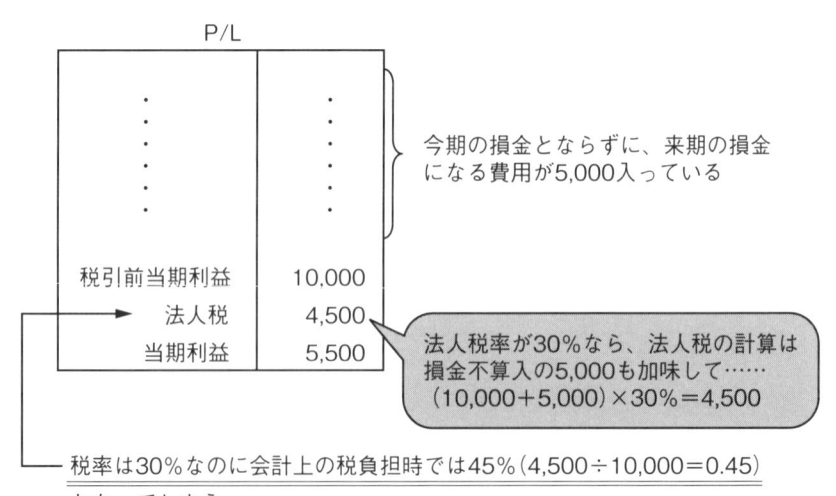

```
          P/L
      ┌─────────┐
      │ ⋮    ⋮ │  今期の損金とならずに、来期の損金
      │ ⋮    ⋮ │  になる費用が5,000入っている
      │ ⋮    ⋮ │
      │ ⋮    ⋮ │
      │税引前当期利益  10,000│
      │  法人税     4,500│  法人税率が30％なら、法人税の計算は
      │  当期利益    5,500│  損金不算入の5,000も加味して……
      └─────────┘      （10,000＋5,000）×30％＝4,500

    税率は30％なのに会計上の税負担時では45％（4,500÷10,000＝0.45）
    となってしまう
```

会計上の利益に税率を乗じた金額と一致はしないですよね。つまり、利益と所得金額が一致しないという理由で、実際の税額と会計上の利益から算出した税額とは一致しないのです。この一致しないもののうち、期間認識がずれるために生じる差異を調整しようとするのが、税効果会計なのです。

**なし子** 期間認識のずれってことは、いつかは解消されるけど、ある事業年度でみたらずれてるってことかしら？

**マーク中川** そうですね。法人税を学習したときに、確定した法人税を未払計上したと思いますが、そこで計上される未払法人税はあくまでも税金計算上の所得金額を基準に算出しているものだけど、いずれ解消される益金、損金のずれに対応する分を調整して、会計上の当期利益に対応するように損益計算書上の法人税等の額を適切に期間配分し対応させることを目的として税効果会計は、行われるのです。

---

**税効果会計　イメージ**

例えば、
　　当期利益　±　申告調整　　　　　　　　→　所得金額
　　10,000　　＋　5,000（賞与引当金繰入超過）＝　15,000

賞与引当金は、会計上は将来発生する可能性が高い費用であり当期の負担分を適正な期間損益計算のため費用計上します。しかし、税務上は、原則として債務の確定したものだけが損金になるとされていますので、引当金のような将来の費用の見越し計上額の大半は損金になりません。

税務上の所得を算出する際は、会計上の利益に税務上の損金にならない賞与引当金をプラスして計算します。

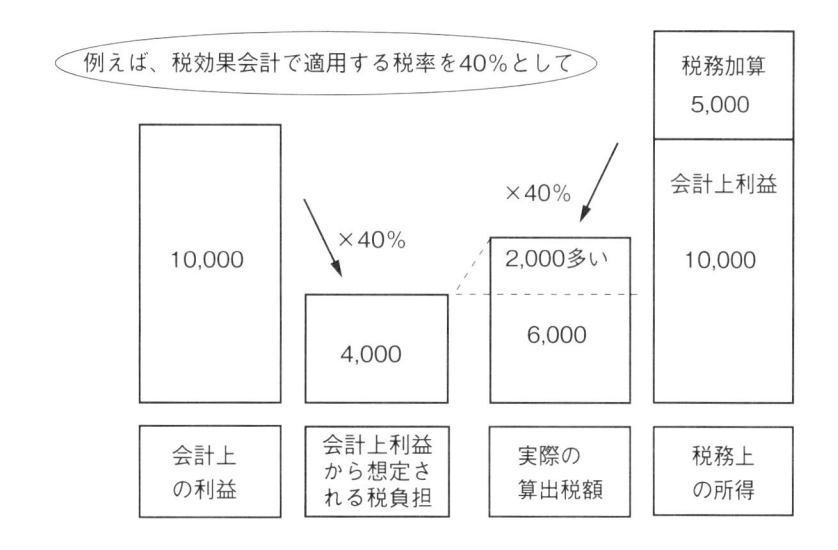

---

例えば、税効果会計で適用する税率を40％として

| 会計上の利益 | 会計上利益から想定される税負担 | 実際の算出税額 | 税務上の所得 |
|---|---|---|---|
| 10,000 | ×40% → 4,000 | ×40% → 6,000（2,000多い） | 税務加算 5,000／会計上利益 10,000 |

**損益計算書　末尾**

|  | （税効果適用なし） | （税効果適用あり） |  |
|---|---|---|---|
| 税引前当期利益 | 10,000 | 10,000 |  |
| 法人税等 | 6,000 | 6,000 | ⎫ |
| 法人税等調整額 | ―― | △2,000 | ⎬ 10,000×40％＝4,000 |
| 当期利益 | 4,000 | 6,000 | ⎭ |

　将来損金となる賞与引当金5,000に実効税率40％を掛けた2,000が法人税等調整額として計上されることで、会計上、税金費用が期間配分されるのです。

　税効果適用ありの損益計算書の末尾を見ますと、税引前当期利益に40％乗じた金額が税負担となっていて、会計上の税引前当期利益に対して税率から想定される税負担額が計上されていることが分かります。

②将来加算・減算差異と永久差異

**なし子**　なるほど、翌期に費用と損金との差異が解消される賞与引当金の繰入にかかる税金相当を調整しているのね。将来解消されないものもあるのですか？

**マーク中川**　例えば、損金不算入の交際費というのは、永久に損金になることはないから、将来解消されることはないですね。

**なし子**　申告調整されている項目のうち、将来解消されるものと将来においても解消されないものとを判別しないといけないですね。

**マーク中川**　そうなのです。そこで、専門用語！

**なし子**　久々に出ましたね、マークさんの専門用語宣言（笑）。しっかり覚えますよ。

**マーク中川**　元気のいいリアクションですね。会計上の利益と税法上の所得との認識時期のズレによる項目のうち、将来解消するものを「一時差異」といい、将来においても解消しないものを「永久差異」といいます。一時差異の中でも、将来加算されて差異が解消されるものは、将来加算一時差異といって、将来減算されて差異が解消されるものは、将来減算一時差異といいます。

**なし子**　さっきの具体例で言うと、賞与引当金の繰入は、実際に賞与を支給したときに申告調整で減算を行って、差異が解消され損金になりますので、将来減算一時差異ってことかしら。

**マーク中川**　素晴らしい。そのとおりです。一時差異を将来減算のものと将来加算のものに区分した表を作成したので、参考にしてください。

**なし子**　交際費以外に永久差異にはどんなものがあるのかしら？

| 区分 | 一時差異 | 一時差異に準ずるもの |
|---|---|---|
| 将来減算<br>一時差異 | ・減価償却費の限度超過額<br>・引当金の繰入超過額<br>・有価証券の評価損否認額<br>・貸倒損失否認額<br>・未払事業税　等 | ・税務上の繰越欠損金<br>・繰越外国税額控除　等 |
| 将来加算<br>一時差異 | ・剰余金処分による特別償却<br>・剰余金処分による圧縮記帳　等 | |

**マーク中川**　永久差異は、会計上は収益・費用として計算されますが、税法上は永久に益金・損金にならないものです。交際費以外ですと、寄附金の損金不算入額、受取配当金の益金不算入額が永久差異に該当し、税効果会計の対象にはなりません。

③実効税率

**なし子**　さっきの具体例で税効果計算に適用する税率という話が出てきてましたけど、この税率ってどうやって決めるのですか？

**マーク中川**　法定実効税率というものですね。税効果会計で適用する際の税率のことを法定実効税率といいます。

**なし子**　その専門用語も覚えておきます！

**マーク中川**　税効果会計は、企業が負担する税金の中で利益を基に計算する税金である法人税、住民税（法人税割）及び事業税（所得割）が対象になります。このうち事業税は法人税や住民税と違って損金になることから税効果会計で適用する税率はこれらを単純に合算したものを使用するのではなく、次に掲げる算式で実効税率を算出します。当期末時点での法定実効税率を使用しますので「法定実効税率の求め方」を見てしっかり計算してくださいね。　➡ **チェックリスト E(1)①**

### 法定実効税率の求め方

$$実効税率 = \frac{法人税率 \times (1 + 住民税率) + 事業税率}{1 + 事業税率}$$

例えば、以下の標準税率を用いて計算すると次のようになります。

法人税　　　　　　　30％
　法人住民税　　　5％（道府県民税）
　　　　　　　　12.3％（市町村民税）
事業税　　　9.6％

$$実効税率 = \frac{30\% + 30\% \times (5\% + 12.3\%) + 9.6\%}{1 + 9.6\%} = 40.86\%$$

**マーク中川** 税効果会計では、一時差異の金額に実効税率を掛けて税金の前払額、税金の繰延額を算定します。税効果の計算に当たっては、税効果計算表を作成するようにしてください。

税効果計算集計表
【将来減算一時差異】

| 長短 | 区分 | 期首 | 当期の増減 減 | 当期の増減 増 | 期末 |
|---|---|---|---|---|---|
| 短 | 賞与引当金 | 6,100,000 | 6,100,000 | 6,300,000 | 6,300,000 |
| 短 | 賞与引当金(社会保険料) | 780,800 | 780,800 | 806,400 | 806,400 |
| 短 | 未払事業税 | 1,653,300 | 1,653,300 | 4,230,500 | 4,230,500 |
|  | 合計 | 8,534,100 | 8,534,100 | 11,336,900 | 11,336,900 |
|  | 法定実効税率 | 40.86% | 40.86% | 40.86% | 40.86% |
|  | 繰延税金資産 | 3,487,033 | 3,487,033 | 4,632,257 | 4,632,257 |

【税効果会計に伴う仕訳】

| | 借方 | | 貸方 | |
|---|---|---|---|---|
| 前期分 | 法人税等調整額 | 3,487,033 | 繰延税金資産(流動) | 3,487,033 |
| 当期分 | 繰延税金資産(流動) | 4,632,257 | 法人税等調整額 | 4,632,257 |

【有価証券評価差額金に対する税効果会計に伴う仕訳】
金一ではその他有価証券の評価差額(評価損)として200,000円を計上しています。

| | 借方 | | 貸方 | |
|---|---|---|---|---|
| 当期分 | その他有価証券評価差額金(評価損) | 118,280 | 投資有価証券 | 200,000 |
| | 繰延税金資産(流動) | 81,720 | | |
| | 合計 | 200,000 | 合計 | 200,000 |

---

1 流動・固定の区分
　計算の基礎となった資産・負債の分類に基づきます。
　　例　賞与引当金、未払事業税　　　　→　短期（流動）
　　　　退職給付引当金、減価償却超過額　→　長期（固定）
　繰越欠損金、外国税額控除については、1年基準で翌期に解消見込みのものは、流動資産とし、それ以外は、固定資産になります。
→ チェックリストE(1)②

2 相殺表示
　流動資産に計上される繰延税金資産と流動負債に計上される繰延税金負債、固定資産に計上される繰延税金資産と固定負債に計上される繰延税金負債とは相殺できます。

---

**なし子** なるほど、一時差異の対象額に実効税率を掛けて、それが、1年以内で解消されるかどうかで長期と短期の区分をするのね。あれ？　税効果計算集計表を見るとその他有価証券だけ入っていないんですね。どうして？

**マーク中川** 税効果計算集計表では、法人税との調整をする「法人税等調整額」を計算するための集計表になっているのです。金一では、その他有価証券を全部純資産直入法で処理しているので、その他有価証券の評価損部分は、損益に影響していないですよね。そのため別にしているんですよ。

その他有価証券の処理がどうなっているか必ず確認してください。

➡ **チェックリストE(1)③**

**なし子** なるほど、確かにそうですね。

**マーク中川** ここまで分かったところで「金一」の決算書と申告書で金額の関連性をチェックリストで確認しましょう。計算を行ったら必ずP/L、B/Sと別表4、5(1)の数値の一致の確認を行ってくださいね。

➡ **チェックリストE(1)④**

税理士さんに
なるのも
カッコいいかも！

## 税効果計算の決算書、申告書とチェックリストの関連性（1）

### B/S

繰延税金資産（流動）　4,713,977

---

利益積立金額及び資本金等の額の計算に関する明細書

事業年度：22・4・1 〜 23・3・31
法人名：株式会社金一

別表五(一) 平二十二・四・一以後終了事業年度分

#### I 利益積立金額の計算に関する明細書

| 区　分 | | 期首現在利益積立金額 ① | 当期の増減 減 ② | 当期の増減 増 ③ | 差引翌期首現在利益積立金額 ①-②+③ ④ |
|---|---|---|---|---|---|
| 利益準備金 | 1 | 円 | 円 | 円 | 円 |
| 別途積立金 | 2 | 290,000,000 | | | 290,000,000 |
| 賞与引当金 | 3 | 6,100,000 | 6,100,000 | 6,300,000 | 6,300,000 |
| 賞与引当金法定福利費 | 4 | 780,800 | 780,800 | 806,400 | 806,400 |
| 繰延税金資産（流動） | 5 | △3,487,033 | △3,487,033 | △4,713,977 | △4,713,977 |
| その他有価証券 | 6 | | | 200,000 | 200,000 |
| その他有価証券評価差額金 | 7 | | | △118,280 | △118,280 |
| | 8 | | | | |
| | 9 | | | | |
| | 10 | | | | |
| | 11 | | | | |
| | 12 | | | | |
| | 13 | | | | |
| | 14 | | | | |
| | 15 | | | | |
| | 16 | | | | |
| | 17 | | | | |
| | 18 | | | | |
| | 19 | | | | |
| | 20 | | | | |
| | 21 | | | | |
| | 22 | | | | |
| | 23 | | | | |
| | 24 | | | | |
| 次葉合計 | 25 | | | | |
| 繰越損益金（損は赤） | 26 | 328,807,656 | 328,807,656 | 361,056,024 | 361,056,024 |
| 納税充当金 | 27 | 7,628,900 | 7,628,900 | 19,602,000 | 19,602,000 |
| 未納法人税等 未納法人税（附帯税を除く。） | 28 | △5,041,300 | △7,127,800 | 中間 △2,086,500 確定 △12,729,200 | △12,729,200 |
| 未納道府県民税（均等割額及び利子割額を含む） | 29 | △609,100 | △877,645 | 中間 △268,545 確定 △1,926,000 | △1,926,000 |
| 未納市町村民税（均等割額を含む。） | 30 | △325,200 | △464,300 | 中間 △139,100 確定 △716,300 | △716,300 |
| 差引合計額 | 31 | 623,854,723 | 331,360,578 | 365,266,522 | 657,760,667 |

前期に計上した繰延税金資産

前年度計上分の当期取り崩し

#### II 資本金等の額の計算に関する明細書

| 区　分 | | 期首現在資本金等の額 ① | 当期の増減 減 ② | 当期の増減 増 ③ | 差引翌期首現在資本金等の額 ①-②+③ ④ |
|---|---|---|---|---|---|
| 資本金又は出資金 | 32 | 90,000,000 円 | 円 | 円 | 90,000,000 円 |
| 資本準備金 | 33 | | | | |
| | 34 | | | | |
| | 35 | | | | |
| 差引合計額 | 36 | 90,000,000 | | | 90,000,000 |

御注意
1 この表は、通常の場合には次の算式により検算ができます。
　期首現在利益積立金額合計「31」① + 別表四留保所得金額又は欠損金額「44」− 中間分、確定分法人税県市民税の合計額 = 差引翌期首現在利益積立金額合計「31」④
2 発行済株式又は出資のうちに2以上の種類の株式がある場合には、法人税法施行規則別表五(一)付表（別表五(一)付表）の記載が必要となりますので御注意ください。

法 0301-0501

## 税効果計算の決算書、申告書とチェックリストの関連性（2）

**P/L**

| | |
|---|---:|
| 税引前当期純利益 | 53,963,831 |
| 法人税・住民税及び事業税 | 22,860,687 |
| 法人税等調整額 | △1,145,224 |
| 当期純利益金額 | 32,248,368 |

所得の金額の計算に関する明細書（簡易様式）　事業年度 22・4・1〜23・3・31　法人名 株式会社金一

別表四（簡易様式）平二十二・四・一以後終了事業年度分

| 区　分 | | 総額 ① | 処分 留保 ② | 社外流出 ③ | |
|---|---|---:|---:|---|---:|
| 当期利益又は当期欠損の額 | 1 | 32,248,368 | 32,248,368 | 配当 | |
| | | | | その他 | |
| 加算 | 損金の額に算入した法人税（附帯税を除く） | 2 | 2,086,500 | 2,086,500 | | |
| | 損金の額に算入した道府県民税（利子割額を除く）及び市町村民税 | 3 | 392,000 | 392,000 | | |
| | 損金の額に算入した道府県民税利子割額 | 4 | 15,645 | 15,645 | | |
| | 損金の額に算入した納税充当金 | 5 | 19,602,000 | 19,602,000 | | |
| | 損金の額に算入した附帯税（利子税を除く）、加算金、延滞金（延納分を除く）及び過怠税 | 6 | | | その他 | |
| | 減価償却の償却超過額 | 7 | | | | |
| | 役員給与の損金不算入額 | 8 | | | その他 | |
| | 交際費等の損金不算入額 | 9 | 992,261 | | その他 | 992,261 |
| | 賞与引当金繰入額 | 10 | 6,300,000 | 6,300,000 | | |
| | 賞与引当金法定福利費否認 | 1 | 806,400 | 806,400 | | |
| | | 2 | | | | |
| | 自葉合計 | | | | | |
| | 小　計 | 11 | 30,194,806 | 29,202,545 | | 992,261 |
| 減算 | 減価償却超過額の当期認容額 | 12 | | | | |
| | 納税充当金から支出した事業税等の金額 | 13 | 1,653,300 | 1,653,300 | | |
| | 受取配当等の益金不算入額（別表八（一）「14」又は「29」） | 14 | 48,622 | | ※ | 48,622 |
| | 外国子会社から受ける剰余金の配当等の益金不算入額（別表八（二）「13」） | 15 | | | ※ | |
| | 法人税等の中間納付額及び過誤納に係る還付金額 | 16 | | | | |
| | 所得税額及び欠損金の繰戻しによる還付金額等 | 17 | | | ※ | |
| | 賞与引当金認容額 | 18 | 6,100,000 | 6,100,000 | | |
| | 賞与引当金法定福利費認容 | 19 | 780,800 | 780,800 | | |
| | 法人税等調整額 | 20 | 1,145,224 | 1,145,224 | | |
| | 次葉合計 | | | | | |
| | 小　計 | 21 | 9,727,946 | 9,679,324 | 外※ | 48,622 0 |
| 仮　計 (1)+(11)-(21) | | 22 | 52,715,228 | 51,771,589 | 外※ | △48,622 992,261 |
| 寄附金の損金不算入額（別表十四（二）「24」又は「40」） | | 25 | 27,185 | | その他 | 27,185 |
| 法人税額から控除される所得税額（別表六（一）「6の③」） | | 26 | 66,942 | | その他 | 66,942 |
| 税額控除の対象となる外国法人税の額等（別表六（二）「10」＋別表十七（二の二）「26」計） | | 27 | | | その他 | |
| 合　計 (26)+(27)+(29)+(30) | | 28 | 52,809,355 | 51,771,589 | 外※ | △48,622 1,086,388 |
| 新鉱床探鉱費又は海外新鉱床探鉱費の特別控除額（別表十（二）「42」） | | 29 | | | ※ | |
| 総　計 (32)+(33) | | 31 | 52,809,355 | 51,771,589 | 外※ | △48,622 1,086,388 |
| 契約者配当の基金算入額（別表九（一）「13」） | | 32 | | | | |
| 非適格の合併等又は残余財産の全部分配等による移転資産等の譲渡利益額又は譲渡損失額 | | 36 | | | ※ | |
| 差　引　計 (35)+(36)-(40) | | 37 | 52,809,355 | 51,771,589 | 外※ | △48,622 1,086,388 |
| 欠損金又は災害損失金等の当期控除額（別表七（一）「2の計」＋別表七（二）「9」、「21」又は「30」） | | 38 | △ | | ※ | △ |
| 残余財産の確定の日の属する事業年度に係る事業税の損金算入額 | | | △ | △ | | |
| 所得金額又は欠損金額 | | 39 | 52,809,355 | 51,771,589 | 外※ | △48,622 1,086,388 |

法 0301-0402

| | |
|---|---|
| ④税効果の回収可能性 | マーク中川　税効果計算の最後として、繰延税金資産の回収可能性について説明します。<br>なし子　たまに新聞とかで掲載されている、監査法人が繰延税金資産の計上を認めるとか認めないとかいう議論がされている問題と関係ありますか？<br>マーク中川　そうです。よく知っていますね。繰延税金資産は、「税金の前払い」という効果を持っていますが、計上できるのは、前払いした税金を回収できると認められる範囲内に限られます。つまり、回収可能性が低い場合には、計上することができないのです。このため、例えば前期までに多額の繰延税金資産が計上されていて、今期計上が認められず取り崩した場合、その分だけ当期利益が減少し、ひどいケースだとこれによって債務超過になってしまい、企業の継続性にも疑義が生じてしまいますので注意が必要です。回収可能性についての要件をまとめたので、税効果計算をする際は、忘れずに考慮してください。　➡ チェックリストE(1)⑤<br><br>繰延税金資産の回収可能性<br>①課税所得が発生する可能性は高いと見込まれるか？<br>　将来減算一時差異の解消年度に法人税上の利益が発生する可能性が高いことが必要であり、事業計画や予算等確かなものが必要となります。<br>②具体的な課税所得を発生させるタックスプランニングが存在するか？<br>　タックスプランニングとは、例えば将来減算一時差異の解消年度や繰越欠損金の繰越期間に含み益のある固定資産や有価証券の売却により課税所得を発生させるなど、将来の税金発生をプランニングすることをいいます。<br>③将来加算一時差異が解消されると見込まれるか？<br>　将来減算一時差異の解消年度及び繰越欠損金の繰越期間に将来加算一時差異の解消が見込まれることが必要となります。<br>　将来減算一時差異の解消年度にこの一時差異を上回る将来加算一時差異の解消があれば課税所得を発生させることとなるため、将来加算一時差異の十分性により判断されます。 |
| ⑤決算チェックリスト | **E その他**<br>**（１）税効果会計**<br>①法定実効税率は適正か確認したか。<br>②流動・固定の区分は適正か確認したか。<br>③その他有価証券の評価差額の処理は適正か確認したか。<br>④P/L、B/Sと別表４、５(1)との数値確認を行っているか。<br>⑤回収可能性の判断は適正か確認したか。 |

# （4） 消費税（簡易課税）の計算

①計算方法

**マーク中川** 決算作業の中で、消費税の考え方や計算方法について学びましたけど、その際に行った計算方法は、「原則課税」といいます。どのような方法だったか覚えていますか？

**なし子** 預かった消費税から支払った消費税を差し引いて納付する消費税を計算する方法だったと思います。

**マーク中川** そうですね。売上関係、仕入関係ともに個々の取引について消費税の課否を判別した上で、算出する方法でしたね。ただ、取引の少ない中小企業にとっては、そのように個々の取引の課否を判別することが事務処理上、負担であると考えて、より簡便な方法を選択できるようにしているのです。

**なし子** 簡易課税ですね。

**マーク中川** なし子さん、すごいね、知っているの？

**なし子** 今日いろいろ教わるので、事前に少し情報収集したので。でも、中身についてはよく分かりませんので、いつもどおり教えてください。

**マーク中川** 素晴らしい心がけですね。（ここで、改めてなし子を見直すマークであった）簡易課税は、課税売上だけを基礎にして納付税額を算出する方法です。

計算式で書くと次のようになります。

---

**簡易課税の計算方法**

簡易課税での納税額＝受け取った消費税－受け取った消費税×みなし仕入率

「受け取った消費税」というのは、課税標準に対する消費税額ということで、課税売上高に5％を掛けた金額です。
「受け取った消費税×みなし仕入率」の部分が仕入税額控除に該当します。

---

②みなし仕入率

**なし子** あれ？ これだけなんですか？ 本当に簡単なんですね。受け取った消費税とみなし仕入率というのが分かれば計算できるのですね。「みなし仕入率」ってなんですか？

**マーク中川** 「みなし仕入率」というのは、事業の区分ごとに決められてい

る消費税算出上の割合です。業種によって、売上に対して仕入にかかっている消費税の割合がこのくらいだろうという想定で設定されているのです。事業区分ごとのみなし仕入率を載せておくので、確認してみてください。

**【みなし仕入率】**

| 事業の内容 | 該当事業 | 事業区分 | みなし仕入率 |
|---|---|---|---|
| 卸売業 | 購入した商品を性質、形状を変更しないで、他の事業者に販売する事業をいいます。 | 第1種 | 90% |
| 小売業 | 購入した商品を性質、形状を変更しないで、消費者に販売する事業をいいます。<br>なお、製造小売業は第3種事業になります。 | 第2種 | 80% |
| 製造業等 | 農業、林業、漁業、鉱業、採石業、砂利採取業、建設業、製造業、製造小売業、電気業、ガス業、熱供給業、水道業をいいます。<br>なお、加工賃等の料金を受け取って役務を提供する事業は第4種事業になります。 | 第3種 | 70% |
| その他の事業 | 第1種事業から第3種事業、第5種事業のいずれにも該当しない事業をいいます。<br>例えば、飲食サービス業、金融保険業などが該当します。<br>また、事業者が業務用固定資産を売却する場合も第4種事業になります。 | 第4種 | 60% |
| サービス業等 | 不動産業、運輸・通信業、サービス業（飲食サービス業に該当する事業を除く）をいいます。 | 第5種 | 50% |

(注) 1．原則として事業区分は取引ごとに判定します。
したがって、2種類以上の事業を営む法人は、課税売上を各種事業ごとに区分する必要があります。
2．区分していない事業の課税売上高については、その区分していない事業のうち最も低いみなし仕入率を適用することになります。

**マーク中川** 具体的に税抜きで年商3,000万円の卸売業の会社があったとしたら、どのように考えたらいいでしょうか？

**なし子** まずは、受け取った消費税を考えるんですよね。3,000万円に5％を掛けた数値が受け取った消費税で、150万円ですね。

**マーク中川** はい、そのとおりです。

**なし子** 次にみなし仕入率を使って、受け取った消費税にみなし仕入率を掛けるんですよね。卸売業は、さきほどのみなし仕入率の表では90％だから、150万円に90％を掛けると135万円になりますね。そうしたら次のように計算したら合っていますか？

> **計算例**
> 年商　3,000万円（税抜き）
> 業種　卸売業　→　みなし仕入率　90％
>
> 簡易課税での納税額＝受け取った消費税－受け取った消費税×みなし仕入率
> 　　　　　　　　　＝3,000万円×5％－3,000万円×5％×90％
> 　　　　　　　　　＝150万円－135万円
> 　　　　　　　　　＝15万円

**マーク中川**　正解です。

**なし子**　これなら私でもできそうですね。

③兼業の取扱い

**マーク中川**　少し難しいパターンもありますが、もう少しがんばって考えてみましょうか。さきほどまでは、会社が行っている事業の種類が1種類の場合の計算方法でした。事業の種類が複数の会社もありますよね？

**なし子**　そうですね。会社によっては、飲食業と小売業のどちらも行っている会社みたいに、複数の業種の仕事をしている会社もありますね。

**マーク中川**　問題は、このように複数業種の仕事を行っている会社が、どのように納税額を計算するかということです。

**なし子**　複数あったら大変そうですね。

**マーク中川**　原則的には、次に書いた方法で算出された割合がみなし仕入率になります。

> **全業種兼業の場合の算式**
> みなし仕入率 ＝
>
> $$\frac{\text{第1種事業に係る消費税額}\times 90\% + \text{第2種事業に係る消費税額}\times 80\% + \text{第3種事業に係る消費税額}\times 70\% + \text{第4種事業に係る消費税額}\times 60\% + \text{第5種事業に係る消費税額}\times 50\%}{\text{第1種事業に係る消費税額} + \text{第2種事業に係る消費税額} + \text{第3種事業に係る消費税額} + \text{第4種事業に係る消費税額} + \text{第5種事業に係る消費税額}}$$

**マーク中川**　つまり、売上ごとに第1種事業から第5種事業まで区分して、それぞれのみなし仕入率を適用して計算することになります。

**なし子**　なんかすごく面倒くさそうですね。簡易課税という名称の割に難しくなってきましたね。

**マーク中川**　まあ、消費税の原則課税の方法に比べたら、仕入の取引について区分する必要がないだけ、それほど大変でもないですよ。でも、そもそ

も簡易課税を適用する会社というのは事務負担を軽減させるという趣旨もあるので、複数の事業を行っている会社の場合、簡便的な特例計算が認められています。通称、「75％ルール」という方法です。

**なし子**　消費税が５％なのに、75％ですか？

**マーク中川**　２種類以上の事業を営む会社で、そのうちの１種類または特定の２種類の事業の課税売上高が全体の課税売上高の75％以上を占める会社について認められる特例計算なので、75％ルールと呼ばれています。２種類以上の事業を営む会社に適用されるみなし仕入率は次の表のようになります。ただし、特例計算で計算した結果、みなし仕入率の原則法の方が有利となった場合は、原則法を採用することができます。

| 区　分 | | 適　　　用 | |
|---|---|---|---|
| ２種類以上の事業を営む事業者 | 区分した事業の課税売上高のうち一の事業の課税売上高が75％以上（特例計算） | 課税売上高が75％以上の事業 | 課税売上の全額に対して適用するみなし仕入率 |
| | | 第１種事業 | 90％ |
| | | 第２種事業 | 80％ |
| | | 第３種事業 | 70％ |
| | | 第４種事業 | 60％ |
| | | 第５種事業 | 50％ |

**なし子**　なるほど、複数事業を行っている会社の場合は、簡便な方法があるんですね。でも、原則的な方法と特例計算とで有利・不利の判定をするとなると結局両方の計算をしなければなりませんね。

**マーク中川**　そうですね、少しでも税金が安くなるようにするというのは良い心がけですね。

**なし子**　「使える経理部」を目指していますから（笑）

**マーク中川**　なし子さん、ここでもう少し複雑なパターンを考えてみましょうか。

**なし子**　まだ、あるんですか？

**マーク中川**　３種類以上の事業を営んでいる会社の場合です。この場合は、特例の要件、つまり75％以上となるケースが複数となり得るので、そのような場合は、いずれか有利なものを選択できるようになっています。表にしましたので、確認しておいてください。

| 区　分 | | 適　　用 | | |
|---|---|---|---|---|
| 3種類以上の事業を営む事業者 | 区分した事業の課税売上高のうち二の事業の課税売上高が75%以上（特例計算） | 課税売上高が75%以上となる二の事業 | みなし仕入率の適用関係 | |
| | | 第1種事業と第2種事業 | 第1種事業 | 90% |
| | | | 第1種事業以外の事業 | 80% |
| | | 第1種事業と第3種事業 | 第1種事業 | 90% |
| | | | 第1種事業以外の事業 | 70% |
| | | 第1種事業と第4種事業 | 第1種事業 | 90% |
| | | | 第1種事業以外の事業 | 60% |
| | | 第1種事業と第5種事業 | 第1種事業 | 90% |
| | | | 第1種事業以外の事業 | 50% |
| | | 第2種事業と第3種事業 | 第2種事業 | 80% |
| | | | 第2種事業以外の事業 | 70% |
| | | 第2種事業と第4種事業 | 第2種事業 | 80% |
| | | | 第2種事業以外の事業 | 60% |
| | | 第2種事業と第5種事業 | 第2種事業 | 80% |
| | | | 第2種事業以外の事業 | 50% |
| | | 第3種事業と第4種事業 | 第3種事業 | 70% |
| | | | 第3種事業以外の事業 | 60% |
| | | 第3種事業と第5種事業 | 第3種事業 | 70% |
| | | | 第3種事業以外の事業 | 50% |
| | | 第4種事業と第5種事業 | 第4種事業 | 60% |
| | | | 第4種事業以外の事業 | 50% |
| 上記以外（原則計算） | | 区分した（みなされた）事業ごとの課税売上高についてそれぞれのみなし仕入率を適用します。 | | |

④適用要件

　　なし子　ところで、簡易課税ってどんな会社に適用できるのですか？

　　マーク中川　簡易課税が適用できるには、次の2つの要件を満たしている必要があります。

　　　①基準期間の売上が5,000万円以下であること

　　　②消費税簡易課税制度選択届出書をその事業年度の開始の日の前日までに所轄の税務署長に提出していること

　※ただし、課税事業者を選択した事業者又は資本金1,000万円以上の法人を設立した法人は、課税事業者であることが強制されている課税期間中に「調整対象固定資産（棚卸資産以外の資産で一の取引単位が100万円以上のもの）」の課税仕入を行い、かつ、その課税仕入を行った日の属

する課税期間において原則課税で確定申告を行う場合には、調整対象固定資産の課税仕入を行った日の属する課税期間の初日から3年を経過する日の属する課税期間については、簡易課税制度を適用して申告することができません。

**なし子** 売上5,000万円というと「金一」では、とても適用ができないですね。

**マーク中川** かつては、売上2億円の会社まで適用できたのですが、現在は5,000万円に引き下げられているので、適用できる会社の数は減っていると思います。それと、必ず忘れてはならないのは、提出期限までに「消費税簡易課税制度選択届出書」を提出することです。

**なし子** 事業年度の開始の日の前日までということは、「金一」の場合、3月決算なので事業年度は4月1日に開始するので、その前日というと3月31日までということですね。月末や年度末って忘れてはならないイベントがたくさんあるんですね。うっかり提出を忘れた場合は、適用を受けることはできないんですか？

**マーク中川** はい、残念ながらそういうことになります。「権利の上に眠るものは救われない」わけです。

**なし子** 厳しいですね。でも、スケジュール管理は非常に重要だってよく分かりました。

**マーク中川** ついでに、もう1つ重要なことを教えましょう。簡易課税は、選択することもできますが、一度選択した簡易課税の適用をやめることも可能です。適用をやめる場合は、「消費税簡易課税制度選択不適用届出書」を提出する必要があります。

**なし子** これも期限があるようでしたら教えてください。

**マーク中川** 良い質問ですね！　この書類の提出期限は、適用をやめようとする事業年度の開始の日の前日です。

**なし子** これも、さきほどと同じように事業年度の開始の日の前日なんですね。

⑤継続要件

**マーク中川** ここで、気をつけないといけないのは、簡易課税を選択したら最低2年間適用しないと適用をやめることができないということです。例えば、現在原則課税を適用している会社が、来年は原則課税よりも簡易課税が有利だから簡易課税を選択したいなと思っても、再来年は簡易課税を選択したら原則課税よりも不利な場合があるとします。このような場合、なし子さんだったら、どうしますか？

**なし子** 簡易課税を選択したら、2年間継続しなければならないんですよね。そうであれば、簡易課税を適用した場合の2年間の納税見込と原則課税を適用した場合の2年間の納税見込とをそれぞれ試算して、簡易課税の方が少ないようだったら、簡易課税を選択した方が良いと思います。

**マーク中川** ご名答です！ 2年間というしばりがあるので、先の2年間を見越して選択することが重要となるのです。ただ、「金一」の場合は、課税売上高が5,000万円以下になることはないと思いますので、簡易課税を選択する機会がないかもしれませんね。

⑥消費税の申告書（簡易課税）の作成

**マーク中川** それでは、簡易課税用の消費税の申告書の作成に話を進めましょう。まずは、原則課税の場合にも作りましたが、申告書の付表を作成するところから行います。

**なし子** 原則課税の時には、確か課税売上の割合や控除対象仕入税額の計算をする表を作成しましたよね。

**マーク中川** そうですね。同じ付表でも、簡易課税の場合に作成する「付表5」は、「控除対象仕入税額の計算表」という名称で、課税売上割合という言葉は使われておりません。ただし、課税売上の事業区分が複数となる場合は、事業区分別に売上を記載して、売上の割合を算出する必要はあります。付表5の作成手順をまとめておいたので確認してください。

## 付表5　控除対象仕入税額の計算表

[簡易]

| 課税期間 | ・・～・・ | 氏名又は名称 | |
|---|---|---|---|

| 項　　目 | | 金　額 |
|---|---|---|
| 課税標準額に対する消費税額（申告書②欄の金額） | ① | 円 |
| 貸倒回収に係る消費税額（申告書③欄の金額） | ② | |
| 売上対価の返還等に係る消費税額（申告書⑤欄の金額） | ③ | |
| 控除対象仕入税額計算の基礎となる消費税額（①+②-③） | ④ | |
| 1種類の事業の専業者の場合〔控除対象仕入税額〕<br>④×みなし仕入率（90%・80%・70%・60%・50%） | ⑤ | ※申告書④欄へ |

### 2種類以上の事業を営む事業者の場合

| | 区　分 | | 事業区分別の課税売上高（税抜き） | | 左の課税売上高に係る消費税額 |
|---|---|---|---|---|---|
| 課税売上高に係る消費税額の計算 | 事業区分別の合計額 | ⑥ | ※申告書「事業区分」欄へ　円 | 売上割合 ⑫ | 円 |
| | 第一種事業（卸売業） | ⑦ | ※　〃 | ⑬ % | |
| | 第二種事業（小売業） | ⑧ | ※　〃 | ⑭ | |
| | 第三種事業（製造業等） | ⑨ | ※　〃 | ⑮ | |
| | 第四種事業（その他） | ⑩ | ※　〃 | ⑯ | |
| | 第五種事業（サービス業等） | ⑪ | ※　〃 | ⑰ | |

| 控除対象仕入税額の計算式区分 | | 算出額 |
|---|---|---|
| 原則計算を適用する場合<br>④×みなし仕入率<br>〔(⑬×90%+⑭×80%+⑮×70%+⑯×60%+⑰×50%)／⑫〕 | ⑱ | 円 |
| 特例計算を適用する場合　1種類の事業で75%以上<br>（⑦／⑥・⑧／⑥・⑨／⑥・⑩／⑥・⑪／⑥）≧75%<br>④×みなし仕入率（90%・80%・70%・60%・50%） | ⑲ | |
| 2種類の事業で75%以上　(⑦+⑧)／⑥≧75%　④×[⑬×90%+(⑫-⑬)×80%]／⑫ | ⑳ | |
| (⑦+⑨)／⑥≧75%　④×[⑬×90%+(⑫-⑬)×70%]／⑫ | ㉑ | |
| (⑦+⑩)／⑥≧75%　④×[⑬×90%+(⑫-⑬)×60%]／⑫ | ㉒ | |
| (⑦+⑪)／⑥≧75%　④×[⑬×90%+(⑫-⑬)×50%]／⑫ | ㉓ | |
| (⑧+⑨)／⑥≧75%　④×[⑭×80%+(⑫-⑭)×70%]／⑫ | ㉔ | |
| (⑧+⑩)／⑥≧75%　④×[⑭×80%+(⑫-⑭)×60%]／⑫ | ㉕ | |
| (⑧+⑪)／⑥≧75%　④×[⑭×80%+(⑫-⑭)×50%]／⑫ | ㉖ | |
| (⑨+⑩)／⑥≧75%　④×[⑮×70%+(⑫-⑮)×60%]／⑫ | ㉗ | |
| (⑨+⑪)／⑥≧75%　④×[⑮×70%+(⑫-⑮)×50%]／⑫ | ㉘ | |
| (⑩+⑪)／⑥≧75%　④×[⑯×60%+(⑫-⑯)×50%]／⑫ | ㉙ | |
| 【控除対象仕入税額】<br>選択可能な計算方式による⑱～㉙の内から選択した金額 | ㉚ | ※申告書④欄へ |

注意1　金額の計算においては、1円未満の端数を切り捨てる。
　　2　課税売上げにつき返品を受け又は値引き・割戻しをした金額（売上対価の返還等の金額）があり、売上（収入）金額から減算しない方法で経理して経費に含めている場合には、⑥から⑪の欄にはその売上対価の返還等の金額（税抜き）を控除した後の金額を記入する。

第2章　個別編　217

【付表5の作成】
（1）「課税標準額に対する消費税額①」欄
　申告書の「消費税額②」欄を記載します。

（2）「貸倒回収に係る消費税額②」欄
　申告書の「貸倒回収に係る消費税額③」欄の金額を記載します。

（3）「売上対価の返還等に係る消費税額③」欄
　申告書の「返還等対価に係る税額⑤」欄の金額を記載します。

（4）「控除対象仕入税額計算の基礎となる消費税額④」欄
　上記（1）～（3）までの金額を表示の計算式により計算した金額を記載します。

（5）「1種類の事業のみを営む事業者の場合［控除対象仕入税額］⑤」欄
　事業区分が1種類のみである場合には、「控除対象仕入税額計算の基礎となる消費税額④」欄の金額に、該当するみなし仕入率を掛けて計算します。

（6）「2種類以上の事業を営む事業者の場合」欄
　イ　「事業区分別の課税売上高（税抜き）⑥～⑪」欄
　　第一種事業から第五種事業に区分して計算します。

　ロ　「左の課税売上高に係る消費税額⑫～⑰」欄
　　第一種事業から第五種事業に区分して計算します。

　ハ　「控除対象仕入税額の計算式区分⑱～㉙」欄における特例計算の判定及び控除対象仕入税額の計算
　　「原則計算を適用する場合」又は「特例計算を適用する場合」の該当する欄に計算結果を記載します。

　ニ　「控除対象仕入税額㉚」欄
　　選択可能な計算方式による⑱～㉙の内から選択した金額を記載します。

**マーク中川**　最後に簡易課税の消費税の申告書を完成させたら、終了です。これも、書き方の手順をまとめておきましたので、確認してくださいね。

## 消費税申告書の記載方法

### 課税売上げ等の金額の区分

　課税期間の売上高を、課税売上高、免税売上高及びその他の売上高ごとに集計し、さらに課税売上高を第一種事業から第五種事業の区分ごとに集計します。

「この申告書による消費税の税額の計算」欄の記載

(1)「課税標準額①」欄

　課税売上高（税込み）に $\frac{100}{105}$ を掛けて、千円未満の端数を切り捨てた金額を記載します。

(2)「消費税額②」欄

　(1)で算出した課税標準額に4％を掛けて消費税額を計算します。

(3)「貸倒回収に係る消費税額③」欄

　前課税期間までに貸倒処理した課税売上げに係る債権を回収した場合に、その回収金額に含まれる消費税額を記載します。

(4)「控除税額・返還等対価に係る税額⑤」欄

　課税売上げに係る対価の返還等の金額があるときに、その金額に含まれる消費税額を計算します。

　　売上対価の返還等の金額（税込み）× $\frac{4}{105}$ 　　（1円未満切捨て）

(5)「控除税額・控除対象仕入税額④」欄

付表5から次の項目を転記します。

| 転記元項目 | 転記先項目 |
| --- | --- |
| 付表5の⑤又は㉚欄の金額 ➡ | 申告書の④欄 |
| 付表5の⑥～⑪欄の金額等 ➡ | 申告書の「事業区分」欄（千円未満四捨五入） |

(6)「控除税額・貸倒れに係る税額⑥」欄

　課税売上げに係る売掛金等のうち、貸倒れとなった金額がある場合には、その貸倒れに係る税額を計算します。

　　貸倒金額× $\frac{4}{105}$ 　　（1円未満切捨て）

(7)「差引税額⑨」又は「控除不足還付税額⑧」欄

　以上の計算結果に基づき、表示の計算式により消費税の差引税額又は控除不足還付税額を計算します。

(8)「中間納付税額⑩」欄

　中間申告した税額がある場合に、その金額の合計額を記入します。

(9)「納付税額⑪」欄又は「中間納付還付税額⑫」欄

　表示の計算式により納付税額又は中間納付還付税額を計算します。

(10)「この課税期間の課税売上高⑮」欄

　課税売上高（税抜き）から、課税売上げに係る対価の返還等の金額（税抜き）を控除し、免税売上高を加算した金額を記入します。

(11)「基準期間の課税売上高⑯」欄

　この申告に係る課税期間の基準期間（前々事業年度）における課税売上高（税抜金額）を記載してください。

「この申告書による地方消費税の税額の計算」欄の記載
（1）「地方消費税の課税標準となる消費税額・差引税額⑱」又は「控除不足還付税額⑰」欄

　申告書「差引税額⑨」欄の金額、又は「控除不足還付税額⑧」欄の金額を転記します。

（2）「譲渡割額・納税額⑳」欄又は「還付額⑲」欄

　表示の計算式により計算します。

（3）「中間納付譲渡割額㉑」欄

　中間申告税額の合計金額を記載します。

（4）「納付譲渡割額㉒」欄又は「中間納付還付譲渡割額㉓」欄

　表示の計算式により納付譲渡割額又は中間納付還付譲渡割額を計算します。

（5）「消費税及び地方消費税の合計（納付又は還付）税額㉖」欄

　（⑪＋㉒）－（⑧＋⑫＋⑲＋㉓）の計算式で計算した金額を記載します（還付となる場合はマイナス「－」を付けて記載します）。

# エピローグ

　こうして、マーク中川となし子の決算業務は無事に終わりを迎えることとなった。今日は、終わった後に金田社長がお食事会を催していただけるとのことなので、マークとなし子は会場に向かった。

**マーク中川**　なし子さん、本当にお疲れ様でした。

**なし子**　こちらこそ、ありがとうございました。これからは、税理士試験の勉強と両立させながら仕事に邁進していきます。これからも、まだまだわからないことが多いと思いますので、ご指導お願いしますね。

**マーク中川**　はい、お互いがんばって金一の前進を支え合いましょうね。ところで、今日は5名で予約したって聞いたけど、誰が来るか聞いている？

**なし子**　いいえ、聞いていないです。いずれにしても、今日は素敵なお店を予約してくれているみたいなので、楽しみですね。マークさんの大好きな日本酒がたくさんあるって聞いていますよ。

**マーク中川**　本当ですか?! いやぁ、うれしいなぁ。最近日本酒愛好家が少なくなっている時代にうれしい限りです。さすが金田社長、気が利きますね。

**なし子**　マークさん、顔が、にんまりしていますよ（笑）

**マーク中川**　ははは（笑）

お店に到着すると金田社長たちはすでに到着している模様であった。

**金田社長**　マークさん、この度はありがとうございました。なし子さん、お疲れ様。

**マーク中川**　金田社長、この度は素敵なお店にお招きいただきありがとうございます。

**なし子**　金田社長、私まで呼んでいただきありがとうございます。

**金田社長**　まぁ、そんなに硬いことは言わないで今日は、楽しくお食事しましょう。おいしい純米酒をね！　それと、今日はあと二人呼んでおきましたからね。

座敷から二人の男女が顔をのぞかせた・・・

**なし子**　あらやだ、梨男さん！　梨男さん、だったのね。それに、空廻部長まで。お疲れ様です。

**空廻部長**　今日は、金田社長になし子さんのフィアンセをご紹介しておかなくちゃって思って、セッティングさせていただきましたのよ。

**なし子** やだ、なんだか恥ずかしいわ。あれ、マークさんと梨男さん、どうしたの？

**マーク中川** 奇遇だな。梨男は私が出身の監査法人時代の同期なんですよ。こんなところで、会うなんて、久しぶり。

**梨男** びっくりしたよ。こんなところで会うなんて、何年ぶりかな、10年以上ぶりだね。

**空廻部長** あら、世間って狭いですね。それなら、マークさん知っているわね。梨男さんって、評判悪かったりしなかったですか？

**マーク中川** 相変わらず、空廻部長は噂好きですね。評判が悪くたって、悪いなんて言えるわけないじゃないですか。

**空廻部長** まさか!?

**マーク中川** 冗談ですよ。梨男さんは、非常に優秀な男で確か海外事務所で何年間か監査も行っていたはずですよ。なし子さんは、いい人紹介してもらって良かったですね。

**なし子** そうですか、マークさんにそういっていただけるとうれしいです。

**金田社長** なんだ、みんな知り合いみたいな感じでよかったよ。それに、なし子さんがそんな優秀な三須梨男さんと一緒になるなんて、うれしい限りだね。結婚しても、会社でがんばってくれるとうれしいのだが……。

**なし子** もちろん、そうさせてもらいたいって思っているんです。梨男さんにも、お仕事は続けていって言われていますので。

**金田社長** それは、よかった。まだまだ、この会社を成長させたいと思っているので、なし子さんの力は今後も期待していますよ。今回のがんばりを見て、頼もしく思っていますので。それに、まだ、正式に決めたわけではないのだけど、我が社を株式公開させようと思っているのですよ。そのためには、なし子さんのように前向きな人に経理に携わってもらって、より高度な会計や税務への対応をしてもらう必要があるのでね。

**空廻部長** 株式公開ですか！ 私に、株を持たせていただけないでしょうか？

**金田社長** 空廻部長は、またそんな打算的なことばかりを考えて。うちが株式公開するのは、資金調達して最先端の工場を作ることが目的で、株で一儲けをしようとかいうことではないのですよ。もちろん、がんばった人には、ストックオプションの付与とかも考えますがね。それと、こんな場所で言うのも、何だけど、この前、総務保管の新入社員の履歴書を全部なくしたことと、取引先との基本契約書の一部を破棄してしまったことの責任をとってもらって、空廻部長には来月からは旧工場に異動していただく予定ですよ。

**空廻部長** そんな〜、しゃちょ〜う。

**マーク中川** そんなことが、あったのですね。

**なし子** 空廻部長が工場の方に行ったら私たち経理とのやりとりはなくなってしまいますね。寂しいわ。

**梨男** そんなことも、ないよ。先ほど金田社長がこれから株式公開を考えているとおっしゃっていたので、これからはIFRSも意識した会計処理が必要になる。そうすると現場とのやりとりもかなり

増えてくると思うよ。たとえば、工場の減損や資産除去をする場合の債務の見積りなんていうことは、現場の方にお願いしなければならなくなるから。

**なし子** IFRS？？？

**マーク中川** 国際財務報告基準と言って、国際的に共通な会計のルールのことですよ。会計も国際化が進んでいて、これからは国際的に認められた基準で会計を処理していかなければ生き残っていけない時代になってきたのです。特に株式公開をする会社には、そのようなことが求められる時代になってきました。

**なし子** 梨男さんってなんでも知っているのね。

　マークが説明したのに、目線は梨男の方ばかり見ているなし子に、嫉妬するマークであった。それに、国際畑の梨男がフィアンセとのことで、手強い相手と議論を今後しなければならないと思うと、少しげんなりもするが、持ち前のエネルギッシュさでチャレンジングな気持ちになるところがマークの明るさである。

　そして、日々精進して、自分を鍛え上げることを改めて決意したマークなのであった。

**マーク中川** よし、今日はとことん飲みましょう！　金田社長、飲みましょう。今度は、IFRSの勉強しましょうね、なし子さん！

**なし子** そうですね、パーッと盛り上がりましょう。また今度教えてくださいね。

　こうして、陽気な5人の大人たちは、前に向かっていくのであった。

To Be Continued

# 決算チェックリスト

## A　資産勘定

| （1） | 現金 | ① 決算日現在の実際残高と現金出納帳残高との一致を確認したか。 | ☐ |
|---|---|---|---|
| （2） | 預金 | ① 銀行残高証明書と各補助簿残高との一致を確認したか。<br>② 当座預金については、銀行勘定調整表を作成し、照合を行ったか。 | ☐<br>☐ |
| （3） | 受取手形 | ① 受取手形記入帳とB/S残高との一致を確認したか。<br>② 割引手形について銀行の残高証明書と照合し、一致を確認したか。<br>③ 割引手形、裏書手形の適正な処理（注記を含む）がなされているか。<br>④ 不渡手形の有無を確認したか。 | ☐<br>☐<br>☐<br>☐ |
| （4） | 売掛金 | ① 締切日を調べ、締め後売上が計上されているか確認したか。<br>② 月額売掛金一覧表（又は得意先元帳）とB/S残高との一致を確認したか。<br>③ 不良債権について貸倒引当金、貸倒損失を検討したか。<br>④ 関係会社に対する債権の残高及び内容を確認したか。 | ☐<br>☐<br>☐<br>☐ |
| （5） | 棚卸資産 | ① 決算期の翌月分で異常な返品・値引はないか確認したか。<br>② 引取運賃、購入手数料等の仕入諸掛の計上漏れはないか確認したか。<br>③ 税込処理の場合、消費税の算入漏れはないか確認したか。<br>④ 不良在庫、除却在庫等の処理は適正か確認したか。<br>⑤ 評価方法と届出書との一致を確認したか。<br>⑥ 積送品・未着品・預け品・預り品があるか確認したか。<br>⑦ 棚卸表と帳簿残高とを照合し、不一致の原因を確認したか。 | ☐<br>☐<br>☐<br>☐<br>☐<br>☐<br>☐ |
| （6） | 貸付金 | ① 貸付先毎の残高とB/S残高との一致を確認したか。<br>② 貸付金利息は適正か、未計上の場合問題ないか確認したか。<br>③ 役員や関係会社に対する債権の残高及び内容を確認したか。<br>④ 契約書や議事録（役員貸付等）は作成しているか。<br>⑤ 長期滞留等、回収可能性に疑義あるものについて貸倒損失や貸倒引当金の適用を検討したか。<br>⑥ 長期・短期の区分表示はしたか。 | ☐<br>☐<br>☐<br>☐<br>☐<br>☐ |
| （7） | 仮払金・立替金・前渡金等 | ① 前払いの計算期間、算出金額等に誤りがないことを確認したか。<br>② 相手先毎の残高合計とB/S残高との一致を確認したか。<br>③ 精算できるものはないことを確認したか。<br>④ 仮払金の内容を精査し、適正な科目への振替えを行ったか。<br>⑤ 異常な取引、異常な金額、前期からの滞留分等の有無を確認したか。<br>⑥ 役員や関係会社に対する仮払金・立替金の残高及び内容を確認したか。 | ☐<br>☐<br>☐<br>☐<br>☐<br>☐ |
| （8） | 有形固定資産 | ① 取得資産について付随費用を含めているか確認したか。<br>② 一括償却資産や中小企業者等の少額減価償却資産の適用は検討したか。<br>③ 資本的支出、修繕費の判定は行ったか。<br>④ 償却方法は届出書の通りになっているか確認したか。<br>⑤ 新規取得分について取得価額、耐用年数、償却方法、事業供用日は適正か確認したか。<br>⑥ 固定資産台帳とB/S、P/Lとの残高の一致を確認したか。 | ☐<br>☐<br>☐<br>☐<br>☐<br>☐ |
| （9） | 無形固定資産 | ① 固定資産台帳とB/S、P/Lとの残高の一致を確認したか。<br>② 営業権等につき、契約書により権利保有の事実を確認したか。 | ☐<br>☐ |
| （10） | 有価証券 | ① 保有目的ごとに正しく区分しているか確認したか。<br>② 採用している評価方法について確認したか。<br>③ 有価証券一覧表とB/S残高との一致を確認したか。 | ☐<br>☐<br>☐ |
| （11） | 繰延資産 | ① 繰延資産に該当するものについて、契約書等で内容を確認したか。<br>② 各項目別に計上時期、計上金額、償却年数に誤りがないことを確認したか。 | ☐<br>☐ |

| (12) 貸倒引当金 | ① 一括評価を行うべき債権の範囲は確認したか。 | ☐ |
| --- | --- | --- |
| | ② 中小法人の場合に実績繰入率と法定繰入率の有利判定を行ったか。 | ☐ |
| | ③ 実質的に債権とみられないものの集計表の作成を行ったか。 | ☐ |
| | ④ 個別評価について繰入要件の事実関係を書類に基づいて確認したか。 | ☐ |
| | ⑤ 個別評価について過年度からの異動を確認したか。 | ☐ |
| | ⑥ 繰入、戻入の処理は正しく行われているか確認したか。 | ☐ |

# B 負債勘定

| (1) 支払手形 | ① 支払手形記入帳とB/S残高との一致を確認したか。 | ☐ |
| --- | --- | --- |
| (2) 買掛金 | ① 買掛金残高一覧表（又は仕入先元帳）とB/S残高との一致を確認したか。 | ☐ |
| | ② 締切日を調べ、締め後仕入が計上されているか確認したか。 | ☐ |
| | ③ 長期滞留、先方からの請求がないものはないか確認したか。 | ☐ |
| | ④ 期末日に商品が納入されていながら、納品書等の未着で仕入未計上のものの有無を確認したか。 | ☐ |
| | ⑤ 翌期の補助簿を約1ヶ月程度通査し、仕入・返品・値引等の計上漏れのないことを確認したか。 | ☐ |
| (3) 借入金 | ① 借入金・支払利息集計表（又は借入金残高証明）とB/S残高との一致は確認したか。 | ☐ |
| | ② 借入金利息は適正か確認したか。 | ☐ |
| | ③ 役員からの借入や重要な借入金は取締役会の承認を得ているか確認したか。 | ☐ |
| | ④ 短期、長期、1年以内返済予定長期の区分は正しいか確認したか。 | ☐ |
| (4) 未払金・未払費用 | ① 臨時多額のものについて、証憑等関係書類を確かめ、その発生事由について確認したか。 | ☐ |
| | ② 長期異動のないもの、または滞留しているものの有無を確認したか。 | ☐ |
| | ③ 内訳書とB/S残高との一致を確認したか。 | ☐ |
| (5) 預り金・仮受金・前受金・前受収益 | ① 残高の増減に異常なものや前期からの滞留分の有無を改めて確認したか。 | ☐ |
| | ② 仮受金の内容を精査し、適正な科目への振替えを行ったか。 | ☐ |
| | ③ 内訳書とB/S残高との一致を確認したか。 | ☐ |
| (6) 賞与引当金 | ① 賞与規定の変更はないか確認したか。 | ☐ |
| | ② 賞与引当金の計算にあたり出向者、パート等の取扱いを確認したか。 | ☐ |
| (7) 退職給付引当金 | ① 採用している退職金制度について確認したか。 | ☐ |
| | ② 退職給付見込額の計算が適正か確認したか。 | ☐ |
| | ③ 退職給付債務の割引率は適正か確認したか。 | ☐ |
| | ④ 年金資産の評価は第三者により適正に時価評価を行っているか。 | ☐ |
| | ⑤ 積立不足額の償却は適切に行われているか確認したか。 | ☐ |
| (8) 未払法人税等 | ① 当期末の未払法人税等計上額が正確な金額である事を申告書別、税目別に確認したか。 | ☐ |

## C 損益計算書項目

| (1) 売上 | ① 売上計上基準は前期と変更はないか確認したか。 | ☐ |
|---|---|---|
| | ② 翌期の資料から売上計上漏れ、値引返品の期ずれがないか確認したか。 | ☐ |
| (2) 仕入 | ① 仕入計上基準は前期と変更はないか確認したか。 | ☐ |
| | ② 利益率に異常はないか確認したか。 | ☐ |
| | ③ 仕入割戻し等のある場合、期間帰属の正確性を確認したか。 | ☐ |
| | ④ 締め後仕入は計上されているか確認したか。 | ☐ |
| | ⑤ 仕入諸掛(商品を仕入れる際の全ての付随費用)の処理は適正か確認したか。 | ☐ |
| | ⑥ 外注費等で多額になるものについて内容を確認したか。 | ☐ |
| (3) 役員報酬 | ① 役員報酬は定款又は株主総会の決議により定められた報酬額の範囲内であることを議事録によって確認したか。 | ☐ |
| | ② 定期同額給与の要件を満たしている事を確認したか。 | ☐ |
| (4) 給与手当・法定福利費・厚生費 | ① 給与台帳は正しく記載され、継続的に保管されているか。給与の源泉所得税の集計表はあるか。この集計表の源泉所得税額と源泉所得税納付書との一致を確認したか。 | ☐ |
| (5) 法定福利費 | ① 社会保険料及び労働保険料の会社負担額が適正に計上されている事を社会保険関係書類等で確認したか。 | ☐ |
| (6) 貸倒損失 | ① 根拠資料により内容を確認したか、税法上の要件を満たしているか確認したか。 | ☐ |
| (7) 地代家賃 | ① 地代家賃の新規契約、契約更新等があった場合、礼金、敷金、権利金、更新料等が区分経理されている事を確認したか。 | ☐ |
| (8) 寄附金 | ① 「指定」、「特定公益増進法人」の証明等に基づいて寄附金の区分を行ったか。 | ☐ |
| | ② 支払理由に問題のあるものはないか確認したか。 | ☐ |
| (9) 生命保険料 | ① 保険積立金に計上すべき配当金等について確認したか。 | ☐ |
| | ② 保険契約書又は証券にて内容を確認したか、保険積立金と保険料との区分経理処理が適正か確認したか。 | ☐ |
| | ③ 保険契約の変更、解約の有無を確認したか。 | ☐ |
| | ④ 生命保険契約の明細書によって保険積立金合計額がB/S残高と一致していることを確認したか。 | ☐ |
| (10) 消耗品費 | ① 固定資産になるべきものの有無を確認したか。 | ☐ |
| | ② 貯蔵品として扱うべきものについて、その計上額の正確性を確認したか。 | ☐ |
| (11) 租税公課 | ① 税金の経理処理方法が適正か確認したか。 | ☐ |
| (12) 交際費 | ① 他科目交際費について検討したか(福利厚生費、広告宣伝費、会費、販売促進費、ゴルフ会員権の年会費、売上割戻し、控除対象外消費税等)。 | ☐ |
| | ② 少額飲食費(5,000円基準)について確認したか。 | ☐ |
| | ③ 業務外支出の有無を確認したか。 | ☐ |
| (13) その他販売費・一般管理費 | ① 特に多額又は異常な支出を改めて抽出し、その内容を吟味し、計上の妥当性を確認したか。 | ☐ |
| (14) 受取利息・受取配当金 | ① 源泉所得税・利子割の処理は適正か確認したか。 | ☐ |
| | ② 役員、関係会社からの利息が計上漏れしていないか確認したか。 | ☐ |
| | ③ 受取配当金について、有価証券一覧表と照合したか。 | ☐ |
| (15) その他の営業外収益 | ① 受取家賃等、月単位で発生するものについて、その計上額の正確性を確認したか。 | ☐ |
| (16) 特別損益 | ① 特別損益として扱うものの可否を確かめ、適正なもののみが計上されているか確認したか。 | ☐ |

## D 財務諸表

| (1) 株主資本等変動計算書 | ① 期中における異動を変動事由に応じて反映させているか。 | ☐ |
|---|---|---|
| | ② 株主資本等変動計算書の区分ごとの期末残高が、純資産の部の区分ごとの期末残高とそれぞれ一致しているか確認したか。 | ☐ |
| (2) 個別注記表 | ① 会社区分に応じて、必要な注記が記載されているか確認したか。 | ☐ |

## E その他

| (1) 税効果会計 | ① 法定実効税率は適正か確認したか。 | ☐ |
|---|---|---|
| | ② 流動・固定の区分は適正か確認したか。 | ☐ |
| | ③ その他有価証券の評価差額の処理は適正か確認したか。 | ☐ |
| | ④ P/L、B/Sと別表4、5(1)との数値確認を行っているか。 | ☐ |
| | ⑤ 回収可能性の判断は適正か確認したか。 | ☐ |

# 消費税チェックリスト
## 1．損益計算書

| 勘定科目 | チェック項目 | 参　考 |
|---|---|---|
| **Ⅰ　売上高**<br><br>商品・製品売上高 | □ 課税の対象としているか。<br>□ みなし譲渡を課税の対象としているか。<br>□ 保険収入は非課税（医師）<br>□ 自由診療収入は課税（医師）<br>□ 輸出取引<br><br>次のものを課税の対象としていないか。<br><br>□ 国外取引（三国間貿易等）<br>□ 非課税取引<br>　　土地、有価証券、物品切手、住宅家賃等） | ・原則として、商品・製品売上高は課税対象。<br>・個人事業者の家事消費、家事使用及び法人の役員に対する資産の贈与は課税対象。<br><br><br>・輸出免税等に該当する場合には、消費税が免税。<br><br><br>・国外取引の売上高は課税対象外<br>・法別表第1に掲げられている取引は非課税<br>　社宅家賃、地代収入は非課税 |
| 売上値引き<br>売上返品<br>売上割戻し<br>売上割引（営業外費用科目） | □ 国外取引、非課税取引、輸出取引の売上値引き等を消費税額から控除していないか。<br><br>□ 売上値引き等をした課税期間の消費税額から控除しているか。 | ・課税取引に係る値引き等については、売上げに係る対価の返還等に該当し、課税標準額に対する消費税額から控除。<br>・継続適用を条件として、課税売上げから直接控除することも認められる。 |
| **Ⅱ　売上原価**<br><br>期首商品・製品棚卸高 | □ 仕入税額控除の対象外としているか。 | ・免税事業者から課税事業者になった場合には、期首商品・製品棚卸高のうち免税期間中の課税仕入れ及び課税貨物に係る消費税額は仕入税額控除の対象（棚卸資産の調整計算）。 |
| 当期商品・製品仕入高 | □ 仕入税額控除の対象としているか。<br><br>□ 非課税取引、免税取引の仕入高を仕入税額控除の対象外としているか。 | ・消費者や免税事業者からの課税仕入れも仕入税額控除の対象。<br>・土地・物品切手等は非課税、仕入れに係る付随費用で支払利息、運送保険料、関税、購入事務・検収等の費用のうち給与の額等は課税対象外。 |
| 商品・製品輸入高 | □ 輸入の際に課せられた消費税額を仕入控除税額としているか。<br><br>□ 輸入額を課税仕入れに含めていないか。 | ・保税地域から引き取った課税貨物につき課せられた又は課せられるべき消費税額は仕入税額控除の対象となる。 |
| 仕入値引き<br>仕入返品<br>仕入割戻し<br>仕入割引（営業外収益科目） | □ 非課税取引、輸出取引の仕入値引き等を課税仕入等の税額から控除していないか。<br><br>□ 仕入値引き等があった課税期間の課税仕入等の税額から控除しているか。 | ・課税取引に係る仕入値引き等については、仕入れに係る対価の返還等に該当し、課税仕入れ等の税額から控除。<br>・継続適用を条件として、課税仕入れから直接控除することも認められる。 |

| 勘定科目 | チェック項目 | 参　　　　考 |
|---|---|---|
| 期末商品・製品棚卸高 | ☐ 仕入税額控除の対象外としているか。 | ・翌期に課税事業者から免税事業者になる場合には、期末商品・製品棚卸に含まれる当期の課税仕入れ及び課税貨物に係る消費税額は、仕入税額控除の対象とはならない。（棚卸資産の調整計算） |
| Ⅲ　販売費及び一般管理費 | 次のものを仕入税額控除の対象外としているか。 | |
| 従業員給与等 | ☐ 賃金、給与、賞与、住宅手当、退職金、出向者給与負担金等 | ・課税対象外、なお、通勤手当のうち通勤に通常必要であると認められる部分の金額は仕入税額控除の対象 |
| 役員給与等 | ☐ 役員報酬、賞与、退職金等<br>☐ 渡切交際費、機密費等で役員給与とされるもの | ・課税対象外 |
| 法定福利費 | ☐ 事業主負担分の社会保険料等 | ・社会保険は非課税 |
| 福利厚生費 | ☐ 金銭で支出する慶弔費<br>☐ 社員慰安海外旅行費<br>☐ 借上げ社宅費<br>☐ 共済金、互助会費に対する各種補助金 | ・課税対象外<br>・課税対象外<br>・非課税<br>・課税対象外 |
| 保険料 | ☐ 火災・損害保険料等 | ・非課税 |
| 委託加工費 | ☐ 国外取引に係る委託加工費 | ・課税対象外 |
| 外注費 | ☐ 税務的に外注費に該当するか判断することが重要。給与か外注費かの判断は帳簿だけでは困難。契約書の確認、一身専属的に行っているかどうかがポイント | |
| 販売手数料<br>販売奨励金 | ☐ 給与に該当するもの<br>☐ 販売促進の目的で金銭により支払う販売奨励金 | ・給与は課税対象外<br>・売上げに係る対価の返還金に該当し、売上値引き等と同様に課税標準額に対する消費税額から控除 |
| 手数料 | ☐ 信託会社に支払う割賦購入あっせん手数料 | ・非課税 |
| 研修費 | ☐ 非課税に該当する授業料等<br>☐ 海外留学に伴う授業料、滞在費等 | ・非課税<br>・課税対象外 |
| 荷造運送費 | ☐ 国際運賃及び国際輸送 | ・課税対象外 |
| 保管費 | ☐ 輸出のための外国貨物の保管料等 | ・国外取引は課税対象外 |
| 旅費・交通費 | ☐ 海外出張の旅費、交通費、宿泊費、日当 | ・課税対象外<br>・国内出張費、交通費、宿泊費、日当のうちその旅行に通常必要であると認められる部分の金額は仕入税額控除の対象 |
| | ☐ 仮払いの旅費、交通費等<br>☐ スイカチャージ代金等 | ・課税対象外<br>・自社で使用するために購入した場合には、継続適用を条件として購入時に仕入税額控除の対象として差し支えない。 |
| 通信費 | ☐ テレホンカード | |

| 勘定科目 | チェック項目 | 参考 |
|---|---|---|
| 通信費 | □ 国際電話料、国際ファックス利用料 | ・課税対象外 |
| 調査費・研究開発費 | □ 国外取引に該当する調査委託費等 | ・課税対象外 |
| 広告宣伝費 | □ テレホンカードの購入費用 | ・テレホンカード（白地）に印刷するために要した費用で、区分請求の場合は仕入税額控除の対象 |
| | □ サンプル代も課税仕入 | |
| 接待交際費 | □ 商品券等物品切手の購入費 | ・非課税 |
| | □ 祝金、餞別、災害見舞金等<br>□ 役員に対する渡切交際費<br>□ ロータリークラブの入会金等<br>□ 費途不明の交際費 | ・課税対象外 |
| 地代・家賃 | □ 1か月以上 | ・非課税、居住用以外の家賃は課税 |
| 賃貸料 | □ 事業用に払った家賃、ガレージ代<br>□ 従業員社宅に払った家賃<br>□ ファイナンスリース料のうち利子又は保険料として明示されている部分 | ・課税<br>・非課税<br>・非課税 |
| 棚卸減耗費 | □ 棚卸減耗費 | ・課税対象外 |
| 引当金・準備金等繰入金 | □ 各種引当金・準備金 | ・課税対象外 |
| 貸倒損失 | □ 課税資産の譲渡等以外の売掛金、貸付金、立替金の貸倒れ | ・免税事業者であった課税期間の売掛金等につき貸倒れが生じた場合には、控除ができない。<br>・貸倒れが生じた課税期間の消費税から控除 |
| 寄附金 | □ 国・地方公共団体、神社等への寄附金 | ・課税仕入れに該当する物品を現物で寄附した場合は仕入税額控除の対象 |
| 租税公課 | □ 事業税、固定資産税等<br>□ 罰金、過料、課徴金等 | ・課税対象外 |
| 会費 | □ 同業者団体等の通常会費 | ・同業者団体等の特別会費等で明白な対価性が認められるものは仕入税額控除の対象 |
| | □ 町内会費、商工会議所会費 | ・課税対象外、非課税 |
| 雑費 | | ・内容、性質等により判定 |
| Ⅳ 営業外収益 | | |
| 受取利息割引料 | □ 課税の対象外としているか。 | ・預貯金利息、貸付金利息、公社債の利子等は非課税<br>・外国法人、非居住者からの利息は輸出免税 |
| 受取配当金 | □ 課税の対象外としているか。 | ・株主、出資配当金は課税対象外、合同運用信託、公社債投資信託は非課税 |
| 有価証券売却益 | □ 課税の対象外としているか。 | ・株式・公社債（売却高の5％部分のみ）、出資金等の譲渡そのものが非課税 |
| ゴルフ会員権売却益 | □ 譲渡価額を課税の対象としているか。 | ・ゴルフ会員権の譲渡は課税対象 |

| 勘定科目 | チェック項目 | 参　　　考 |
|---|---|---|
| 受取賃貸料 | ☐ 賃貸期間が1か月未満の地代を非課税としているか。 | ・原則として地代は非課税<br>ただし、賃貸期間が1か月未満の貸付けに係る地代、テニスコート等の使用料、駐車料は課税対象 |
| | ☐ 従業員社宅等の家賃を課税の対象外としているか。 | |
| | ☐ 工業所有権、著作権、ノウハウ等の使用料を課税の対象としているか。 | ・工業所有権は、登録をした機関の所在地で内外判定<br>・著作権等は、その譲渡又は貸付けを行う者の住所地で内外判定 |
| 為替換算差益 | ☐ 課税の対象外としているか。 | ・課税対象外 |
| 仕入割引 | ☐ 取引の内容に応じて判定を行っているか。 | ・（Ⅱ売上原価の仕入割引を参照） |
| 雑収入 | ☐ 従業員から徴収した社宅家賃<br>☐ 保険の事務手数料<br>☐ 自販機等の収入<br>☐ 受取保険金 | ・非課税<br>・課税<br>・課税<br>・課税対象外 |
| 各種引当金戻入 | ☐ 課税の対象外になっているか。 | ・課税対象外 |
| **Ⅴ　営業外費用** | | |
| 支払利息割引料 | ☐ 仕入税額控除の対象外としているか。 | ・非課税（保証料も非課税） |
| 売上割引 | ☐ 仕入税額控除の対象外としているか。 | ・（Ⅰ売上高の売上割引を参照） |
| 有価証券売却損 | ☐ 仕入税額控除の対象外としているか。 | ・（Ⅳ営業外収益の有価証券売却益、ゴルフ会員権売却益、為替換算差益を参照） |
| ゴルフ会員権売却損 | ☐ 譲渡価額を課税の対象としているか。 | |
| 為替換算差損 | ☐ 仕入税額控除の対象外としているか。 | |
| 雑損 | | ・内容、性質等により判定 |
| 各種引当繰入 | ☐ 仕入税額控除の対象外としているか。 | ・課税対象外 |
| **Ⅵ　特別利益** | | |
| 土地譲渡益 | ☐ 課税の対象外としているか。 | ・土地の譲渡（売却額）そのものが非課税となります。 |
| | ☐ 立木等の譲渡価額を課税の対象としているか。 | ・立木等独立して取引の対象となる定着物は土地に含まれない。 |
| 建物・車輌・備品等譲渡益 | ☐ 譲渡価額を課税の対象としているか。 | ・建物・車輌・備品の譲渡は課税対象 |
| 償却債権取立益 | ☐ 課税標準額に対する消費税額に加算しているか。 | ・回収した課税資産に係る売掛金等の消費税額 |
| 受贈益 | ☐ 課税の対象外としているか。 | ・資産の受贈益、債務免除益及び国等から受ける奨励金、助成金、補助金等は課税対象外 |

| 勘定科目 | チェック項目 | 参考 |
|---|---|---|
| 受取保険金 | ☐ 課税の対象外としているか。 | ・課税対象外 |
| 損害賠償金 | 次のものを課税の対象としているか。<br>☐ 棚卸資産の譲渡代金相当<br>☐ 無体資産権の使用料相当<br>☐ 不動産の賃貸料相当 | ・一般的に課税対象外 |
| 土地収用法による補償金 | ☐ 土地等に係る対価補償金を除く対価補償金を課税の対象としているか。 | ・収益補償金、経費補償金、移転補償金は課税対象外<br>・土地収用法等により固定資産が収用された場合は、資産の譲渡があったものとみなされる。 |
| **Ⅶ 特別損失** | | |
| 土地譲渡損 | ☐ 立木等の譲渡価額を課税の対象としているか。 | |
| 建物・車輌・備品等譲渡損 | ☐ 譲渡価額を課税の対象としているか。<br>次のものを課税の対象としているか。<br>☐ 棚卸資産の譲渡代金相当<br>☐ 無体資産権の使用料相当<br>☐ 不動産の賃貸料相当 | ・(Ⅵ特別利益の土地譲渡益、建物、車輌、備品等譲渡益、損害賠償金を参照) |
| 災害損失 | ☐ 仕入税額控除の対象外としているか。 | ・課税対象外 |

## 2．貸借対照表（資産の取得及び譲渡）

| 勘定科目 | チェック項目 | 参考 |
|---|---|---|
| **Ⅰ 流動資産** | | |
| 現金 | ☐ 課税の対象外としているか。 | ・原則として、譲渡した場合は非課税。ただし、収集用及び販売用のものの譲渡は課税対象 |
| 貯金 | ☐ 課税の対象外としているか。 | ・貯金の預入れは課税対象外、預金の利子は非課税 |
| 受取手形<br>売掛金<br>貸付金<br>有価証券 | ☐ 課税の対象外としているか。<br>☐ 課税の対象外としているか。<br>☐ 課税の対象外としているか。<br>☐ 課税の対象外としているか。 | ・譲渡した場合は非課税 |
| 棚卸資産 | ☐ 仕入時と二重に仕入税額控除の対象としていないか。 | ・取得時に仕入税額控除の対象<br>（損益計算書のⅡ売上原価を参照） |
| 貯蔵品 | ☐ 所得時と二重に仕入税額控除の対象としていないか。 | ・取得時に仕入税額控除の対象<br>物品切手等は、原則として、現実に使用した時が仕入税額控除の時期 |

| 勘定科目 | チェック項目 | 参考 |
|---|---|---|
| 未成工事支出金 | ☐ 物品の引渡又は役務の提供が未完了のものを仕入税額控除の対象としているか。<br>☐ 賃金、給与、法定福利費等課税仕入に該当しないものを仕入税額控除の対象外としているか。 | ・継続適用を条件に未成工事支出金に係る目的物を引き渡した課税期間に仕入税額控除を行うことも認められる。 |
| 前払費用 | ☐ 仕入税額控除の対象外としているか。 | ・短期前払費用の適用を受けている場合は、継続適用を条件に支出した日の属する課税期間に仕入税額控除を行うことも認められる。 |

## Ⅱ　固定資産

| 勘定科目 | チェック項目 | 参考 |
|---|---|---|
| 建物等の有形固定資産<br>（減価償却資産） | ☐ 取得時と二重に仕入税額控除の対象としていないか。<br>☐ 資産の取得価額に算入することができる付随費用のうち保険料、不動産取得税等の租税公課、借入金の利子等を仕入税額控除の対象外としているか。 | ・建物等に係る資本的支出についても仕入税額控除の対象 |
| 土地 | ☐ 仕入税額控除の対象外としているか。 | ・土地の譲渡そのものが非課税 |
| 建設仮勘定 | ☐ 目的物の引渡しを受けていないものを仕入税額控除の対象外としているか。 | ・目的物の全部の引渡しを受けた課税期間に仕入税額控除を行うことも認められている。 |
| 電話加入権 | ☐ 取得時と二重に仕入税額控除の対象としていないか。 | ・取得時に仕入税額控除の対象 |
| 特許権・実用新案権等の無形固定資産 | ☐ 取得時と二重に仕入税額控除の対象としていないか。 | ・取得時に仕入税額控除の対象 |
| 借地権 | ☐ 仕入税額控除の対象外としているか。 | ・地上権、土地の賃借権、地役権、永小作権等の土地の使用収益に関する権利は非課税。鉱業権、土石採取権、温泉利用権は課税対象 |
| ゴルフ会員権 | ☐ 取得時と二重に仕入税額控除の対象としていないか。 | ・取得時に仕入税額控除の対象 |

## Ⅲ　繰延資産

| 勘定科目 | チェック項目 | 参考 |
|---|---|---|
| 創立費、開業費、新株発行費、社債発行費、開発費、試験研究費 | ☐ 登録免許税、印紙税等の公租公課を仕入税額控除の対象外としているか。<br>☐ 使用人等の給与手当等を仕入税額控除の対象外としているか。 | ・これらの繰延資産に係る費用を支出した日の属する課税期間に仕入税額控除の対象 |
| 社債発行差金、建設利息 | ☐ 仕入税額控除の対象外としているか。 | ・課税対象外 |

| 勘定科目 | チェック項目 | 参　　　　考 |
|---|---|---|
| その他の繰延資産 | ☐ 対価性がないものを仕入税額控除の対象外としているか。 | ・公共的施設等の負担金は、その施設等を有する国等が定めたところによることとされている。その他、施設賃借のための権利金、機械の賃借に伴って支出する費用等おおむね仕入税額控除の対象 |

## 【参考文献】

1．山口秀巳編『図解法人税（平成22年度版）』大蔵財務協会、2010年
2．小林幸夫編『図解消費税（平成22年度版）』大蔵財務協会、2010年
3．長岡勝美著『「中小企業の会計に関する指針」と税務』税務研究会出版局、2006年
4．杉田宗久、赤坂高司、岡野敏明共著、宮口定雄監修『STEP式 法人税申告書と決算書の作成手順（平成22年度版）』清文社、2010年
5．宮口定雄著『平成22年度版税務ハンドブック』コントロール社、2010年

# 【執筆者紹介】

## 中尾　篤史

公認会計士・税理士

CSアカウンティング株式会社　専務取締役

　監査法人、税理士法人を経て現職。現在、辻・本郷税理士法人グループにおける会計・人事のアウトソーシング・コンサルティングに特化したCSアカウンティング株式会社の専務取締役として上場企業の子会社管理業務や不動産・金融商品の流動化支援業務に従事している。

　著書に『節約法人税のしくみ』(祥伝社)、『在庫管理がわかる』(実業之日本社)、『企業組織再生プランの法務＆税務』(清文社)、『経理・財務スキル検定（FASS）テキスト＆問題集』(日本能率協会マネジメントセンター) など多数ある。

## 松野　亮

CSアカウンティング株式会社　経理管理第二事業部　グループ長

　コンサルティング会社、税理士法人を経て現職。現在、中堅企業や医療法人などのクライアントを中心に会計サービス及びコンサルティング業務を提供している。

　著書に『経理・財務スキル検定（FASS）テキスト＆問題集』(日本能率協会マネジメントセンター)、『4週間でマスターできる経理・財務基本テキスト』(税務経理協会) などがある。

# 【会社案内】

**CS アカウンティング株式会社**

　国内最大級の会計・人事のアウトソーシング・コンサルティング会社であり、約150名の公認会計士・税理士・社会保険労務士などのプロフェッショナル・スタッフによって、上場企業や中堅企業を中心に会計・税務、人事・労務に関するアウトソーシング・コンサルティングサービスを提供している。

　会計、税務、購買管理、販売管理、給与計算、社会保険、会計・人事のクラウドコンピューティングサービスなどクライアントの要望・形態等に合わせたサービスで、会計・人事の課題をワンストップに解決している。

東京本社　　〒163-0630　東京都新宿区西新宿1-25-1　新宿センタービル30階
　　　　　　電話番号 03-5908-3421／FAX 番号 03-5339-3178

大阪支店　　〒541-0043　大阪府大阪市中央区高麗橋3-2-7　ORIX 高麗橋ビル4階
　　　　　　電話番号 06-6226-0266／FAX 番号 06-6226-0267

URL　　　　http://www.cs-acctg.com

編著者との契約により検印省略

平成23年3月25日　初版発行

**対話式で気がついたら
決算書が作れるようになる本**

| | |
|---|---|
| 編著者 | CSアカウンティング<br>中　尾　篤　史<br>松　野　　　亮 |
| 発行者 | 大　坪　嘉　春 |
| 製版所 | 美研プリンティング株式会社 |
| 印刷所 | 税経印刷株式会社 |
| 製本所 | 株式会社　三森製本所 |

発行所　東京都新宿区下落合2丁目5番13号　株式会社　税務経理協会

郵便番号 161-0033　振替 00190-2-187408　電話 (03)3953-3301（編集部）
FAX (03)3565-3391　　　　　　　　(03)3953-3325（営業部）
URL　http://www.zeikei.co.jp/
乱丁・落丁の場合はお取替えいたします。

Ⓒ　CSアカウンティング・中尾篤史・松野　亮　　　2011 Printed in Japan

本書を無断で複写複製（コピー）することは、著作権法上の例外を除き、禁じられています。本書をコピーされる場合は、事前に日本複写権センター（JRRC）の許諾を受けてください。
JRRC〈http://www.jrrc.or.jp　eメール：info@jrrc.or.jp
電話：03-3401-2382〉

ISBN978—4—419—05510—3　C3063